*In liebender Erinnerung
und mit größter Dankbarkeit
an meine Schwester,
Greek Gray: Ihr leuchtendes
und außergewöhnliches Beispiel
inspiriert uns alle dazu,
unser grenzenloses Potenzial
in jedem Moment zu erkennen*

Die Wahrheit ist mitunter merkwürdiger als die Fiktion.

Inhalt

Einführung

Machen Sie Ernst.
Werden Sie reich.

Alle wollen in den Himmel kommen, nur sterben möchte keiner. Jeder träumt vom Erfolg, aber nicht alle sind bereit, das Nötige dafür zu tun.

Jedes Mal, wenn ich diese beiden Sätze vor Publikum äußere, ist die Reaktion ganz ähnlich. Ich nehme eine kollektive Stille wahr, in der die Zuhörer darüber nachdenken, was ich damit meine, und schnell erkennen, wie recht ich habe. Der erste Satz klingt möglicherweise vertraut. Er kommt in verschiedenen Liedertexten vor, doch keiner weiß, wer ihn geprägt hat. Der zweite stammt von mir und soll Ihnen keinesfalls Angst machen. Doch es stimmt schon: Niemand gelangt durch Glück zum Erfolg oder durch ein einfaches Schritt-für-Schritt-Rezept. Wir wollen uns nichts vormachen: Wenn es so leicht wäre, dann wäre praktisch jeder schon reich und Sie würden dieses Buch nicht lesen. (Aber vielleicht sind Sie ja tatsächlich bereits erfolgreich und Ihre Freunde würden Sie als „gemachten Mann" bezeichnen. Dann herzlichen Glückwunsch! In diesem Fall wissen Sie aber so gut wie ich, dass man nie aufhört, zu lernen. Wir alle sind Schüler des Lebens – bis es zu Ende geht.)

Ich möchte Ihnen dabei helfen, ungeachtet Ihrer jetzigen Lebensumstände ein besserer, reicherer Mensch zu werden. In diesem Buch geht es darum, aus Ihren Fähigkeiten und Träume das Beste zu machen, damit Sie zu den Gewinnern im Leben zählen. Wenn Sie den Eindruck haben, dass ich den Mund damit ein bisschen voll nehme, üben Sie bitte Nachsicht. Ich glaube, dass es meine Berufung ist – einer der Gründe, weshalb ich auf der Welt bin –, andere zum Erfolg zu führen. Doch das ist nicht immer leicht. Manchmal kommt es mir vor, als stehe ich auf einer Seite des Tisches und mein Publikum auf der anderen. Es widerstrebt mir zutiefst, wenn ich spüre, dass die Menschen im Raum frustriert sind, wenn sie über ihr Leben nachdenken, und nach einem Brunnen des Reichtums und des Erfolgs suchen. Ich wünschte mir dann, ich könnte diesen Brunnen hereinrollen, damit sich die Anwesenden ihre Becher mit seiner magischen Kraft füllen können. Doch wäre das wirklich so gut? Es macht zufrieden und erfüllt mit Freude, wenn man seine Träume verwirklicht und tagein, tagaus auf sie hinarbeitet – Rückschläge, bei denen Sie Ihr System von Zeit zu Zeit herunter- und wieder hochfahren können, eingeschlossen. Sie zwingen uns dazu, innezuhalten, uns zu analysieren und neu zu bewerten.

Ich schreibe diese Zeilen, um Ihr Motivator und Lehrer zu werden. Ich möchte Ihnen das Gefühl geben, dass ich an Ihrer Seite stehe, wenn Sie Hindernisse überwinden, die Sie davon abhalten, Ihre Lebensträume zu erfüllen. Machen Sie bitte nicht den Fehler, mich auf ein Podest zu stellen. Glauben Sie nicht, dass ich über Ihnen stehe – als jemand, der in einer anderen Liga spielt, nur weil Sie mich in einer verqueren, wörtlichen Bedeutung des Wortes für reich halten. Wer mich besser kennt, der weiß, dass ich mentalen Reichtum monetärem jederzeit den

Vorzug gebe. Ich habe nur zufällig in jungem Alter beides erreicht. Wie? Wenn Ihnen jetzt eine innere Stimme zuflüstert: „Weil Farrah eben ein Glückspilz ist", dann sollten Sie dieses Buch auf jeden Fall zu Ende lesen. Der Zusammenhang, den wir zwischen Erfolg und Glück herstellen – oder zwischen Erfolg und guten Beziehungen oder Erfolg und Intelligenz und auch Erfolg und Geld – ist ein folgenschwerer Irrtum, den ich ausräumen will.

Doch bevor wir tiefer einsteigen, möchte ich den Unterschied zwischen Reichtum und Wohlstand klarstellen. Diese Worte werden in denselben Kreisen verwendet, doch sie haben nicht die gleiche Bedeutung. Wenn jemand sagt, dass er reich sei, woran denken Sie dann spontan? Vermutlich an ein fettes Bankkonto, auf dem Millionen ruhen. Bezeichnet sich dagegen jemand als wohlhabend, ergibt sich doch ein etwas anderes Bild, nicht wahr? Dann denken Sie vermutlich nicht nur an Geld auf der Bank, sondern auch an Häuser, Aktien, Anleihen und Immobilienanlagen und anderes mehr – an Vermögenswerte also. Das Attribut *reich* hat einen sehr augenblicksbezogenen und kurzlebigen Beiklang. Reich wird man, indem man in Vegas einen Jackpot knackt oder im Lotto gewinnt. Wohlstand ist dagegen gleichzusetzen mit langfristigem Erfolg und einer Befindlichkeit, die mit Glück und Stabilität einhergeht. Es ist im Grunde die Kombination von Überfluss und Einfluss – Konzepte, die Sie in diesem Buch noch näher kennenlernen werden. Dessen ungeachtet werde ich auch weiterhin das Wort *reich* benutzen, weil ich Sie dahin bringen möchte, dass Sie diesem Wort eine völlig andere Bedeutung beimessen.

Sie sollten inzwischen schon gemerkt haben, dass es in diesem Buch nicht darum geht, schnelles Geld zu machen. Vielmehr erfahren Sie von mir, wie ich es geschafft habe, den Weg in die finanzielle Unabhängigkeit zu meistern. Ich will die Lügen und Mythen demontieren, an die Sie zu glauben gelernt haben und die Ihnen den Blick auf den Weg in den Wohlstand versperren. Deshalb müssen Sie zunächst Ernst machen, bevor Sie reich werden können. Und wenn Sie immer noch nicht wissen, was ich mit *reich* meine, dann machen Sie sich nichts draus – bis zum Ende des Buches werden Sie es erfahren. Da Sie jedoch von allen Seiten mit marktschreierischer Propaganda zu diesem Thema überhäuft werden, müssen wir zunächst mal mit *diesem* Mythos aufräumen, damit Sie erkennen können, was es wirklich bedeutet, reich zu sein. In meiner Welt ist Reichtum mehr als materieller Wohlstand. Reich zu sein bringt ein Gefühl der finanziellen, emotionalen und spirituellen Sicherheit mit sich. Reich können Sie sein, ob Sie nun 20.000 oder zwei Millionen Euro im Jahr verdienen.

Ich bin so weit gekommen, weil ich einen einfachen Schritt gemacht habe, den jeder tun kann. Welcher das war? Ich habe mich entschlossen, in allen Aspekten meines Lebens Erfolg zu haben. Und ich kann Ihnen freudig mitteilen, dass ich meinen Traum verwirklicht habe. Ein Entschluss – das war alles. Na gut, ein paar andere Dinge gibt es schon noch, die Sie wissen und tun müssen, doch all diese werde ich Ihnen verraten. Am Anfang steht jedoch, dass man eine Verpflichtung gegenüber sich selbst eingehen muss. Und zumindest das können Sie tun, da bin ich mir sicher! Da Sie dieses Buch in die Hand genommen haben, wage ich zu behaupten, dass Sie den Entschluss schon zur Hälfte getroffen haben. Die andere Hälfte – wenn sie nicht schon erfolgt ist – wird nicht lange auf sich warten lassen.

Ich weiß, welchen Weg ich gegangen bin – und wenn Sie mein erstes Buch *Reallionaire* gelesen haben, dann kennen Sie meine Geschichte bereits. Ich bin mit meinen Geschwistern in einer Sozialwohnung im Südteil von Chicago aufgewachsen. Nach der Statistik hätte gar nicht erwachsen werden dürfen, sondern vorher sterben oder im Gefängnis landen müssen. Im Grunde war ich also der geborene Verlierer. Meine Mutter nahm zwei, manchmal drei Jobs an, damit wir über die Runden kamen. Mit sechs Jahren war ich zu dem Schluss gekommen, dass es an der Zeit war, meiner Familie zu einem besseren Lebensstandard zu verhelfen. Damals beschloss ich, dass ich alles tun würde, um es trotz aller Widerstände zu schaffen. Ich wurde weder vom Blitz getroffen, noch hat mir jemand über Nacht einen Computerchip ins Gehirn gepflanzt, damit ich erfolgreich wurde. Wenn überhaupt, so hatte ich: 1) einen unverstellten Blick für meine Umgebung und 2) den Antrieb, diese zu verändern. Ich höre oft, dass es ungewöhnlich sei, in so frühem Alter so bewusst und ambitioniert zu sein, doch darauf kommt es nicht an. Das Alter können Sie getrost aus der Gleichung streichen. Für mich spielt es keine Rolle, ob Sie sechs oder 66 sind – und für Sie sollte es das ebenso wenig. Verändern kann man sich in jedem Alter – und immer wieder. Meiner Ansicht nach sollten wir auf unsere Intuition und auf unser Herz hören, denn sie sagen uns, wo wir im Leben wirklich hin wollen. Und Herz und Intuition hat jeder.

Ich habe angefangen, indem ich von Tür zu Tür gegangen bin und selbstgemachte Body Lotion verkauft habe – und Buchstützen, die ich aus handbemalten Steinen gefertigt hatte. Mit sieben hatte ich eine Visitenkarte, auf der 21ST CENTURY CEO stand – „Geschäftsführer des 21. Jahrhunderts". Und ich war wild entschlossen, das auch zu werden. Ich suchte mir einen Mentor und war mit acht Jahren Mitbegründer meines ersten Unternehmens – des Urban Neighborhood Economic Enterprise Club (UNEEC). Er war der Vorläufer von New Early Entrepreneur Wonders (NE2W), das später mein Flaggschiff an der Wall Street werden sollte. Damals war ich 14 und hatte bereits Geschichte geschrieben – als jüngster Besitzer eines Büros in der nämlichen Straße. NE2W warb gefährdete Jugendliche an, bildete sie aus und beschäftigte sie, indem es ihnen legale Wege eröffnete und ausbaute, sich Geld zu verdienen.

Jetzt fragen Sie sich bestimmt, wie hat er das bloß geschafft? Woher hatte er das Geld dafür? Jemand muss ihn doch unterstützt haben. Jemand muss ihm den Weg geebnet haben, sodass er das Glück hatte, weitermachen zu können. (Haben Sie es gemerkt? Da ist es wieder, dieses Wort: Glück. Ich weiß, dass Ihnen das durch den Kopf geschossen ist. Doch machen Sie sich deshalb keinen Kopf. Schon bald werden Sie verstehen, warum so verquere Vorstellungen wie die vom Glück für uns heute so selbstverständlich sind. Und ich werde Ihnen helfen, Sie wieder loszuwerden.)

„Weitermachen" – genau das habe ich getan. Doch mein Werdegang hatte weniger mit Geld und Hilfe von anderen zu tun, sondern vielmehr mit meiner Einstellung, der Weiterentwicklung meiner Kompetenzen und meinem Engagement. Diesen Wörtern werden Sie in diesem Buch noch häufiger begegnen: *Einstellung, Kompetenzen und Engagement.* Denn wenn es ein Erfolgsrezept gibt, das nichts mit äußeren Einflüssen oder mit Glück zu tun hat, dann beinhaltet es diese drei Schlüsselbegriffe.

Ich gründete und betrieb weiter ertragreiche Unternehmen und bekam es dabei mit allen möglichen Projekten und Medienkanälen zu tun. Wie jeder Erfolgsmensch erlebte auch ich immer mal wieder eine Enttäuschung oder musste ein Hindernis überwinden. Doch unter dem Strich landete ich mit der Serie von Entscheidungen, die ich traf, genügend Treffer, um wieder und wieder als Sieger hervorzugehen. Als ich auf die Idee zu Farr-Out Foods kam und einen leckeren Erdbeer-Vanille-Sirup erfand, flatterten mir plötzlich Aufträge über mehr als 1,5 Millionen US-Dollar pro Jahr ins Haus. Es war an der Zeit, den Laden zu verkaufen. Damals erkannte ich, dass man kein Genie sein musste, um geschäftlichen Erfolg zu haben. Und ich wollte meine Tipps und Anregungen so vielen Menschen wie möglich mit auf den Weg geben. Es mag sich unglaubwürdig anhören, doch am Ende dieses Buches werde ich Ihnen Folgendes bewiesen haben: Jedem sind die Fähigkeiten zum Erfolg angeboren, doch nicht jeder ist bereit, die nötigen Anstrengungen zu unternehmen, um diese Fähigkeiten zu nutzen (wie ich schon in meinen einleitenden Bemerkungen festgestellt habe). Wenn Sie glauben, dass Sie einen Leitfaden brauchen oder eine Schritt-für-Schritt-Anleitung zur Aktion, dann können Sie hierauf aufbauen.

Dieses Buch entzieht dem Erfolg das Mystische. Solange wir glauben, dass Erfolg auf Glück, Zufall oder Zauberei beruht, werden die Reichen reicher und die Armen ärmer. Während ich in einer Familie aufwuchs, die arm an Geld, doch reich im Geiste war, begann ich meine persönliche Entdeckungsreise, auf der ich herausfand, warum dem einen Erfolg beschieden ist, während der andere scheitert. Und meine Erkenntnisse waren viel zu aufregend, als dass ich sie für mich behalten könnte! Mein erstes Buch war in erster Linie autobiografisch. Es erzählt, wie ich es vom armen Schlucker zum Millionär brachte und liefert seinen Lesern verschiedene allgemeine Übungen zu den Lektionen, die aus meinen Erfahrungen zu lernen sind. Doch das reichte mir nicht. Ich wusste, dass Sie mehr brauchen. Jemandem zu vermitteln, dass er es schaffen kann, ist eine Sache, doch die Werkzeuge für die Umsetzung einer soliden Strategie im wirklichen Leben sind eine ganz andere. Ich will das an einem Beispiel illustrieren.

Jeder weiß, dass er essen muss, um am Leben zu bleiben. Dazu muss ich Sie nicht eigens ermuntern. Vielleicht wissen Sie aber nicht, was Sie essen sollten – welche Nahrungsmittel Sie zu sich nehmen sollten, um möglichst gesund und lange zu leben. Das Gleiche gilt für Erfolgstipps. Was Sie brauchen, ist eine Strategie. Sie müssen an die Hand genommen werden. Das ist wie beim Autofahren – selbst wenn wir ein leistungsfähiges Navigationssystem im Kopf haben (wenn nicht gar das leistungsstärkste überhaupt!), schauen wir lieber doch auf eine Karte, die uns zeigt, wie wir von A nach B kommen. Wir möchten bestätigt haben, dass es richtig ist, an dieser Stelle links abzubiegen. Außerdem brauchen wir ein konkretes Ziel. Wer möchte schon losfahren, ohne zu wissen, wohin die Reise geht? Dabei wäre das vielleicht gar nicht so schlecht! Sind Sie schon mal einfach ins Blaue gefahren, ohne Route oder bestimmtes Ziel, und haben dabei die tollsten Dinge erlebt? So sollte das Leben sein. Unglücklicherweise *glauben* die Menschen aber, dass Sie sich in Ihrem Leben an etwas orientieren müssen. Sie suchen nach Struktur, nach einem verlässlichen Plan, nach einer detailgetreuen Wegeskizze. Sie wollen wissen, dass alles gut wird, wenn sie eine bestimmte Entscheidung treffen. Und dass sie damit Erfolg haben werden.

Womit ich wieder bei dem Grund angelangt wäre, aus dem ich dieses Buch geschrieben habe. Ich werde Ihnen demonstrieren, was Sie meiner Ansicht nach davon abhält, zu zeigen, was wirklich in Ihnen steckt. Und ich werde Sie an die Hand nehmen und Ihnen die Karte geben, die Sie vermeintlich brauchen. Im Grund werde ich Ihnen aber kaum etwas sagen, was Sie nicht in Ihrem innersten Innern bereits wissen. Ich werde Sie durch einen mentalen Prozess begleiten, der hoffentlich beseitigt, was Ihrem Weg in den Wohlstand im Wege steht. Erfolg findet im Kopf statt. Wenn Sie sich in den Finger schneiden, heilt die Wunde ganz von allein – Sie müssen ihr das nicht befehlen. Genauso ist es auch mit dem Erfolg. Er steckt in uns allen.

Bitte markieren Sie sich jede Seite, auf der Sie ein Aha-Erlebnis haben. Mögen es viele werden! Und ich werde all Ihre brennenden Fragen beantworten. Sehen Sie, ich habe seit der Veröffentlichung von *Reallionaire* Veränderungen an mir festgestellt und erlebt, wie sich die Menschen um uns herum und die ganze Welt verändern. Menschen kommen heute mit Fragen zu mir, die mir noch nie zuvor gestellt wurden und die bisher auch keine Bedeutung gehabt hätten. Das ist die Folge des technischen Fortschritts und des Wandels in unserem Wirtschafts- und Geschäftsleben. Von allgemeinen Ansichten zu den Regeln für finanziellen Wohlstand bis hin zu ganz konkreten Ratschlägen zur Rangordnung der Anlagen beim Investieren liefere ich Ihnen Erkenntnisse darüber, wie Sie Pläne zur künftigen Mehrung Ihres Vermögens machen und Ihr heutiges Einkommen aufbessern können. Außerdem gebe ich Ihnen Tipps zur effektiven Problemlösung und dazu, wie Sie sich charakterlich in Form halten können, damit Ihnen die nötigen Maßnahmen leicht fallen und entsprechen.

Motivierende Bücher gibt es in rauen Mengen – und ebenso viele, die Ihnen beibringen, wie Sie X oder Y oder Z bewerkstelligen. Denken Sie nur an die Bücherreihen *für Dummies* oder „Leicht gemacht"-Ratgeber. Jeder Buchladen hat eine entsprechende Abteilung. Selbsthilfegurus aus allen Bereichen (Gesundheit, Finanzen, spirituelle Fragen, et cetera) gibt es ohne Zahl. Doch offenbar fehlt häufig der Anschluss zwischen dem Wissen, wie etwas geht, und dem Selbstvertrauen und dem Antrieb, es auch zu tun – eine Lücke, die dieses Buch füllen möchte. Ich stelle immer wieder fest, dass viele Menschen einfach nicht wissen, was sie tun sollen.

Sie sind nicht glücklich an Ihrem Arbeitsplatz, doch wissen auch nicht, wie Sie das ändern können. Kündigen Sie doch! Andererseits wollen Sie damit vielleicht lieber bis Freitag warten … Im Leben behalten wir uns eben das Entscheidungsrecht vor. Und so denke ich darüber: Es hat Sie niemand gezwungen, den ungeliebten Job anzunehmen. Das war Ihre Entscheidung. Sie haben sich heute entschieden, aufzustehen und sich anzuziehen, oder nicht? Diese Fragen und Aussagen werden

Sie vielleicht überflüssig finden, denn Sie mussten ja aufstehen und zur Arbeit gehen. Schließlich müssen Sie doch Ihre Miete oder Hypothek zahlen und eine Familie ernähren. Was ich sagen will, ist, dass Sie die Wahl haben. Und genau mit dieser Wahlmöglichkeit können Sie auch Ihr Leben verändern und sich für den Erfolg entscheiden.

Kommen wir nochmals kurz auf das Bild vom Auto zurück. Wenn ich Ihnen die Schlüssel zu einem Wagen (Ihrer Wahl) geben würde, könnten Sie dann einsteigen und an Ihr Ziel gelangen? Sicher würden Sie sich von mir den Weg erklären lassen wollen. Wie ich schon sagte, Karten und Ratgeber (oder Navigationsgeräte) gibt es in Hülle und Fülle. Woran es aber eindeutig mangelt, sind maßgeschneiderte Anweisungen dazu, wie Sie *Ihr* spezifisches Ziel finden – den Ort, der Ihnen *vorgegeben* ist und an dem Sie sich in voller Größe präsentieren können.

Es gibt einen ganz konkreten Grund dafür, warum dieses Buch um sieben Lügen herum geschrieben wurde. Als ich mich hinsetzte und überlegte, wie ich meine Botschaft und meine Lektionen am besten zum Ausdruck bringen könnte, um den größtmöglichen Beitrag zu Ihren Träumen und Ihrer Zukunft zu leisten, gingen mir diese Mythen – diese Lügen, die sich in unserer Kultur durchgesetzt haben – einfach nicht aus dem Kopf. Gegen sie wende ich mich jedes Mal, wenn ich vor Publikum spreche – vor rastlosen, verzagten Menschen, die nicht glauben wollen, dass sie alles erreichen können, was ihnen vorschwebt. Diese sieben Irrtümer sind für die breite Masse die größten Hindernisse für herausragende Leistungen. Wer sie über Bord wirft und stattdessen die Wahrheit erkennt, gehört zu dem einen Prozent der Menschen, die wir als erfolgreich bezeichnen würden. Und zu dem auch Sie gehören können.

Die Welt, in der wir leben, wird von Geld, von Idealen, vor allem aber von Ängsten bestimmt. Die Angst vor Veränderungen, die Angst vor Risiken, die Angst vor Verlust, die Angst vor Misserfolg. Aus Angst halten wir oft an falschen Überzeugungen fest und gestatten ihnen, unser Denken zu kontrollieren. Wenn ich Sie zum Beispiel fragen würde, ob Sie es für möglich hielten, beides zu haben – Schulden und Vermögen –, wobei das Letztgenannte überwiegt, was würden Sie dann sagen? (Sie selbst können der entscheidende Faktor dafür sein, ob Sie es in das oberste Prozent schaffen.) Müssen Sie etwas von Aktien und Anleihen verstehen, um reich zu werden? Gibt es einen Aktionsplan mit hoher Erfolgswahrscheinlichkeit, der ohne hochgestochene akademische Vorbildung oder geniale Erfindungen funktioniert? Wie können Sie jetzt gleich mehr Geld verdienen? All diese und weitere Fragen werde ich Ihnen beantworten und die Antworten werden Sie vielleicht überraschen.

Zu viele Menschen leben von Gehaltsscheck zu Gehaltsscheck und hoffen, dass die in Büchern, CDs und DVDs aufgestellten Berechnungen sie irgendwann ‚automatisch' zum Reichtum führen werden. FÜR ALLE, DIE DAS NOCH NICHT WISSEN: Automatisch geht hier gar nichts – zumindest nicht im wirklichen Leben. Sicherlich möchten Ihnen manche Leute weismachen, dass eine bestimmte Denkweise Voraussetzung für Reichtum ist, der sich dann mühelos immer weiter vergrößert. In diesem Buch fordere ich Sie dazu heraus, über unverbindliches Geplänkel hinauszugehen und Leistung zu zeigen. Ich verrate Ihnen nicht nur, welche Einstellung Sie brauchen, um Ihre Träume zu verwirklichen, sondern gebe Ihnen auch konkrete Strategien, die mit dieser Geisteshaltung einhergehen. Ich möchte Ihnen dabei helfen, Ihr persönliches Wohlstandspotenzial auszuschöpfen, das Sie als ganzen Menschen betrifft – nicht nur Ihr Bankkonto. Vielleicht ist Ihnen gar nicht bewusst, welche Ängste und Fehlauffassungen Sie finanziell, spirituell, emotional und sogar physisch behindern. Ich glaube fest, dass das, was man im persönlichen Bereich erlebt, auch im Berufsleben zum

Ausdruck kommt. Daher sollten Sie stets auf gesunde Ausgewogenheit achten und ohne Angst leben … nach innen und nach außen. Sie werden bald verstehen, was ich damit meine – und ungeachtet Ihres Alters wird es Ihr Leben verändern.

Vor Kurzem hörte mich meine neunjährige Patentochter sprechen. Sie machte eine Übung mit, die Sie im zweiten Kapitel durchführen sollen. So brachte ich sie dazu, zu erkennen, worauf sie sich konzentrieren sollte – in ihrem Fall das Schreiben. Damals entschied sie sich, ihre ganze Kraft auf die Perfektionierung dieser Kunst zu verwenden und stellen Sie sich vor: Sie wurde bei einem Wettbewerb tatsächlich von Poetry.com als Autorin unter Vertrag genommen und schlug über 100.000 Mitbewerber aus dem Feld. Nicht schlecht für eine Neunjährige, oder?

Ich hatte meine große Erleuchtung ebenfalls mit neun Jahren, als ich die Rede von Nelson Mandela bei seinem Amtsantritt hörte, die mich dazu motivierte, von da an stets ohne Angst zu leben:

Unsere tiefste Angst ist nicht die Angst vor der eigenen Unzulänglichkeit. Unsere tiefste Angst ist, dass wir unermesslich stark sein könnten. Es ist unser Licht, nicht unsere Finsternis, was uns am meisten erschreckt. Wir fragen uns, wer bin ich, dass ich brillant, großartig, begabt und fabelhaft sein kann? Und wer seid ihr, dass ihr das nicht sein könnt? Ihr seid Kinder Gottes. Wer sich klein macht, erweist der Welt damit keinen Dienst. Es ist nichts Erleuchtendes daran, zu klein zu machen, damit sich andere Menschen in eurer Gegenwart nicht unsicher fühlen. Wir alle sollen strahlen wie die Kinder. Wir wurden geboren, um den Ruhm Gottes zu manifestieren, der in uns wohnt. Nicht nur in manchen, sondern in uns allen. Und wenn wir unser Licht leuchten lassen, gestatten wir damit unbewusst anderen, es uns gleich zu tun. Wenn wir von unserer Angst befreit sind, befreit unsere Gegenwart automatisch auch andere.

Und nun frage ich Sie: *Was hält Sie noch zurück?* Um die Antwort auf diese Frage geht es in diesem Buch. Wie haben Sie Ihr Denken und Ihre Entscheidungen dorthin gebracht, wo Sie heute stehen? Was möchten Sie ändern? Und wie wollen Sie die Angst loswerden und diese Änderungen herbeiführen? Behalten Sie diese Fragen im Hinterkopf, wenn Sie dieses Buch lesen. Ich werde Sie Ihnen an anderer Stelle noch einmal stellen.

Sind Sie bereit für ein Leben ohne Angst? Dann steigen Sie in das metaphorische Auto Ihrer Wahl und fahren Sie los.

1

Die Lüge vom Glück

Lüge: Ich muss in die richtigen Kreise oder mit besonderen Fähigkeiten geboren werden, um reich zu werden.

Wahrheit: Glück ist Präsenz. Wer nicht spielt, kann nicht gewinnen.

Es gibt Glückshemden, Glücksjacken und sogar Glücksunterwäsche. Früher glaubten die Menschen an Hasenpfoten. Die musste man am Schlüsselbund tragen, um Glück zu haben. Ich habe dazu nur eins zu sagen: Der Hase hatte sogar *vier* davon ... und wurde trotzdem getötet.

Glück ist schlicht und einfach, wenn jemand etwas tut. Das ausschlaggebende Wort hier ist natürlich *etwas*. Es geht darum, aktiv zu werden, und dieses Buch zeigt Ihnen, wie. Nach den meisten Definitionen des Wortes hat Glück mit Zufall zu tun. Möchten Sie es dem Zufall überlassen, ob Sie reich werden können oder nicht? Was, wenn Sie nun nicht zu den *Auserwählten* gehören? Was dann? Atmen Sie tief durch.

Und bleiben Sie ganz ruhig. Mit Glück hat Wohlstand nichts zu tun. Sie werden Erfolg haben, wenn *Sie* sich dafür entscheiden.

Wenn wir von jemandem hören, der berühmt und vermögend ist, drängen sich schnell Gedanken auf wie „Na ja, denk doch nur, wer sein Vater war … oder … überleg mal, wo sie zur Schule gegangen ist … oder … sieh doch, mit welcher *Begabung* ihn Gott gesegnet hat. Da ist es nicht schwer, reich zu werden. So viel Glück habe ich nicht." Das ist die Lüge vom Glück, das einem in die Wiege gelegt wird. Sie ist eine der hartnäckigsten Mythen überhaupt, die viele Menschen in Untätigkeit verharren lässt. Sie macht Sie nicht nur blind für Ihr Potenzial, sondern hindert Sie daran, dieses Potenzial zu nutzen – Ihr Schicksal selbst in die Hand zu nehmen und persönliche Höchstleistungen zu bringen. Viele Menschen sind von Geburt an privilegiert, und erreichen doch nichts. Wer sich aber entschließt, seine Fähigkeiten zu nutzen – und die hat meiner Ansicht jeder -, der kann Großes vollbringen, ungeachtet der Umstände seiner Geburt.

Was ist Glück?

Menschen, die sich beklagen, dass ihnen fehle, was nötig sei, um Wohlstand zu erlangen – wie zum Beispiel Beziehungen, ein Erbe, eine Stiftung oder eine besondere Begabung –, belügen sich selbst. Wenn Sie das glauben, öffnen Sie dieser Lüge Tür und Tor.

Glück ist ein geläufiges Wort. Wir hören es so oft, dass wir kaum noch in der Lage sind, zu erkennen, was es wirklich ist: nur Augenwischerei nämlich. Das Wort wurde von bekannten Unternehmen in ihrer Markenpolitik verwertet und sogar Google bietet auf seiner Hauptsuchmaschinenseite eine „Auf gut Glück!"-Schaltfläche. Kein Wunder also, dass so viele Menschen dieser Täuschung zum Opfer fallen. Erfolgreiche

Menschen sprechen viel mehr von engagierter Arbeit als von Glück. Dennoch wird es von so vielen anderen mit Erfolg gleichgesetzt. Ich frage Sie: Ist es Glück, wie Serena den Tennisschläger führt? Kann Glück bewirken, dass ein armer Schlucker eines Tages aufwacht und so reich ist wie Bill Gates? Kann Glück Blinde sehend machen? Ich glaube nicht. Und bedenken Sie auch Folgendes: Die allermeisten Topmanager von *Inc.* 500-Unternehmen stammen aus der Mittelschicht, aus der Unterschicht oder aus bescheidenen Verhältnissen. War es Glück, das sie so weit gebracht hat? Oder nicht doch eine Mischung aus vielen anderen, tiefgründigeren und greifbareren Faktoren wie Antrieb, Ehrgeiz und Tatkraft? Letzteres erscheint mir doch plausibler.

Samuel Goldwyn (das „G" im Filmstudioimperium MGM) hat einmal gesagt, „Je härter ich arbeite, desto mehr Glück habe ich." Trotz aller gebührenden Hochachtung vor Herrn Goldwyn bin ich mit dieser Aussage nicht einverstanden. Als ich das Zitat zum ersten Mal hörte, hat es mich wirklich berührt – und zwar nicht, weil ich es so inspirierend fand, sondern weil ich innerlich zusammenzuckte. Ich bin da nämlich ganz anderer Meinung. Ich wünschte, Samuel Goldwyn wäre noch am Leben, damit ich in sein Büro in Hollywood stürmen und ihn dazu bringen könnte, zuzugeben, dass sein sogenanntes Glück gar kein Glück war. Es war vielmehr Leidenschaft, Kompetenz und Voraussicht. Es war sein Mut zur Ehrlichkeit und zur Verwirklichung seiner Träume. Und es war seine Fähigkeit, Chancen zu ergreifen, wenn sie sich boten. Vermutlich hätte er mir zugestimmt. Und ebenso meiner Definition von harter Arbeit, zu der wir in Kürze kommen werden.

Natürlich bewegen wir uns hier auf dem dünnen Eis der Semantik. Was Samuel Goldwyn als Glück bezeichnete, könnte ohne Weiteres seine Formulierung für „Meine Interessen und Ambitionen haben es mir ermöglicht, viel zu erreichen" sein. Doch wir wollen realistisch bleiben.

Die meisten Menschen meinen, wenn sie *Glück* sagen, dass man etwas ohne Gegenleistung bekommt. Für sie ist Glück ein magisches Phänomen, das willkürlich auftritt und das niemand steuern kann. Wer Glück hat, war zufällig zur rechten Zeit am richtigen Ort.

Realitäts-Check: Wer bestimmt, was der richtige Ort zur rechten Zeit ist? Das Glück? Und wie sieht Glück aus – damit wir es erkennen, wenn wir es finden? Der Einzige, der zur rechten Zeit am richtigen Ort sein kann, sind Sie. Glück hat damit nichts zu tun, weil es gar nicht existiert. Niemand ist ein Glückskind. Für ebenso verfehlt halte ich übrigens auch die Vorstellung vom „richtigen Ort zur rechten Zeit".

Kommen wir noch einmal auf Herrn Goldwyn zurück. Er war ein Mann, dem das Glück in keinem Sinne des Wortes in die Wiege gelegt worden war. Geboren wurde er 1882 unter dem Namen Schmuel Gelbfisz als Sohn einer verarmten jüdischen Familie in Warschau in Polen. Sehr jung und ohne einen Pfennig verließ er seine Heimat zu Fuß und landete irgendwann nach England, wo er sich einige Jahre bei Verwandten aufhielt. Dann wanderte er in die Vereinigten Staaten aus. 1899 reiste er in New York ein. Er war kaum ins Bekleidungsgeschäft eingestiegen, als er feststellte, dass er der geborene Verkäufer war. Er konnte alles an den Mann bringen und wurde ein ausgesprochen erfolgreicher Vertreter. Als er seine Liebe zum Film entdeckte – die Branche steckte seinerzeit noch in den Kinderschuhen –, führten ihn sein ausgeprägter Sinn fürs Kaufmännische und seine Leidenschaft für den Film am Ende nach Hollywood, wo er sich zu einem legendären Filmproduzenten und Gründer mehrerer Studios entwickelte. Glück? Kaum. Goldwyn war jemand, der seine Fähigkeiten nutzte und einfach immer zur Stelle war. Und damit wären wir bei der ersten Wahrheit:

Die Wahrheit vom Glück

Glück ist Präsenz. Wer nicht spielt, kann nicht gewinnen.

Nicht viel Glück, sondern viel Arbeit

Bitte achten Sie auf die Feinheiten: Ich sagte, Herr Goldwyn *entwickelte* sich zu einem erfolgreichen Mogul der Unterhaltungsindustrie. Ich will eins von vornherein klarstellen: Erfolgreiche Menschen, auch kleine Einzelunternehmer, *entwickeln* sich – sie werden nicht geboren. Sie bilden sich mit der Zeit heran, lernen laufend dazu, arbeiten an sich und suchen neue Chancen, um ihre Fähigkeiten weiter auszubauen. Wo aber fangen sie an? Häufig mit der Hilfe wenigstens einer Person, etwa einem Freund oder einem Familienmitglied, an dem sie ihre Ideen und Interessen austesten können und Feedback erhalten. Für Goldwyn war das ein Mann namens Jesse Lasky, Varieté-Künstler und gleichzeitig sein Schwager. Sie taten sich mit dem Kinobesitzer Adolph Zukor zusammen und produzierten ihren ersten Film, für den sie einen ehrgeizigen jungen Regisseur namens Cecil B. DeMille engagierten. Der Rest ist Geschichte.

Jeder braucht im Leben einen Vertrauten, einen Mentor im positiven Sinne des Wortes – egal wie alt er ist. Mein Denken hat neben meiner

Mutter und meiner Großmutter schon in frühester Kindheit ein weiterer ganz besonderer Mensch beeinflusst. Als er in mein Leben trat, wurde er im Grunde zu meinem ersten Mentor außerhalb der Familie. Er zeichnete mir den Weg vor, den ich im Geschäftsleben nahm. Diesem Mann schulde ich viel Dank dafür, dass er mir klar gemacht hat, was Glück in Wirklichkeit ist, bevor es mich einer Gehirnwäsche unterziehen konnte. Wer mein erstes Buch gelesen hat, dem ist Roi Tauer vielleicht ein Begriff. Er leitet einen Think-Tank in Chicago. Er hatte großen Anteil daran, dass mein erstes geschäftliches Unterfangen Fuß fassen konnte. Er war mein geduldiger Lehrmeister, der mir zeigte, wie ich vorgehen musste, und der mich immer wieder vor neue Herausforderungen stellte, um mir Stereotypen und falsche Vorstellungen auszutreiben, die ich im Kopf hatte. Ich war damals von so viel Armut und Entbehrung umgeben, dass der Gedanke an Geld wie eine Allergie war, die ich nicht loswerden konnte. Für mich war Geld das oberste Ziel und zu erreichen war es nur durch Glück.

Nicht viel Glück, sondern viel Arbeit, sagte Roi zu mir. Diesen Satz ließ er mich immer wieder wiederholen. Doch wirklich verinnerlicht habe ich ihn erst, als mich Roi fragte: „Wer ist Farrah? Was sind seine Stärken und Schwächen? Ist er ein Kämpfer? Ist er geistig, körperlich und mental gut in Form?" Die meisten dieser Fragen waren mir ein bisschen zu hoch. Immerhin war ich erst acht Jahre alt (und verstand das Wort *Kämpfer* anfangs wörtlich). Doch als sie mir allmählich tiefer ins Bewusstsein drangen, hatten sie eine enorme Wirkung auf mich. Ich erkannte, dass ich mein Leben selbst in die Hand nehmen konnte. Dass es an mir lag, ob ich die Arbeit aufnahm. Und wenn am Glück etwas Wahres dran war, dann nur im Kopf.

So viel Ehrerbietung ich für Roi empfinde, der mir half, die Saat meines unternehmerischen Denkens in frühem Alter zu pflegen, so muss ich doch auch meiner Großmutter Tribut zollen, die mir das Streben nach Gewinn im Leben eingab. Als ich sieben war, teilte mir eine Lehrerin mit, dass aus mir nichts werden würde. Ich sei arm und werde das auch bleiben, sagte sie, und laut Statistik würde ich als Halbwüchsiger im Knast oder tot enden. Es gebe also für mich keinen Ausweg (bis auf das Gefängnis oder das Grab). Ich rannte nach Hause und erzählte alles meiner Großmutter. Sie rückte mir den Kopf zurecht und erklärte mir, dass alle Menschen nur mit Wasser kochen. Sie wies mich an, mich jeden Morgen beim Aufwachen zu fragen: *Warum nicht ich?* Und das tat ich am nächsten Morgen – und an jedem folgenden Morgen auch.

Wir vergessen gern, uns das zu fragen – vor allem vor anderen, die uns beurteilen könnten. Können Sie mir einen Grund dafür sagen, warum ein anderer etwas getan hat und Sie nicht? Allzu oft geben wir unsere Macht aus der Hand. An andere. An Meinungen. An Ängste. An Falschheiten. An diese verquere Vorstellung vom Glück. Die meisten Menschen leben ihre Angst und nicht ihre Möglichkeiten. Wenn es denn so ist, dass wir nur einen geringen Teil unseres Gehirns benutzen, warum sollten wir diesen nicht nach Kräften vergrößern? Es ist erstaunlich, was man leisten kann, solange man noch nicht weiß, was man nicht schaffen kann. Wir alle sind gesegnet und begabt, doch erst die Wahrnehmung dieser Segnungen und Gaben ermöglicht es uns, auf eine höhere Ebene zu gelangen.

Durch den Einfluss meiner Großmutter auf mein Denken erkannte ich an kleinen Offenbarungen, was einen Menschen wirklich reich macht. Reich sein bedeutete nicht allein, wie viel Geld oder wie viel Glück man im Leben hatte. Nein, reich sein, das bedeutete so viel mehr.

Was es bedeutet, reich zu sein

Mark G. ist ein typischer Vertreter der Sorte Mensch, die *nicht* weiß, was es heißt, reich zu sein. Bestimmt kennen Sie auch jemanden wie Mark. Er spricht die ganze Zeit über Geld und träumt vom großen Zahltag irgendwann in der Zukunft, doch im Heute tut er nicht viel, um seine Fähigkeiten zu entwickeln und seine Leidenschaften zu pflegen.

Er hat einen Achtstundenjob, den er hasst, und denkt nicht viel darüber nach, dass er anderen Geld schuldet, denn, wie er so gerne betont, er wird ja eines Tages reich sein. Wartet nur, schon bald werde er es aller Welt zeigen…

Wenn ich ihm die Fragen stelle, die mir als Kind gestellt wurden – Fragen wie „Wer ist Mark? Wozu bist du auf der Welt? Was macht dich zu etwas ganz Besonderem?" –, bekomme ich keine richtige Antwort. Ich spüre, dass sein Selbstwertgefühl nicht groß sein kann, denn als ich ihn ermutige, mir zu erzählen, was er mit seinem Leben anfangen möchte, um den großen Zahltag herbeizuführen, sagt er, „sich für die eine Sache aufsparen, die ihn zum gemachten Mann macht." Er glaubt fest daran, dass sie ihn erretten und ans Ziel seiner Träume bringen wird, das nicht minder vage und schwer in Worte zu fassen ist. Doch er hat keine Vorstellung davon, was das sein könnte. Kurz, er ist damit beschäftigt, nicht zu wissen, was zu tun ist, um dorthin zu gelangen, wo er hinkommen möchte. Und er hat keine Ahnung, was er anderes mit sich anfangen sollte, als abzuwarten – als ob das Glück zufällig dann zuschlagen würde, wenn er es am wenigsten erwartet.

Es gibt nur einen wahren Weg zu echtem Erfolg. Am Ende jenes anderen Weges, den ich leider so viele Menschen einschlagen sehe, wartet nur ein Trugbild. Das ist der Weg des Fantasierens vom großen Geld, des Abwartens und Hoffens, auf dem man aber gar nichts tut, um auf ein Ziel zuzuarbeiten oder die eigene Persönlichkeit weiterzuentwickeln.

Vermutlich glauben Sie, dass sich am Tag, an dem Sie den großen Wurf landen, auch automatisch ein hohes Selbstwertgefühl einstellen wird. Der richtige Weg ist dagegen, jeden Tag daran zu arbeiten, Ihr Selbstwertgefühl zu heben, damit Sie, wenn sich der Erfolg dann einstellt, bereit dafür sind und die Wahrscheinlichkeit, zu scheitern, geringer. Selbst wenn Ihnen im Moment noch nicht klar ist, welchen Zweck Sie in Ihrem Leben erfüllen sollen, können Sie zumindest anfangen, mehr Zeit auf die Erforschung Ihrer Fähigkeiten und den Aufbau Ihres Selbstvertrauens zu verwenden. Das wird Ihnen dabei helfen, Ihren eigentlichen Daseinszweck zu erkennen.

> **Realitäts-Check:** Wie gut kennen Sie sich selbst? Bewegen Sie sich auf Ihre Lebensziele zu oder entfernen Sie sich davon? Fangen Sie heute noch an, Tagebuch zu führen und Ihre Hoffnungen, Träume, Gedanken, Werte und auch Ihre Frusterlebnisse und Enttäuschungen festzuhalten.

Vielleicht sollten Sie Ihr Tagebuch in zwei Abschnitte unterteilen – einen, der sich an den Kapiteln dieses Buches orientiert und die entsprechenden Übungen aufnimmt und einen, der für spezielle Passagen vorgesehen ist. Schreiben Sie Ihren Namen auf den Umschlag und seien Sie stolz darauf. Fragen Sie Ihre Eltern, was er bedeutet oder wie sie darauf gekommen sind, Ihnen diesen Namen zu geben, falls Sie das noch nicht wissen. (Mein Name bedeutet auf Arabisch „Lastenträger" – er bezeichnet einen, der große Verantwortung trägt. Kein Wunder, dass ich zum Anführer, zum Vorbild und zur Inspiration bestimmt war. Eine Belastung ist das aber nicht. Es ist ein Segen und eine Ehre.)

Reservieren Sie einen Abschnitt Ihres Tagebuchs für Selbstbestätigung, Lieblingszitate oder Gedichte (schlagen Sie doch mal „Equipment" von Edgar A. Guest nach, es gehört zu meinen Lieblingsgedichten) und einen, um Informationen über Mentoren, über Kontakte und über die Beziehungen aufzuzeichnen, die Sie eingehen werden, um Sie Ihren Zielen und Träumen näher zu bringen. Vielleicht lassen Sie auch etwas Platz für Notizen, die sich aus wichtigen Gesprächen ergeben. Einen weiteren Abschnitt sollten Sie Ihren Ideen widmen. Darin können Sie auf dem Papier Zwiegespräche mit sich selbst halten und Möglichkeiten ausarbeiten. Wenn Sie Ihre Ideen schriftlich niederlegen, gewinnen Sie häufig mehr Klarheit oder werden dazu angehalten, kontinuierlich neue Anregungen auszuloten.

Geld macht nicht glücklich

Geld verändert Menschen *in gewisser Hinsicht*. Ich vermute, Sie alle kennen jemanden, für den ein plötzlicher warmer Regen gefährlich wäre. Für einen solchen Menschen wäre Geld das Schlimmste, was ihm passieren kann, weil er in aller Eile jede Menge überflüssiger Dinge kaufen würde, um die Leere zu füllen, die in seinem Inneren herrscht. So jemand knackt heute den Jackpot und fängt morgen an, das Geld mit vollen Händen auszugeben. Ich kannte eine Frau, die dermaßen dem Markenwahn und dem Image von Wohlstand verfallen war, dass Sie, sobald Sie zu etwas Geld kam, losging, um sich bei „Escader", „Christian Dinor-ah", „Lewis Vitton" und „Prader" einzudecken. Sie konnte die Namen dieser Marken zwar ganz offensichtlich nicht richtig aussprechen, doch sie konnte sie nach Herzenslust kaufen und ihre

Schränke damit vollpacken, um so ihr geringes Selbstwertgefühl zu kaschieren. Doch ihr spirituelles Bankkonto – ihren Geist und ihre Seele – würde das Geld nicht füllen. Mich betrübte, wie sie redete, doch als ich versuchte, ihr begreiflich zu machen, dass sie materielle Güter am Ende nicht glücklich und zufrieden machen würden, wollte sie nicht hören.

Das bringt mich zu einer wichtigen Feinheit. Dass Sie dieses Buch lesen, bedeutet, dass Sie aufnahmebereit sind für seine Botschaft. Ihre innere Stimme sagt Ihnen, dass es an der Zeit ist, etwas zu verändern. Sie sind bereit, Ernst zu machen – und reich zu werden. Mitunter wird Ihnen das, was ich zu bestimmten Themen zu sagen habe, vielleicht nicht gefallen. Manche meiner Vorschläge widersprechen womöglich so stark der gängigen Meinung oder Ihren eingefleischten Überzeugungen, dass Sie das Buch am besten weglegen sollten, bis sie sich einigermaßen beruhigt haben. Mir ist egal, wie Sie darüber denken – oder nicht denken –, was nötig ist, um reich zu werden. Ich hoffe aber, dass Sie lernen werden, zumindest ein paar dieser Lügen zu durchschauen und meine Botschaft in konkrete Handlungen umzusetzen. Vergessen Sie nicht: Ein Auto kann noch so optimal ausgestattet und voll getankt sein – es fährt nirgendwo hin, wenn nicht jemand den Motor startet und aufs Gas tritt.

Ernst zu machen bedeutet vor allem anderen, mit sich selbst ins Reine zu kommen. Man kann nicht reich werden, wenn man nicht in sich ruht, sich seines Daseinszwecks bewusst ist und dann von innen heraus Reichtum aufbaut. Oft erleben wir, wie Stars schnell wieder in Ungnade fallen, die in den Erfolg hineingeschmeckt haben, doch nicht über solide Grundlagen verfügen. Ihnen fehlt die nötige Erdung, um darauf dauerhaften Wohlstand aufzubauen, und diese wurzelt in Selbsterkenntnis. Ich will hier gar keine Namen nennen. Die Regenbogenpresse ist voll davon.

Manche Menschen werden vom Geld getrieben. Aber wir wollen uns keine Illusionen machen: Geld ist nicht schwer zu verdienen, wie uns Attentäter, Prostituierte und Drogenhändler vormachen. Man braucht kein Glück, um Geld zu verdienen. Menschen verwechseln Glück mit Geld. Am Ende des Tages liegen Sie so, wie Sie sich gebettet haben. Das muss Ihnen klar sein. Und Sie müssen wissen, wie gut Sie nachts schlafen möchten. Ich habe oft erlebt, das Menschen auf große Summen verzichtet haben – aus einem ganz einfachen Grund: weil Sie nicht glücklich waren. Selbstvertrauen und Selbstachtung können Sie für alles Geld der Welt nicht kaufen. Dass wir die Kirschen in Nachbars Garten für süßer halten und glauben, dass mit Geld alles anders wird, mag menschlich sein. Dennoch werde ich Ihnen das Gegenteil beweisen.

Es heißt, ab einem Einkommen von 50.000 US-Dollar greife das Gesetz vom geringeren Anstieg des Glücksbarometers. Mehr Geld macht nicht glücklicher. Während Geld nachgewiesenermaßen das Glücksgefühl erhöht, wenn es Sie aus der Armut in die Mittelschicht hebt, verliert es diese Kaufkraft jenseits der 50.000-US-Dollar-Schwelle rasch. Anders formuliert: Ob man 10.000 oder 50.000 US-Dollar verdient, macht einen enormen Unterschied beim Glücksniveau, doch ob man 100.000 Dollar verdient oder eine Million, nur einen geringen. Beim Übergang von der Armut in die Mittelschicht kauft man sich durch Geld los von Gesundheitsrisiken, Not, Sorgen um die nächste Mahlzeit und Gedanken um die Zukunft und die Sicherheit seiner Kinder. Wenn diese Grundbedürfnisse befriedigt sind, was bleibt dann noch?

Harvard-Psychologe Dr. Daniel Gilbert bringt eine geniale Analogie ins Spiel: Ein Stapel Pfannkuchen ist ein Genuss. Der zweite verdirbt einem den Appetit. Wird man gar gezwungen, einen dritten Stapel saftiger, reichhaltiger Pfannkuchen zu verzehren, ist Unwohlsein die Folge.

Mehr Pfannkuchen machen also nicht zufriedener. Sie kennen das? Nun, genauso verhält es sich mit dem Geld. Selbst Menschen mit sechs- oder siebenstelligen Gehältern leben von Gehaltsscheck zu Gehaltscheck. Sie heben mit steigendem Einkommen ihren Lebensstandard an, sodass sie zwar mehr verdienen, aber immer noch über ihre Verhältnisse leben und von dem Tag träumen, an dem sie keine finanziellen Sorgen mehr haben. Und sie sind unglücklich.

Dr. Gilbert hat sich eingehend mit dem Thema Glück beschäftigt und viel darüber geschrieben. Er behauptet, dass wir so schlecht prognostizieren können, was uns glücklich macht, weil wir dazu neigen, *uns durch unsere Vorstellungskraft erzeugten Illusionen* hinzugeben. Genauso ist es mit Illusionen, die auf Erinnerungen und Wahrnehmungen beruhen. Wir erkennen nicht, wie viel unsere Fantasie zugibt und weglässt, wie stark die Zukunft, die wir uns ausmalen, im Grunde von der Gegenwart beeinflusst wird, und wie anders wir über die Zukunft denken, wenn sie denn eintritt. Dasselbe gilt auch in finanziellen Dingen. Unsere Vorstellung vom Reichsein ist nur eine Illusion und wir fallen allzu leicht der trügerischen Hoffnung anheim, dass Geld uns Glück, „Größe", Selbstbewusstsein und Respekt bescheren wird – Reichtum, mit anderen Worten.

Nun, und ich sage Ihnen auf den Kopf zu, dass das Geld nicht Sie machen wird, sondern Sie müssen das Geld machen. In diesem Spiel kommt das glückliche, großartige Huhn vor dem Ei. Diejenigen unter den reichsten Menschen der Welt, die auch glücklich sind, erfreuen sich an goldenen Eiern, weil sie an ihrer Charakterbildung und ihrer Selbstachtung gearbeitet haben, und sind erst viel später bereit, ihre Hühner zu zählen.

Realitäts-Check: Reich sein bedeutet glücklich sein. Reich sein bedeutet, zu wissen, wer man ist, und seine Fähigkeiten optimal zu nutzen.

Reich sein bedeutet, viel Selbstachtung zu haben – ganz ohne Egoismus oder Arroganz. Entgegen der allgemeinen Überzeugung sind Leistungsträger meist äußerst bescheiden. Sie haben kein Problem mit ihrer Selbstachtung, weil sie durch ihre großen und kleinen Erfolge jeden Tag an sich arbeiten. Sie sind sich ihrer Träume gewiss und verstehen den Wert vollbrachter Taten. Mit jedem kleinen Erfolg gewinnen sie an Selbstvertrauen. Sie nehmen nichts für selbstverständlich und erwarten auch nicht, dass man es ihnen auf dem Silbertablett serviert. Ein arroganter Mensch dagegen leidet stets unter Entbehrungen. Er ist auf dem Weg zur Illusion. Immer, wenn ich einem arroganten Menschen begegne, denke ich: „Seit wann hast du denn hier das Sagen? *Ich muss da wohl was verpasst haben.*"

Feuern Sie sich selber an

Aber was können Sie nun heute, in Ihrer aktuellen Einkommenssituation, unternehmen, um eine positive Veränderung herbeizuführen? Bevor wir uns der Aufgabe zuwenden, mehr Geld zu verdienen, müssen wir zunächst anfangen, förderliche „Selbstgespräche" zu führen. Selbstbestätigung hat ungeahnte Wirkung, denn Worte können eine enorme Autorität ausüben. Sie tragen dazu bei, die negativen Aspekte, die zum

Leben gehören, zu entschärfen. Wir bekommen ja nicht täglich ermunternden Zuspruch von anderen, die uns sagen, was wir gerne hören möchten. Also müssen wir das selber tun. Deshalb möchte ich, dass Sie künftig, wenn Sie morgens aufstehen, in den Spiegel schauen und sich all die Nettigkeiten sagen, die Sie gerne von anderen hören würden. Selbstbestätigung geht ganz leicht. Sie müssen sich einfach nur sagen „Ich kann das!". Toben Sie sich dabei ruhig nach Herzenslust aus und mischen Sie anschauliche Bekräftigungen mit zukunftsorientierten Sätzen wie: „Ich bin intelligent. Ich bin kreativ. Ich bin erfolgreich. Ich werde vorankommen. Ich bin schön. Ich bin ehrgeizig. Ich werde meine Träume verwirklichen. Ich bin würdig. Ich bin mutig. Ich werde an dem arbeiten, was ich am besten kann. Ich bin für mein Schicksal verantwortlich und rechenschaftspflichtig. Die Umstände sind günstig. Ich bin gesegnet. Ich werde meinen Körper gesund erhalten. Ich bin couragiert. Ich nehme Anteil. Irgendwann werde ich mein eigener Chef sein." Sobald *Sie selbst* erst einmal davon überzeugt sind, können Sie auch *andere* überzeugen. Und dann öffnet sich die Welt für Ihre Träume.

Wenn Sie Ihr Selbstbild nicht ändern, können Sie auch nichts anderes erreichen. Wir bekommen im Leben nicht, was wir wollen. Wir bekommen, was wir *sind*. Vielleicht haben Sie schon von der Theorie gehört, dass Worte unser Verhalten beeinflussen, woraus sich Gewohnheiten bilden, was im Zusammenspiel unser Schicksal bestimmt. Ich bin davon rückhaltlos überzeugt. Meiner Ansicht nach ist diese Theorie die Wirklichkeit. Aus positiven Worten werden positive Verhaltensweisen und Gewohnheiten, die uns dann auf den Weg bringen, den wir so sehnlichst anstreben. Bleiben wir dagegen im Negativen verhaftet, verläuft unser Geschick anders, als wir uns das wünschen. Eine Pianistin kann lernen, wie man Noten liest und spielt, doch wenn sie nicht übt

40

und ihre Fingerfertigkeit auf den Tasten erhält, wird sie nie virtuos spielen und kaum fehlerlos eine schwierige Tarantella aus dem Gedächtnis wiedergeben können. Das Gleiche gilt auch für das Leben. Positive Bestätigung hilft uns, unser Denken zu trainieren und uns aus psychologischer Perspektive in positivem Denken zu üben, was sich wiederum auf unser Verhalten auswirkt. Wenn Sie so handeln können, dass sie damit mühelos Ihren Träumen und Zielen näher kommen, dann nenne ich das Erfolg.

Was Sie denken, dass bewirken Sie auch.
– Altes Sprichwort

Außerdem empfehle ich Ihnen, sich auch untertags Auszeiten zu nehmen, um für Selbstbestätigung zu sorgen. Allzu oft laufen unsere Selbstgespräche negativ ab: „Meine Güte, bin ich dumm. Ach, immer misslingt mir das. Ich bekomme nie, was ich will. Ich habe es nicht verdient, reich zu werden. Ich werde immer knapp bei Kasse sein…" Wenn wir so sprechen, dann übermitteln wir, dass „das immer wieder passieren wird". Wir weihen uns dem Untergang, noch bevor überhaupt irgendetwas passiert ist! Grübeln Sie nicht nach über Dinge, die in der Vergangenheit schief gelaufen sind. Lassen Sie sie los. Erzählen Sie nicht immer wieder, was Ihnen damals als Kind passiert ist. Das ist vorbei, also halten Sie es nicht wach. Ihre Erinnerungen und Ihre Zukunft ähneln sich. Wenn man über etwas nachdenkt, erlebt man es im betreffenden Moment auch. Wenn Sie also über Ihre Zukunft oder über Ihre Vergangenheit nachdenken, dann machen Sie sie zur Gegenwart. Und der Drang, über all den vergangenen Sorgen und Enttäuschungen zu brüten, hilft uns nicht auf den Weg in eine produktive Zukunft. Wir laufen Gefahr, dem Opfersyndrom zu erliegen, wenn wir uns so in vergangenen Fehlschlägen suhlen, dass wir uns davon lähmen lassen. Es ist ein Unterschied, ob man Fehler als Ausreden benutzt oder daraus lernt. Negative Gedanken und Gefühle kosten Kraft. Sie können all Ihre Unzulänglichkeiten den schlechten Menschen und schlimmen Erfahrungen anlasten, die Ihnen in Ihrem Leben begegnet und widerfahren sind, doch wenn Sie ehrlich sind und Verantwortung für Ihr Geschick übernehmen, dann können Sie sich selbst stärker machen und in Zukunft etwas bewegen. Wahrhaft erfolgreiche Menschen lassen sich für ihr Leben zur Rechenschaft ziehen. Sie beschließen, der Welt des

Worte können stärker sein als Taten.

Worte können sich schnell in Gewohnheiten und Verhaltensweisen verwandeln. In gewissem Sinne sind sie also stärker als Taten, weil sie oft *zuerst* da sind. Wenn Sie sich selbst negative Dinge vorsagen – vor allem in Bezug auf vergangene Enttäuschungen –, bringen Sie dadurch jetzt und in Zukunft negatives Verhalten hervor. Statt sich selbst durch schwarze Gedanken zu verdammen, sollten Sie sich lieber ehrlich eingestehen, was *wirklich* passiert ist, statt was hätte passieren *können*. Und damit Schluss. Wenn Sie pleite sind, sollten Sie sich zum Beispiel sagen: „Okay, früher konnte ich mit Geld leider nicht gut umgehen, aber jetzt werde ich reich." Das entscheidende Wort in diesem Satz ist „früher". Das ist vorbei, und in diesem Bewusstsein können Sie nun weiterleben. Versuchen Sie, die negativen Ereignisse der Vergangenheit als Lektionen für eine große Zukunft zu betrachten.

Erfolgs anzugehören und all ihr vergangenes und gegenwärtiges Wissen zu nutzen, um das zu schaffen.

Konzentrieren Sie sich stattdessen auf eine erfolgreiche Zukunft, die Sie auf diese Weise in die Gegenwart holen können. Tägliche Selbstbestätigung nach diesem Muster wird Ihnen helfen, die Siegermentalität zu entwickeln, die Sie brauchen.

Hier eine Sammlung von Wörtern, die Sie sich sagen sollten:

aktiv	erfolgreich	passioniert
ambitioniert	erfüllt	positiv
amüsant	frei	praktisch
anregend	freundlich	produktiv
ansprechend	fürsorglich	progressiv
aufgeschlossen	geduldig	realistisch
aufmerksam	gesegnet	reich
ausgewogen	gesellig	rücksichtsvoll
begünstigt	gesund	sensibel
beharrlich	glücklich	sorgfältig
beherzt	großzügig	spielerisch
bescheiden	gütig	stark
charismatisch	hartnäckig	systematisch
demütig	humorvoll	überzeugend
direkt	kreativ	verantwortungs-
		bewusst
ehrgeizig	künstlerisch	verständnisvoll
ehrlich	leidenschaftlich	weise

einfühlsam	liebenswürdig	widerstandsfähig
energisch	machtvoll	wohlhabend
engagiert	mutig	würdig
entschlossen	organisiert	zugänglich

Achten Sie darauf, welche Wörter Ihrer Ansicht nach im Moment nicht auf Sie passen, und erweitern Sie die Liste nach Gutdünken. Wir definieren uns oft eher dadurch, was wir tun, als dadurch, was wir sind. Dabei wird das, was wir *tun* und wie gut wir es tun, dadurch bestimmt, wer wir *sind*. Ist ein Komiker gut, weil er lustig ist, oder ist er lustig, weil er Komiker ist? Die Überlegung, welche Attribute Ihnen am ehesten gerecht werden und welche am wenigsten, helfen Ihnen dabei, sich selbst besser kennenzulernen, und geben Ihnen Stoff zum Nachdenken, wenn Sie den nächsten Schritt tun und Ihr wahres Ich auf Ihre ureigenste Berufung ausrichten. Meine Hoffnung ist, dass sich das Bild, dass Sie von sich haben, mit Ihrer wahren Vision decken wird – der, die Gott für Sie vorgesehen hat. Fragen Sie sich, welche Wörter auf der Liste Sie als auf Sie zutreffend bezeichnen würden.

Erst kürzlich sprach ich mit einer Frau, die die beschriebene kontraproduktive Einstellung und Opfermentalität hatte. Sie bewarb sich um eine Ausbildung im Bereich Grafik/Design, suhlte sich dabei jedoch in den Schattenseiten des Lebens und klagte über vergangene Fehlschläge. Am Ende meinte sie: „Ich schaffe das nicht. Sogar meine eigene Familie sagt, dass ich das nicht schaffe. Was habe ich mir nur dabei gedacht?" Ich sagte ihr: „Sie denken wie ein Verlierer. In Wirklichkeit haben Sie schon verloren, weil Sie aufgegeben haben. Sie werden erst gewinnen, wenn Sie Ihre Haltung dazu ändern, auf wessen Seite Sie spielen. Können Sie sich selbst anfeuern? Stehen Sie auf Ihrer eigenen Seite?

Jeder erzählt Ihnen, was Sie nicht können – Sie selbst eingeschlossen. Auf wessen Seite stehen Sie? Auf Ihrer Seite oder auf der anderen? Können nicht wenigstens Sie selbst auf Ihrer Seite stehen?" Da lachte sie und meinte: „Sie haben recht." „Tausend andere auf dieser Welt werden an Ihnen zweifeln. Helfen Sie Ihnen nicht auch noch dabei", gab ich zurück. Dieser letzte Gedanke schien Sie einen Moment lang zu beschäftigen. Dann lächelte sie.

Jagen Sie „die Leute" zum Teufel

Natürlich weiß ich, dass es leichter gesagt als getan ist, negative Selbstgespräche abzustellen. Sie müssen sich buchstäblich selbst zurufen „Lass das sein!" Wir denken täglich rund 60.000 Gedanken (kein Wunder also, dass man allein vom Denken so leicht ermüden kann), und es gibt die These, dass diese Gedanken mehrheitlich negativ sind. Nicht wirklich eine Überraschung. Doch bedenken Sie: Mit wem vergleichen Sie sich denn eigentlich die ganze Zeit? Wer setzt den Maßstab? Wie man so schön sagt: „Sie wissen schon, was die Leute sagen werden ..." Und nun frage ich Sie, wer sind denn diese *Leute*? In Wirklichkeit vergleichen wir uns doch mit einem Buhmann – mit jemandem, der gar nicht existiert. Wer sagt denn, dass Sie nicht gut genug sind? Nicht clever genug? Nicht hübsch genug? Mir sind diese „Leute" jedenfalls noch nie begegnet. Ihnen etwa?

In vieler Hinsicht gleicht unser Leben einem Schachspiel. Ich kann nur jeden dazu anspornen, Schachspielen zu lernen. In diesem Spiel muss man einen Zug mindestens drei Züge im Voraus planen. Wenn man diese Mentalität auch im richtigen Leben einsetzen kann, ist das ein äußerst effektives Instrument. Wer nicht zwei, drei Schritte im Voraus plant, der kann auch nicht weiterkommen und sich über seinen Jetztzustand erheben. Diese Moral gab uns vor Jahrhunderten Aesop in einer Fabel mit auf den Weg – der Geschichte von der Ameise und dem Grashüpfer. Während der Grashüpfer in der warmen Jahreszeit singt, arbeitet die Ameise, um Vorrat für den Winter anzulegen. Die Ameise plant drei Monate voraus. Nach Wintereinbruch droht dem Grashüpfer der Hungertod. Als er die Ameise um Nahrung bittet, schilt sie ihn nur für seine Untätigkeit. Heute schon vorausschauend für die Zukunft zu planen, ist eine Tugend. Dazu muss man nicht schnell sein wie der Hase. Man kann es machen wie die Schildkröte, die langsam und beständig vorgeht und den strategischen Wettlauf gewinnt. In den kommenden Kapiteln werden Sie Strategien kennenlernen, nach denen Sie sich in Ihrem persönlichen Rennen richten können – ungeachtet Ihrer Gegner. Und damit werden Sie „die Leute" zum Teufel schicken.

Viele fragen mich, warum ich mich nicht verändert habe. Sie gehen davon aus, dass mich mein Geld zu einem anderen Menschen machen müsste, wie das anscheinend bei vielen anderen der Fall ist. (*Anscheinend*, wohlgemerkt.) Ich sage darauf, dass Geld nicht den Menschen an sich verändert. Ganz im Gegenteil, es schärft sogar sein Profil. Wenn Sie also eine geringe Selbstachtung haben, was passiert dann wohl? Dann wird diese noch tiefer sinken. Sie wissen nicht, was Sie mit dem vielen Geld anfangen sollen und vielleicht zerstört es Sie sogar. Dann werden Sie die bittere, harte Wahrheit erkennen, dass Geld Sie nicht zu etwas Besonderem macht. Sie sind noch der gleiche Mensch wie zuvor. Viel besser beraten wären Sie daher, wenn Sie an dem Menschen arbeiten, der übrig bliebe, wenn Ihnen alles genommen würde. Und das halte ich mir jeden Tag aufs Neue vor Augen. Das gibt mir Bodenhaftung. Es hält mich auf dem Weg zum Wohlstand. Und es lässt mich realistisch bleiben.

Sie müssen Geld machen, nicht umgekehrt.

Überwinden Sie die Lottomentalität

Wir sind an einen Punkt gekommen, an dem Sie das Wort Glück aus Ihrem Wortschatz streichen sollten. Wie schon gesagt, glauben manche, dass Sie sich der Erfolg über Nacht einstellen und sie weit nach oben katapultieren könnte. Bestimmt kennen auch Sie jemanden, der nur dasitzt und vom künftigen Zahltag spricht. Solche Leute „heben sich auf" für diesen Moment, an dem sie im Lotto gewinnen oder ein tolles Geschäft machen oder sie warten auf irgendeinen anderen Traum vom ganz großen Wurf, der natürlich nie eintritt, weil sie nichts dafür tun. Während sie in ihrer Warteschleife hängen und auf einen guten Stern hoffen, vergeuden sie sich nicht an ordentliche Arbeit.

Ich gebe zu, dass es Menschen gibt, deren Leben auf den ersten Blick unter einem solchen guten Stern steht – denen Geld und Chancen nur so in den Schoß fallen. Doch ich kenne keinen solchen Menschen – und Sie vermutlich auch nicht. Wenn Ihnen dazu jemand einfällt, lassen Sie mich das bitte wissen. Und fragen Sie den Betreffenden unbedingt, ob er glaubt, dass er Glück hatte oder dass er schlicht den nötigen Einsatz brachte. Fragen Sie ihn, wie viele Stolpersteine und Hürden er auf seinem Weg nehmen musste.

Ich glaube, dass Erfolge und Misserfolge im Leben auf unseren Entscheidungen beruhen. Sie können wichtige Ereignisse in Ihrem Leben maßgeblich beeinflussen, indem Sie Pläne machen und auf konkrete Ziele hinarbeiten. Welche Wahl man trifft, hat dabei viel größere Bedeutung als Glück. Sie müssen sich dafür entscheiden, aktiv zu werden. Sie müssen sich dafür entscheiden, dass Sie in Ihrem Leben zu Geld kommen. Wenn Sie in Ihrem Garten eine Blume blühen sehen, können Sie deren Herkunft auf das Samenkorn zurückführen, das Sie ausgesät haben, auf das Wasser, mit dem Sie sie gegossen haben und auf den Standort, bei dem Sie auf den idealen Lichteinfall geachtet haben. Wie die Entscheidungen bei der Gartenarbeit dafür gesorgt haben, dass Ihre Blume blüht und gedeiht, so bestimmen Ihre Entscheidungen im Leben über Ihre Zukunft – darüber, ob Sie gedeihen oder dahinvegetieren.

Betrachten wir als ernsthafteres Beispiel das Thema Armut. Warum sind Menschen arm? Glauben Sie, dass es ihr Schicksal ist, arm zu sein? Oder ist die Welt eben einfach so, dass es Arme und Reiche gibt? Meiner Ansicht nach ist ewige Armut eine Entscheidung und keine Bestimmung.

> **Realitäts-Check:** Sie müssen von der Lottospielermentalität wegkommen, die aufs Glück setzt, oder darauf, dass Großes ohne Anstrengung zu erreichen ist.

Selbst ein Lottogewinner muss zuvor eine *gewisse* Anstrengung unternehmen – er muss aufstehen, sich fertigmachen, anziehen und zur Lottoannahmestelle gehen. Er muss für den Lottoschein und für die Aussicht, zu gewinnen, bezahlen. Die Chancen stehen aber schlecht für ihn. Es ist viel schwerer, im Lotto zu gewinnen, als erfolgreich zu sein.

48

Man hat keinen Einfluss darauf, ob die gewählten Zahlen die richtigen sind – keinen Einfluss auf das „Glück" also.

Vielleicht wurden Sie ja – wie ich – nicht mit einem sprichwörtlichen silbernen Löffel im Mund geboren, doch Sie brauchen dieses Umfeld für sich deshalb nicht zu akzeptieren. Denn jeder, der nicht gerade schwerwiegende emotionale oder mentale Probleme hat, hat die nötige Intelligenz, sich aus einer prekären finanziellen Lage zu befreien.

Manchmal führen uns die Entscheidungen, die wir in Bezug auf unser Geld treffen, auf einen Weg des Kampfes, der schlechten Bonität und des Mangels. Das wäre dann das Resultat einer unzulänglichen Erfolgsplanung. Die gute Nachricht ist, dass Sie es anders machen können – indem Sie anders planen und zu anderen Ergebnissen gelangen. Sobald Ihnen klar ist, dass das Leben ein Do-it-yourself-Projekt ist, tun sich aufregende Möglichkeiten auf.

Es liegt in Ihrer Macht, wie viel Mühe Sie in die Hinarbeit auf Wohlstand investieren. Je mehr Sie sich anstrengen, desto besser stehen Ihre Chancen auf den Erwerb eines großen Vermögens. Wenn Sie einen Millionär fragen könnten, wie sehr er sich bemüht hat, reich zu werden, würde er bestimmt antworten: „Sehr." Das Komische dabei ist, dass Glück flüchtig ist, und dass es viel länger dauert, darauf zu warten, als einfach einen Plan zu machen und loszulegen. Verlassen Sie Ihre Komfortzone und geben Sie sich einen Schubs.

Betrachten Sie es mal so: Je härter Sie arbeiten, desto mehr Glück haben Sie. So hätte es Herr Goldwyn formulieren sollen. Niemandem fällt das Glück einfach so in den Schoß. Sie schmieden es vielmehr selbst, wenn Sie durch innere Integrität und leidenschaftlichen Einsatz ein Vermögen aufbauen.

Das unpersönliche Universum

Bevor Sie anfangen, in Ihrem Leben Veränderungen vorzunehmen, sollten Sie wissen, dass das Universum unpersönlich ist. Dem Universum ist
es egal, wie reich, klug, privilegiert oder schön Sie sind. Wenn Sie vom
Dach springen, stürzen Sie in die Tiefe. Die Schwerkraft wirkt auf jeden.
Sie macht keine Unterschiede. Als kleines Kind kannten Sie die Gesetze
der Elektrizität noch nicht. Wenn Sie mit nassen Fingern in eine Steck-
dose gefasst hätten – *Wumm!* Dann hätten Sie Ihre Lektion gelernt. Doch
die Gesetze der Elektrizität gelten so oder so, und selbst wenn Sie sich
dafür entscheiden, die Finger von Steckdosen zu lassen, so wissen Sie
doch, was passieren könnte, wenn Sie das nicht tun. Wiederum gilt, dass
das Universum unpersönlich ist. Inwiefern trifft das auch auf Erfolg zu?

Dass Sie sich für begabt halten, ist dem Rest der Welt ziemlich gleich-
gültig. Sie bekommen dafür nicht automatisch Anerkennung oder andere Dinge, die Sie sich wünschen. Wie ich zu Anfang schon sagte, ist
die Welt voller kleiner Genies, aus denen nichts wird. Worauf es ankommt, ist Antrieb, Entschlossenheit und Tatkraft – Begriffe, die Sie in
diesem Buch noch häufiger zu hören bekommen. *Antrieb* haben Sie an
acht Tagen die Woche. Wenn Sie Ihre Ambitionen mit *Leidenschaft*
verfolgen, spüren Sie Feuer im Leib und können kaum schlafen. Und
Tatkraft ist, etwas zu versuchen, was andere für unmöglich halten.

Das Problem ist, dass viele Menschen keine Präsenz zeigen – nicht in
ihrer Partnerschaft, nicht im Beruf und auch nicht in Bezug auf ihre
Leidenschaften. Sie lassen sich vom Leben treiben, statt zielstrebig das
Ruder zu übernehmen. Und wenn sie unzufrieden und „glücklos" sind,
dann handeln sie verwirrt. Wenn Sie herausfinden, auf welchem Gebiet
Sie wirklich gut sind – und das tun wir im nächsten Kapitel –, werden
Sie feststellen, dass Glück tatsächlich nicht existiert. Und Sie werden
sich motiviert führen, beim Erfolg Präsenz zu zeigen.

50

Präsenz für den Erfolg:
Was Sie dazu tun können

Beim Erfolg geht es ums Gesetz der Wahrscheinlichkeit. Sie müssen die Zahl der Gelegenheiten erhöhen, bei denen Sie Leute kennenlernen können, Sie müssen ein Netzwerk aufbauen und Türen aufstoßen. Ich finde es traurig, dass heutzutage so viele Menschen darauf warten, dass ihnen die Dinge passieren. Sie wollen sich nicht anstrengen, um an ihre *vermeintlichen* Ziele zu gelangen. Dabei ist ein erfolgreicher Mensch einfach jemand, der da ist und etwas tut – gewöhnlich etwas, das kein anderer so gut gemacht hätte. Wenn wir jemanden bewundern oder auf jemanden neidisch sind, der alles hat, jemanden, den wir vermutlich als Glückspilz beschreiben würden, vergessen wir darüber, uns an die eigene Nase zu fassen und uns zu überlegen, wie wir mehr Präsenz zeigen könnten. Wer viel erreicht hat, weiß, wie er richtig auftritt, und das können Sie auch.

Ob Sie auf Partnersuche sind oder ein Unternehmen gründen möchten – das wird kaum bequem vom eigenen Heim aus gehen. Sie können kein Rendezvous haben, ohne Präsenz zu zeigen. Sie können kein Unternehmen auf die Beine stellen ohne Kunden oder Klienten. Sie müssen sich hinauswagen und Ihre Komfortzone verlassen – jetzt gleich. Und das werden Sie von mir immer wieder hören: Bequemlichkeit ist der Feind der Leistung. Der Schlüssel zum Erfolg liegt in der Masse: Wie viele Anläufe haben Sie unternommen? Wie viele Ablehnungen haben Sie kassiert, bevor die Zusage kam? Wie viele Male haben Sie noch einmal angefangen und eine ganz neue Richtung eingeschlagen? Wie viele Male haben Sie sich selbst neu erfunden und neue Kontakte geknüpft?

Ein vorzügliches Beispiel dafür ist Jennifer Hudson. Sie ist das Aschenputtel, das Enttäuschung in Erfolg verwandelt hat. 2004 machte sie als eine von zwölf Finalisten der dritten Staffel der beliebten Talentshow *American Idol* von sich reden. Praktisch ohne formelle musikalische Ausbildung gelang es ihr, die Jury von *Idol* zu verblüffen. Es ging das Gerücht, dass sie neben den Sängerinnen Fantasia Barrino und LaToya London eine von drei Powerhouse-Finalistinnen werden würde. Allerdings wurde ebenfalls gemunkelt, dass sie beim Publikum nicht ankam. Sie war ein bisschen fülliger und hatte einen eigenen Musikstil, der, wie viele meinten, nicht zum Image der Show passte. Statt ihr mehr Zeit im Rampenlicht zuzugestehen, wurde sie kurzerhand abserviert. Fantasia stahl ihr die Show und gewann den Wettbewerb.

Doch Jennifers 15 Minuten des Ruhms sollten nicht alles gewesen sein. Zwei Jahre lang verschwand sie in der Versenkung, tingelte durch die Lande und muss in dieser Zeit an sich und an ihrer Musik gearbeitet haben. Dann fand sie ihren Weg zum Vorsingen für die langersehnte Filmfassung des Broadway-Musicals *Dreamgirls* für die begehrte Rolle der Effie Melody White – dem ausgebooteten Mitglied der Girl Group *Supremes* im Stil der 60er-Jahre. Unter den über 750 hoffnungsvollen Mitbewerberinnen war auch Fantasia. Doch diesmal machte Jennifer das Rennen und sollte für die Rolle sogar noch zunehmen. Angesichts der Aufgabe, eine Rolle auszufüllen, die so eng mit der Tony-Preisträgerin und Broadway-Legende Jennifer Holliday in Verbindung gebracht wurde, war die Produktion von *Dreamgirls* für Jennifer Hudson nur als einschüchternd, surreal und aufregend zu beschreiben. Eingeschüchtert war Jennifer allemal, doch sie zeigte Präsenz und spielte.

Es war *die* Rolle ihres Lebens und sie nutzte diese Chance. Als der Film 2006 in die Kinos kam, folgten bald die ersten Auszeichnungen. Hudson wurde zum Sinnbild für die eigentliche Botschaft des Films und überstrahlte sogar Größen wie Beyoncé Knowles und Eddie Murphy. Sie erhielt zahllose Preise vom New York Film Critics Circle Award über den

Golden Globe bis zum British Academy Film Award und am Ende sogar den heiß begehrten Oscar als Krönung dieses modernen Märchens. Was, wenn sie nach dem Misserfolg bei *Idol* nun nicht für *Dreamgirls* vorgesungen hätte? Was, wenn sie in der Zeit zwischen *Idol* und *Dreamgirls* nicht an sich gearbeitet hätte? Heute spricht niemand mehr über ihren enttäuschenden Fehlschlag bei *Idol*. Nur wenige erinnern sich an die kleine Tournee, die dem prophetischen Auftritt für *Dreamgirls* vorausging. Dafür hat sich ihre Vorstellung auf der großen Leinwand in jedermanns Gedächtnis eingeprägt. Wieder ein Beweis dafür, dass Glück nur darin besteht, dass jemand etwas Außergewöhnliches vollbringt.

Misserfolg lässt sich nur durch neuerliche Versuche ausräumen. Hartnäckigkeit überwindet Widerstände.

– Redensart

Je mehr Präsenz Sie zeigen, wenn es um den Erfolg geht, desto größer die Chance, dass sich dieser auch einstellt. Mehr ist dazu nicht zu sagen. Außerdem müssen Sie bereit sein, heute Dinge anzugehen, die andere auf morgen verschieben würden. Nur dann wird Ihr Leben morgen im Ergebnis so aussehen, wie Sie sich das vorgestellt haben. Das bringt mich zu einer weiteren Lüge im Zusammenhang mit Glück, die ich bereits angesprochen habe und noch einmal nachdrücklich ausräumen möchte, damit Sie die Wahrheit erkennen. Ich meine die „Sie müssen zur rechten Zeit am richtigen Ort sein"-Lüge. Wer hat das gesagt? Von Autonomie kann dabei ja kaum eine Rede sein. Und wie soll man wissen, was „die rechte Zeit" ist? Und wo „der richtige Ort"?

Das klingt wie ein weiterer, auf Fehlauffassungen beruhender Tribut an das Glück und seine Täuschungen. Das klingt, als müssten Sie nur morgen mit leeren Händen irgendwo auftauchen und schon würde Ihnen jemand wie durch Zauberei Ihre Wünsche erfüllen. Nicht sehr wahrscheinlich. In Wahrheit verhält es sich so: Sie müssen immer überall sein, damit die Leute Sie zur Kenntnis nehmen. Zeigen Sie Präsenz, mit Antrieb, Ehrgeiz und Tatkraft. Doch bleiben Sie dabei auf dem Teppich.

Lüge: Sie müssen zur rechten Zeit am richtigen Ort sein.

Wahrheit: Sie müssen immer überall sein.

Inzwischen wissen Sie ja schon, dass ich in ärmlichen Verhältnissen aufgewachsen bin. Ich musste weit laufen, wenn ich schöne Dinge sehen wollte – von meinem Zuhause aus insgesamt rund 40 Straßenzüge hin und zurück. Das waren einige Kilometer. Um nicht darüber nachzudenken, wie weit wir noch laufen mussten, lenkten mein Bruder und ich uns ab, indem wir beim Laufen sangen. Dadurch kam uns der Weg tatsächlich viel kürzer vor. Statt uns auf die physische Anstrengung zu konzentrieren, versuchten wir, uns irgendwie zu unterhalten – vor allem auf dem Rückweg, wenn wir erschöpft waren. Wenn wir von Anfang an nur daran gedacht hätten, dass wir 40 Straßenzüge vor uns hatten, hätte uns das sicher keinen Spaß gemacht. Vielleicht hätten wir es uns sogar anders überlegt.

Es ist wichtig, den Weg nicht als mühevoll zu betrachten. Denken Sie nicht darüber nach, wie lang er ist oder wie anstrengend. Konzentrieren Sie sich einfach darauf, einen Schritt nach dem anderen zu tun und genießen Sie es. Denken kann ermüden. Wenn die Gedanken mit Ihnen durchgehen, bevor Sie überhaupt angefangen haben, kommen Sie schnell unter die Räder und fühlen sich zu ausgelaugt, um irgendetwas zu unternehmen. Denken Sie daran, dass unsere Gedanken mehrheitlich negativ sind. Dabei wissen Sie, dass nichts an einem Tag erbaut wird. Darin liegt ja der eigentliche Sinn der Zeit – dafür zu sorgen, dass nicht alles auf einmal passiert.

Entfernungen können abschreckend und unheilvoll wirken. Doch sobald eine Strecke einmal hinter uns liegt, verliert sie ihren Schrecken, weil wir sie bewältigt haben. Wer lernt, der Angst ein Schnippchen zu schlagen, der überwindet sie. Wenn Sie sich angewöhnen, Ihren Ängsten ins Auge zu sehen, werden Sie furchtlos. Wie das geht? Nun, beginnen Sie mit Selbstbestätigung. Legen Sie das Buch aus der Hand, bevor Sie mit dem zweiten Kapitel beginnen. Stellen Sie sich vor einen Spiegel. Würdigen Sie sich und Ihre Stärken. Versuchen Sie am Ende jedes Kapitels, meine Ratschläge in die Tat umzusetzen, bevor Sie weiterlesen. Picken Sie sich die besten Tipps heraus und machen Sie sich den Spaß, Sie auch umzusetzen.

Fangen Sie noch heute an und sagen Sie sich 30 Tage lang jeden Tag mindestens eine positive Selbstbestätigung vor. So lange dauert es nämlich, bis etwas zur Gewohnheit wird. Nach diesen 30 Tagen werden Sie sich in Ihrer Haut wohler fühlen und besser in der Lage sein, an Ihrem neuen Reichtum zu arbeiten – Reichtum in meinem Sinne des Wortes. Finanzieller Wohlstand ist verhältnismäßig einfach zu erlangen. Viel schwieriger ist dagegen das Spiel, das zu innerem Reichtum führt – und das sollte für Sie an erster Stelle stehen.

$

Ist Ihnen schon einmal die Angst begegnet? Kennen Sie sie? Wie sieht sie aus? Wo lebt sie? Für alle, die das noch nicht wissen: Angst ist kein Ding, kein Mensch und keine Sache. „Sie" ist ein erdachtes Bild, das sich Ihrer Vorstellung entzieht. Schlagen Sie im Wörterbuch das Wort *Misserfolg* nach. Zwischen vielen falschen Erklärungen finden Sie dort auch seine wahre Bedeutung: *Untätigkeit; Vernachlässigung oder Versäumnis; Nichterfüllung einer Pflicht.*

Versuchen Sie es nicht allein

Nichts wird an einem Tag erbaut. Ebenso wenig wird jemand im Vakuum zum Self-made-Millionär. Ich kann gar nicht oft genug wiederholen, wie wichtig es ist, einen Mentor zu finden, der Sie leitet und Ihnen Rat und Mut zuspricht. Im Grunde sind es drei Dinge, an die Sie ab heute denken sollen – mein ABC für Ihren Erfolg:

a. Ein Mentor und eine Gruppe von Unterstützern
b. Eine Bereitschaft zur Unbequemlichkeit
c. Eine Siegermentalität

Suchen Sie sich einen Mentor und hören Sie auf ihn

Ein Mentor muss niemand sein, der Ihnen Geld gibt. Er widmet Ihnen etwas viel Wertvolleres: seine Zeit. Viele halten Mentoren fälschlicherweise für ein Mittel zum Zweck des Geldverdienens – für Menschen, die einen anderen richtig aufstellen, ihm wie Angel-Investoren einen Batzen

Geld in die Hand drücken und dann immer mal wieder nachschauen, ob er damit auch nicht leichtsinnig umgeht. Doch ganz so ist das nicht. Haben Sie schon mal zehn Euro verdient? Und zehn Euro ausgegeben? Ich gehe davon aus, dass Sie beide Fragen mit ja beantworten. Und haben Sie schon einmal 100 Euro verdient und ausgegeben? Sicherlich auch. Bestimmt haben Sie schon Geld verdient und wieder ausgegeben. Das Geld können Sie sich gewöhnlich wiederbeschaffen. Ihre *Zeit* dagegen nicht. Wer schafft es schon, sich die gleichen zehn Minuten zurückzuholen, die er vor zehn Minuten noch hatte?

Ein Mentor kann mit Geld unter die Arme greifen, doch sein wertvollster Beitrag ist Zeit. Ich danke allen Mentoren, die mich auf meinem Weg begleitet haben, weil sie mir ihre Fehler, Lektionen, Anweisungen, Tipps, Ratschläge, Mahnungen und Weisheiten mitgeteilt haben. Diese Dinge haben nicht unbedingt mit Geld zu tun. Sie übertragen sich mit der Zeit, die einem gewidmet wird.

Wie aber finden Sie einen Mentor? Selbst wenn Sie viele tolle, hilfsbereite Freunde und Verwandte haben, rate ich Ihnen sich einen Außenstehenden als Mentor zu suchen, der sich in dem Bereich auskennt, den Sie sich auserkoren haben. (Falls Sie für sich noch keinen Bereich gefunden haben, lesen Sie ruhig weiter. Dazu kommen wir gleich.) Stellen Sie fest, wer bereits in der betreffenden Branche tätig und erfolgreich ist. Fragen Sie herum, besorgen Sie sich Namen. Rufen Sie diese Leute an und sagen Sie Ihnen am Telefon rundheraus, wer Sie sind und was Sie wollen. Gehen Sie nicht davon aus, dass sie von sich aus wissen, dass Sie sie zum Mentor gewinnen möchten. Niemand kann Gedanken lesen. Sagen Sie klipp und klar: „Ich habe viel Gutes über Sie gehört und ich bewundere Sie. Ich möchte mehr wissen und tiefer in [nennen Sie den Bereich/die Branche] einsteigen und hätte Sie gerne als Mentor."

Wenn Sie sich dazu überwinden können, anzurufen und die Initiative zu ergreifen, werden Sie feststellen, dass solche Gespräche Wunder wirken können. Viele von uns haben Angst vor Zurückweisung, wenn sie unverlangt anrufen oder eine E-Mail schicken. Doch diese erste Kontaktaufnahme ist unabdingbar. Alles ist möglich, wenn Sie den Mut zu diesem ersten Schritt aufbringen. Von allein, während Sie einfach dasitzen und nichts tun, wird das aber nicht passieren. Ich bekomme laufend Briefe von Leuten, die mich bitten, ihr Mentor zu werden oder sie in einer meiner Firmen anzustellen. Ab und zu biete ich solchen Menschen tatsächlich einen Job an oder betätige mich als Mentor, wenn ich die Zeit finde, ihre faszinierenden Briefe zu lesen und zu beantworten. Vielleicht tröstet es Sie ja, dass sich auch prominente und einflussreiche Zeitgenossen immer wieder unverlangt bewerben und verkaufen müssen. Nur so können sie sich an der Spitze halten. Man bleibt nicht auf dem Radarschirm anderer, wenn man sich allein auf Medienerfolge verlässt.

Die Suche nach einem Mentor ist eine gute Übung zur Entwicklung weiterer Kompetenzen wie die Gewinnung von Kunden und das Marketing eines Unternehmens. Wenn Sie versuchen, sich einen Namen zu machen und vorwärts zu kommen, zielen Sie dabei nicht auf eine Person ab, sondern auf möglichst viele. Sie wissen ja – dauernd überall sein und anderen zeigen, dass es Sie gibt. Als mein erstes Buch erschien, habe ich nicht dagesessen und auf den Anruf gewartet, mit dem *Essence* mir zu meinem Bestseller gratulierte. Zu den vielen von mir eingesetzten Marketing-Instrumenten gehörte, dass ich unverzüglich 30.000 E-Mails verschickte, um Gelegenheiten zu öffentlichen Auftritten zu bekommen und Werbeveranstaltungen zu planen. Das Gesetz der Wahrscheinlichkeit besagt, dass bei 30.000 verschickten E-Mails die Wahrscheinlichkeit auf eine Antwort ungleich größer ist als wenn ich keine E-Mails schicke. Meinen Sie nicht auch?

58

> Betrachten Sie Ihr Leben stets unter dem Aspekt des Geset-
> zes der Wahrscheinlichkeit. Je mehr Sie auf die Leute zu-
> gehen, desto größer die Chance, dass Sie bekommen, was Sie wollen.

Trauen Sie sich, „den und den" zu bitten, Ihr Mentor zu werden. Sie wissen nie, wann Sie mit einem Brief zu einer bestimmten Person durchdringen und diese ja sagen könnte.

Ich war gerade mal 15 Jahre alt und gehörte dem Vorstand der Handelskammer von Las Vegas an, als ich mich Wayne Huizenga vorstellte, dem Eigner der Miami Dolphins, der gerade im Begriff war, eine Rede zu halten. Ich sagte einfach: „Guten Tag, Sir. Ich habe Ihnen einen Brief geschrieben." Und er sagte: „Ja, Farrah Gray ... wie geht's Dir? Über Deinen Brief habe ich mich sehr gefreut."

Er hatte meinen Brief tatsächlich gelesen! Ich war total außer mir, richtiggehend sprachlos. Was ich daraus lernte: Unterschätzen Sie nie die Macht des geschriebenen Wortes in einem Brief. Aber auch E-Mails können die gewünschte Wirkung erzielen. Und suchen Sie sich ruhig mehr als einen Mentor. Ich hatte im Laufe der Zeit mehrere und werde weiterhin versuchen, neue zu finden. Auch in dieser Hinsicht greift das Gesetz der Wahrscheinlichkeit. Wenden Sie sich an mehrere Personen, wenn Sie einen Mentor suchen. Und schauen Sie sich nach Bedarf nach weiteren Mentoren um. Sie werden sich weiterentwickeln und neue Mentoren mit unverstelltem Blick werden Ihnen helfen, weitere Stufen des Erfolgs zu erklimmen. Je erfolgreicher Sie werden, desto mehr Mentoren brauchen Sie. Natürlich können Sie auch als Mentor für andere fungieren – eine wunderbare Möglichkeit, wieder etwas zurückzugeben. Damit schließt sich der Kreislauf des Lebens.

Wenn mir jemand sagt: „Ich möchte so reich werden wie Sie",

entgegne ich: „Und ich möchte, dass Sie *reicher* werden."

Verlassen Sie Ihre Komfortzone

Wenn Sie mit Ihrer Arbeit unzufrieden sind, haben Sie es bestimmt „bequem", sind aber trotzdem unglücklich. Sie verdienen genug, um leben zu können und zählen jede Minute des Tages, während Sie sehnsüchtig auf das Wochenende oder den nächsten freien Tag warten. Es sich unbequem machen, kann alles Mögliche bedeuten – von der Suche nach einem neuen Arbeitsplatz oder dem Wechsel in eine andere Branche bis zum Schritt in die Selbständigkeit als eigener Chef. Niemand kann es sich auf Dauer bequem machen und dabei glücklich sein. Was uns außerhalb unserer Komfortzone widerfährt, sollten wir als Belastungsproben des Lebens begrüßen. Ohne sie wäre das Leben ein ödes Meer der Gleichförmigkeit. Wir hätten zwar Sicherheit, würden aber wenig Sinn im Leben erkennen. Ein solches Leben sollten nur solche Menschen führen, die sich ganz auf ihr Glück verlassen und weder planen noch arbeiten. Und diese kommen meist nicht sehr weit. Wer sich bewusst aus der Komfortzone entfernt – was Ihnen dieses Buch beibringen möchte –, kann die damit verbundene Kraft durch zwangsläufige Veränderung und Anpassung mit offenen Armen annehmen – zwei Geheimnisse des Wohlstands und eines reichen, erfüllten Lebens.

Gehen Sie mit Siegermentalität ins Rennen

Abschließend noch eine Anmerkung zur Einstellung, die für sich selbst spricht: Laut an den Universitäten Harvard und Stanford durchgeführten Studien werden Stellen in 85 Prozent aller Fälle auf der Grundlage der Einstellung eines Bewerbers vergeben und in 15 Prozent der Fälle auf der Grundlage seiner Fähigkeiten. Das sollte uns an sich nicht überraschen. Wie oft sind Ihnen schon Menschen begegnet, die eine so negative Ausstrahlung hatten, dass man ihre Gegenwart als unangenehm empfand? Nun, wenn Sie gespürt haben, wie wird es dann anderen ergehen – Menschen wie potenziellen Arbeitgebern, Vorgesetzten, Mentoren, Geschäftspartnern, Kunden, und anderen. Wie viele Chancen werden wohl vertan, weil die Einstellung nicht stimmt?

Sobald Sie gemerkt haben, dass die Welt Menschen mit positiver Einstellung freundlicher aufnimmt, sollten Sie sich eine solche zulegen. Wie das geht? Hier zwei Tipps:

- Wenn Sie über Ihr Leben und über Ihre Chancen nachdenken, sagen Sie sich: „Es ist möglich!"
- Umgeben Sie sich mit positiven Menschen. Am besten hat das wohl Chuck D von Public Enemy auf den Punkt gebracht: „Wenn ich die Menschen um mich herum nicht verändern kann, dann umgebe ich mich mit anderen Menschen."

Auf die Plätze, fertig, los!

Dieses Buch wäre nicht vollständig, wenn ich Ihnen vorenthalten würde, welche Ideen mich dazu angeregt haben, mein eigenes Unternehmen zu gründen. Immerhin bin ich selbst Unternehmer und verdanke meinem Erfolg als Gründer eine ganze Menge. Vielleicht sehen Sie sich durch die derzeitige Arbeitsmarktlage veranlasst, Ihr Heil in der Selbstständigkeit zu suchen. Vielleicht steht Ihnen Ihre Arbeitsstelle auch dabei im Weg, Ihre persönliche Entwicklung und Ihr Potenzial voll auszuschöpfen. Es stimmt, dass eine selbstständige Tätigkeit sinnvoller, angenehmer und unter Umständen auch lukrativer sein kann als ein Beschäftigungsverhältnis. Uns allen steht diese Möglichkeit offen. Sie abzuweisen, ist ein Verstoß gegen die Grundsätze des menschlichen Geistes. Und es war nie so einfach, ein Unternehmen zu gründen wie heute.

Für das aktuelle Unternehmensumfeld, das unternehmerische Initiativen automatisch fördert, wurde der Begriff „New Economy" geprägt. Es gab viele Schlagzeilen in den Medien über „New Economy"-Superstars und ihre Geschichten wie „Aus dem Keller zu Milliarden", „Millionenschwere Garagen-Startups", „Die Erfinder von Mama Millionär", „SOHO (Small Office Home Office)-Erfolge", „Aus dem Ghetto an die Wall Street" oder „Vom Sozialhilfeempfänger zum Millionär", um nur ein paar Beispiele zu geben.

Die Welt steht den „neuen Selbstständigen" weit offen. Die Bezeichnungen *Selbstständigkeit* und *Unternehmertum* werden gleichbedeutend verwendet. Sie können sowohl Ihr eigener Chef als auch Angestellter Ihres eigenen Unternehmens sein. Doch neben der Zunahme der Firmengründungen hat das unternehmerische Umfeld auch eine Ausdünnung erfahren, da immer mehr Menschen zwangsweise in den Vorruhestand oder in die Arbeitslosigkeit entlassen werden. Das kann den Gedanken an eine eigene Firma noch reizvoller machen. Sie können das breite Wissen, das Sie sich über die Jahre angeeignet haben, für Ihr eigenes Unternehmen einsetzen oder ein bestimmtes gesellschaftliches Bedürfnis ausfindig machen, dass Sie mit ihren speziellen, angeborenen Fähigkeiten erfüllen können, ob Sie diese bislang bereits vollständig genutzt haben oder nicht. Dabei müssen Sie gar nicht an die ganze Gesellschaft denken. Womöglich wird an Ihrem Wohnort oder in Ihrer Gegend eine bestimmte Dienstleistung dringend gebraucht, die Sie erbringen könnten.

Selbstständigkeit und Unternehmertum mögen nicht für jeden die richtige Lösung sein, doch jeder sollte Gelegenheit haben, die Unabhängigkeit zu erfahren, die Arbeit in Eigenregie bringt. Sie wären überrascht, wie viele sprichwörtliche Wege zum Ziel die Selbstständigkeit eröffnet.

Doch ich verrate Ihnen auch, wie Sie Ihr eigener Chef sein und alle Vorteile der Selbstständigkeit genießen können, während Sie in einem traditionellen Umfeld arbeiten, falls eigenständiges Arbeiten oder eine offizielle Selbstständigkeit nicht das Richtige für Sie ist. Sie können trotzdem Wege finden, unabhängige Entscheidungen zu treffen, selbst über Ihre Zeit zu bestimmen und den Lohn der eigenen Arbeit zu genießen.

Sich selbst kennenzulernen und eigenständige Schritte zu machen – etwas aufs Spiel zu setzen also – erfordert enorme innere Stärke. Aus diesem Grund will ich Ihnen in diesem ersten Kapital unbedingt klar machen, wie wichtig es ist, jeden Tag aufs Neue an Ihrem Selbstvertrauen und Ihrem Selbstwertgefühl zu arbeiten. Im sechsten Kapitel

Realitäts-Check: Als ich sagte, dass es nie einfacher war, ein Unternehmen zu gründen, habe ich damit nicht gesagt, dass es *leicht* ist. Es ist natürlich einfacher als vor zwanzig Jahren, als man sich noch durch Bibliotheken wühlen musste, um Informationen zu beschaffen, statt einfach von Zuhause aus ins Internet zu gehen. Doch einen erfolgreichen Unternehmer, der nie kämpfen musste oder nicht immer wieder an sich selbst gezweifelt hat, den gibt es nicht.

werde ich die entscheidenden Merkmale eines erfolgreichen Menschen erläutern.

Es fällt uns mitunter schwer, zu erkennen, welche Fülle an inneren Ressourcen und Kräften wir haben, die zur Gründung eines Unternehmens genutzt werden können – vor allem, wenn wir mit uns unzufrieden sind und unter mangelnder Selbstachtung leiden. Im Grunde stehen wir in dem ständigen Konflikt zwischen unseren Wünschen und unseren Kompromissen unserem Erfolg selbst im Wege. In diesem Zustand ist es in der Tat schwierig, in den Spiegel zu schauen und zu erkennen, dass wir ein wenig Selbstachtung verdient haben. Doch genau an diesem Punkt unseres Lebens brauchen wir dieses Gefühl von Selbstwert und Selbstbestätigung, das nur aus uns selbst herauskommen kann.

Selbstständige Arbeit ist erheblich anspruchsvoller als unselbstständige. Sie sind für jede Entscheidung, die getroffen wird, verantwortlich. In einem kleinen Unternehmen müssen Sie bereit sein, überall anzupacken, denn eine breite Basis von Kenntnissen aus vielen Kompetenzbereichen ist unabdingbar. Ich glaube nicht, dass sich jeder Leser dieses Buches in einem Monat, einem Jahr oder zehn Jahren selbstständig machen wird. Ich denke aber, dass die Grundlagen, die erfolgreiche Unternehmen kennen und praktizieren, ungeachtet der Rahmenbedingungen von jedem erlernt und eingesetzt werden sollten. Dieses unschätzbare Wissen ist für Ihr Vorwärtskommen bei jedem Streben im Leben nützlich. Hier ein paar davon, die sich Ihnen größtenteils besser erschließen werden, wenn Sie weitergelesen haben:

- Zeigen Sie Interesse an anderen und schätzen Sie Ihre privaten und beruflichen Beziehungen.

- Ergreifen Sie die Initiative. Sie ist die Triebkraft, die Leidenschaft und das Feuer Ihrer Ideen auslöst.
- Seien Sie erfinderisch. Einfallsreichtum erschließt die kreativen Kräfte Ihres Geistes und trägt zum Erreichen privater und beruflicher Ziele bei.
- Achten Sie auf hohe Energiereserven, um ihren leidenschaftlichen Einsatz dafür, sich selbst und ihre Ideen voranzubringen, aufrechtzuerhalten.
- Bleiben Sie auch in schwierigen und strapaziösen Zeiten am Ball. Drücken Sie sich nicht vor dem Unangenehmen.
- Treten Sie entschlossen auf und beweisen Sie die Willenskraft, in der Spur zu bleiben.
- Verhalten Sie sich selbstbewusst, aber nicht arrogant. Das bewirkt Innovation (Ihre große Idee) und hilft Ihnen, die damit verbundenen Risiken richtig zu managen.
- Handeln Sie vorausschauend, damit Sie Ihre Strategien und Maßnahmen Ihrem jeweiligen Kenntnisstand anpassen können. Halten Sie sich über Veränderungen des Marktes und des Zeitgeistes auf dem Laufenden, damit Sie merken, wann sich Chancen auftun, etwas Neues einzuführen. (Diesem Konzept werden wir in einem späteren Kapitel wiederbegegnen, das sich mit dem Thema Anpassung beschäftigt.)
- Seien Sie bereit, kalkulierte Risiken einzugehen, damit Sie weiterkommen und aus neuen Chancen Kapital schlagen können.
- Denken Sie an den Gewinn. Stellen Sie sich vor, dass Sie unendlich viel Geld verdienen und wie Sie Ihren Erfolg feiern werden. Das wird Sie motivieren, sich auf eigene Füße zu stellen und den Kampf aufzunehmen, den der Eigentümer eines Unternehmens auszufechten hat: „Ohne Fleiß kein Preis. "

In diesem Kapitel habe ich Sie mit jeder Menge Ideen und Ansatzpunkten versorgt, die Ihnen die nötigen Grundlagen liefern sollten. Noch sind Sie nicht bereit, ins Rennen zu gehen, doch wenn es so weit ist, werden Sie sich hoffentlich selbst überraschen. Denken Sie daran: Nur wenige Dinge gelingen beim ersten Versuch. Selbst bei Baseballstars ist nur jeder dritte Schlag ein Treffer.

Die Reiche der Zukunft sind Reiche des Geistes.

– Winston Churchill

2

Die Lüge von der harten Arbeit

Lüge: Wer reich werden will, muss hart arbeiten und bereit sein, Opfer zu bringen.

Wahrheit: Arbeiten Sie weniger und verdienen Sie mehr. Finden Sie heraus, auf welchem Gebiet Sie richtig gut sind.

Vor ein paar Jahren erhielt ich einen Anruf von einem 75-jährigen Mann, der mir sehr unangenehme Dinge zu sagen hatte. Er schimpfte und stellte meine Bereitschaft zum Zuhören auf eine harte Probe. Er war verärgert und frustriert, weil ich Erfolg hatte, und er konnte nicht begreifen, warum ich reich war und er arm. Dieser Mann hatte mich im Fernsehen gesehen und wollte eine Erklärung für sein missliches Geschick. Ich fragte ihn: „Wozu hat Gott Sie in die Welt gesetzt?" Wie aus der Pistole geschossen antwortete er: „Ich bin Sänger." Da bat ich ihn, mir etwas vorzusingen, was er auch tat. Seine Darbietung war nicht gerade Grammy-verdächtig.

„Tut mir leid, aber ein Sänger sind Sie nicht", sagte ich ihm. „Finden Sie heraus, was Sie in Wirklichkeit tun sollten. Stellen Sie sich drei Fragen." Ich gab dem Mann eine einfache Übung auf, die gleiche, die mein Patenkind gemacht hat und die Sie in diesem Kapitel ebenfalls durchführen sollen. Ich beendete das Gespräch mit der Anweisung: „Kommen Sie wieder, wenn Sie das ausprobiert haben." Außerdem sagte ich ihm noch, dass er schon bald weniger arbeiten und mehr verdienen würde, wenn er diese Übung nur ehrlich ausführen und dazu verwenden würde, sein Leben zu ändern. Kurz gesagt, er würde *reich* werden.

Weniger arbeiten, mehr verdienen

Weniger zu arbeiten und dabei mehr zu verdienen, hört sich utopisch an, nicht wahr? Unsere Umwelt lehrt uns, dass man nur hart arbeiten und das Richtige tun muss, um seine Schäfchen irgendwann ins Trockene zu bringen. Wie konnte es ein Junge aus dem größten sozialen Brennpunkt Chicagos zu einem Millionenvermögen bringen? Ganz einfach. Mein Erfolg war kein Zufall. Erfolg ist stets das Ergebnis hehrer Absichten, ernsthafter Anstrengungen, richtiger Orientierung und kompetenter Ausführung. Da gibt es kein Geheimnis und keine Hexerei. Und – wie bereits gesagt – auch Glück hat damit nichts zu tun. Ich machte einen Plan und setzte diesen um. Ich arbeite auch heute noch viel, doch nicht mehr so, wie Sie sich das vielleicht vorstellen.

Damals als benachteiligtes Kind habe ich mich gefragt, ob Gott bestimmte Menschen wohl besonders lieb hat, und wenn ja, was wir verbrochen hatten, dass er uns so schlecht behandelte? Wir waren anständige Menschen. Wir beteten dauernd, vor allem meine Großmutter. Sie war eine Frau, die mehrmals täglich in ihrer abgegriffenen, von

Klebeband zusammengehaltenen Bibel las und sich dabei „God Knows the Reason Why" oder „I Don't Know About Tomorrow" von der verstorbenen großartigen Gospel-Sängerin Mahalia Jackson anhörte. Grandma sagte immer, dass sich harte Arbeit stets auszahle. Meine Mutter sagte dasselbe.

Diese Haltung verwirrte mich noch mehr, denn ich kannte niemanden – ob Mann oder Frau –, der so hart arbeitete wie meine Mutter. Ich verstand nicht, warum wir es so schwer hatten, wo wir doch alles taten, um mit „Erfolg belohnt" zu werden. Was war denn nun mit all dem Gerede vom „Lohn der harten Arbeit"? Wann kam denn „unser großer Moment"? Wann würde sich die Plackerei endlich auszahlen? Diese Fragen stellte ich mir als Achtjähriger.

Unsere bedrückende Finanzlage macht mich noch neugieriger darauf, wie Menschen lebten, die Geld hatten. Es war schwer vorstellbar, doch ich wusste, dass es irgendwo Menschen gab, die nie auf Preisschilder schauten. Es gab Menschen, die drei- oder viermal pro Woche in feinen Restaurants aßen. Menschen, die luxuriöse Reisen in alle Welt unternahmen. Menschen, die teure Sportwagen fuhren und in riesigen Anwesen zwischen sanften Hügeln wohnten. Die könnten mir alle meine Fragen bestimmt beantworten, dachte ich.

Im reifen Alter von neun Jahren hatte ich es mir zur Gewohnheit gemacht, täglich in die Bibliothek zu gehen, um Bücher über Persönlichkeitsentwicklung, geschäftliche Themen und Titel von und über erfolgreiche Persönlichkeiten zu verschlingen, als gäbe es bald keine mehr. Ich las, was all die Autoren über Erfolg zu sagen hatten. Viele waren sich einig: Wer ein anständiger Mensch ist, kann wohlhabend und erfolgreich werden. Ich stellte aber schnell fest, was das für ein blühender Blödsinn war. Ein anständiger Mensch zu sein, was sicherlich zu meinen Grundwerten gehört, hat nicht unbedingt etwas mit Leistung zu tun.

Wenn das so wäre, wie wäre dann zu erklären, dass schwerreiche Menschen immer wieder in die Schlagzeilen kommen, weil sie am Ende doch nicht so anständig gehandelt haben? Und wie konnte es dann anständige Menschen geben, die trotzdem arm waren? Wie kam es, dass harte Arbeit nur zu noch mehr harter Arbeit führte? Jetzt war ich vollends verwirrt.

Also grub ich noch tiefer und fragte mich: „Kann Geld das Leben wirklich vollkommen machen?" Nein. Manche Menschen haben alle Symbole des Erfolgs wie Immobilien, Autos und Altersvorsorge, sind aber innerlich trotzdem zerrissen. Eine allgemeingültige Wahrheit kenne ich inzwischen: Jeder kann es ganz nach oben schaffen, doch wenn seine Leiter an der falschen Mauer lehnt, ist er trotz alledem vermutlich zu bedauern.

Je älter ich wurde, desto mehr erkannte ich, dass Glücksgefühle keine Begleiterscheinung des geschickten Umgangs mit Geld sind. Integrität und Fürsorglichkeit sind dafür weitaus wichtiger als Ihr Bankkonto. Geld ist lediglich ein Transportmittel. Sehen Sie, Geld mag die Welt nicht regieren, doch es erleichtert die Reise ans angestrebte Ziel – im wörtlichen wie im übertragenen Sinne. Deshalb bezeichne ich mich auch lieber als Reallionär als als Millionär, denn eines weiß ich: Ich könnte der reichste Mann der Welt werden, doch wenn es mir an Charakter und Überzeugung mangelte, wäre ich moralisch, emotional und spirituell bankrott. Und so wird es mir hoffentlich nie ergehen.

Die Vorstellung, weniger zu arbeiten und dabei mehr zu verdienen, stützt sich auf die folgende Wahrheit: Sobald Sie das Gebiet gefunden haben, auf dem Sie wirklich gut sind, fügen sich die Dinge so, dass Ihnen Arbeit vergleichsweise leicht fällt und Vergnügen bereitet. Und die Ergebnisse, die Sie erzielen, ermöglichen Ihnen einen Reichtum, der Ihre kühnsten Träume übersteigt. Was ist wohl anstrengender: Erfolg zu haben und es zu genießen oder erfolglos und unglücklich zu sein und sich zu fragen, was schief läuft? Die Lüge von der harten Arbeit ist nur eine weitere Ausrede, die sie davon abhält, sich energisch auf Ihre Leidenschaft zu konzentrieren. Die Wahrheit, die sich hinter dieser Lüge verbirgt, ist, dass nur solche Arbeit harte Arbeit ist, die Sie nicht gerne tun! Bei harter Arbeit geht es außerdem gar nicht darum, mehr Stunden an Ihrem jetzigen Arbeitsplatz zu verbringen oder so zu tun, als fühlten Sie sich dort wohl. Es geht vielmehr darum, dass Sie sich so sehr dazu inspiriert fühlen, Ihren Neigungen zu folgen, dass Ihnen Opfer oder Pflichten wie begrüßenswerte Wachstumsschmerzen vorkommen.

Die Wahrheit von der harten Arbeit

Arbeiten Sie weniger und verdienen Sie mehr. Wie das geht? Indem Sie das Gebiet finden, auf dem Sie richtig gut sind.

Millionen Menschen arbeiten jahrelang und können doch nicht verwirklichen, wovon sie geträumt haben. Warum? Nun, aller Wahrscheinlichkeit nach, weil sie sich nie die Zeit genommen haben, herauszufinden, wo ihre wahre Begabung liegt. Wenn Sie etwas tun, was Ihnen Spaß macht, wird Ihnen das an manchen Tagen gar nicht schwer vorkommen. Sie werden vielmehr nicht einmal bemerken, dass Sie in Wirklichkeit „arbeiten". Sicherlich wird es immer mal hektische Tage geben oder Momente, in denen Sie total gestresst und erschöpft sind, doch insgesamt werden es mehr gute Tage sein als frustrierende. Sie werden sich nicht mehr über Ihre Arbeit beklagen, weil Sie sie genießen – in allen Wechselfällen des Lebens. Es werden sich unzählige Chancen auftun und manchmal kommt plötzlich Geld aus Quellen, die Sie nie für möglich gehalten hätten. (Das Schöne daran will ich später noch näher erläutern.) Schade nur, dass man Arbeit nicht auf die Bank tragen kann. Zeit, Einsatz und Kraft lassen sich bedauerlicherweise nicht auf ein Konto einzahlen. Auch auf Kreditkonditionen hat es wenig Einfluss, dass Sie gezeigt haben, wie hart Sie arbeiten können. Wie ich schon im Vorkapitel festgestellt habe, ist das Universum unpersönlich. Eine Bank weiß nicht zu schätzen, wie oder unter welchen Opfern Sie eine Einzahlung vornehmen. Sie interessiert sich nur für das Endprodukt – für Ihr Geld und den Nachweis, dass Sie damit umgehen können, wenn sie Ihnen günstige Kreditbedingungen offerieren soll.

Realitäts-Check: Sie können noch so viel arbeiten – wenn Sie es nicht auf dem Gebiet tun, auf dem Sie wirklich gut sind und wenn Sie nicht die drei folgenden Fragen (Seite 74 ff.) beantwortet haben, dann ist Ihre Arbeit nicht zielführend.

Der Erfolg ergibt sich nicht allein aus Arbeit, sondern aus einer Kombination von Kompetenz, Leidenschaft, Antrieb, Tatkraft und Ehrgeiz. Sie müssen auf Ihre Begabungen setzen – auf das, was Sie am besten können –, diese als potenzielle Wege zum Erfolg betrachten und dann daran arbeiten, sie zum Erfolg zu führen.

Anders betrachtet: Wenn Sie tausend Meilen in die falsche Richtung gehen, wie viel weiter sind Sie dann von Ihrem eigentlichen Ziel entfernt?

Von verschwendeten Ressourcen wie Kraft, Zeit und Energie ganz zu schweigen. Das erinnert mich an das Zwiegespräch von Alice im Wunderland mit der grinsenden Katze, die von Alice gefragt wird, wie sie von hier aus weitergehen solle. Die Katze antwortet, dass das zum großen Teil davon abhinge, wo sie hin wolle. Auf Alice' Entgegnung, dass ihr das eigentlich egal sei, meint die Katze prompt, dann sei es auch egal, wie sie weitergehe. Als Alice jedoch hinzufügt, dass sie auf jeden Fall *irgendwohin* gelangen möchte, versichert ihr die Katze, dass sie bestimmt irgendwohin komme … wenn sie nur lange genug weiterlaufe.

Ich finde, dass die meisten Menschen sehr vage über ihre Zukunft sprechen. Dabei ist es entscheidend, Pläne zu machen, um ans Ziel zu kommen. Möchten Sie einfach „irgendwohin" oder haben Sie ein bestimmtes Ziel? In diesem Fall müssen Sie auch einen konkreten Plan machen. Wenn Sie planlos durch den Wald laufen, könnten Sie sich den ganzen Tag im Kreis drehen und sich am Ende verirren. Und das Leben ist nicht anders als ein Wald. Sie müssen konkrete Pläne machen, um ein reales Ziel zu erreichen, und dieses Ziel darf nicht verschwommen oder unscharf sein. Wenn ich real sage, dann meine ich das auch so.

Abgesehen davon ist ohne potenzielles Ziel überhaupt keine Planung möglich. Sie müssen irgendwo *anfangen*. Ihr erstes Ziel besteht also darin, Ihren Lebenszweck zu ergründen. In der alten Redensart, dass der reichste Ort der Welt ein Friedhof sei, steckt meines Erachtens ein Körnchen Wahrheit. Dort liegen unerfüllte Träume begraben, Menschen mit Fähigkeiten und Gaben, die sie genutzt, erfreut begrüßt, geschätzt oder mit der Welt geteilt haben. Sie haben nie den Picasso oder Jacob Lawrence gemalt, der in ihnen steckte. Sie haben nie das Buch geschrieben, das die Welt der Literatur revolutioniert hätte. Sie haben nie ihre Kochleidenschaft ausgelebt, um die neue Barbara R. Smith oder

der neue Starkoch Emeril Lagasse zu werden. Vor Kurzem hatte ich ein einschneidendes Erlebnis. Nach einem Vortrag sprach mich ein Mann an, um mir zu sagen, dass er sehr bedaure, nicht schon früher von den drei Fragen gehört zu haben. Er meinte: „Hätte mir jemand vor Jahren diese Fragen gestellt, würde ich heute ganz anders dastehen. Das ist wirklich ärgerlich. Die Fragen machen alles so einfach. Ich wünschte, ich hätte das gewusst."

Die drei Fragen

Jetzt aber zu den drei Fragen. Sie werden Ihnen bei der Bestandsaufnahme Ihrer Fähigkeiten und Interessen helfen, ausgehend von den Dingen, die Sie wissen – im Gegensatz zu denen, die Sie nicht wissen.

> Die beiden wichtigsten Zeitpunkte im Leben eines Menschen sind: der Tag der Geburt und der Tag, an dem wir erfahren, wozu wir geboren wurden.

1. Was fällt Ihnen leichter als anderen?

Wofür bekommen Sie Komplimente? Sicherlich gibt es ein, zwei Dinge, die Sie besonders gut machen und die anderen auffallen? Dass andere aufmerksam werden und Komplimente machen, liegt gewöhnlich daran, dass es sich um Dinge handelt, die sie selbst nicht so gut beherrschen. Vielleicht gelten Sie sogar als sonderbar, weil Sie dieses besondere, ungewöhnliche Talent haben. Die Menschen bewundern angeborene Fertigkeiten, die ihnen selbst fehlen. Das müssen keine tiefschürfenden Kenntnisse sein, sondern alltägliche, gewöhnliche Aktivitäten wie das Verfassen (poetischer) E-Mails, das Kochen (ausgefallener) Gerichte oder das Zusammenstellen (ansprechender) Blumenarrangements.

Setzen Sie sich hin und denken Sie konzentriert über diese Frage nach. Schreiben Sie auf, was Ihnen dazu einfällt. Welche Stärken schreiben Ihnen andere zu? Welche natürlichen Fähigkeiten haben Sie, mit denen Sie Ihren Lebensunterhalt verdienen könnten? Berücksichtigen Sie dabei, dass uns alles, was wir gern tun, in der Regel leicht fällt. Manchmal sind unsere Kräfte so groß, dass wir uns ihrer gar nicht bewusst sind und sie deshalb ignorieren. Vermutlich nehmen Sie die Hälfte Ihrer verborgenen Begabungen für selbstverständlich. *HALLO!* Schauen wir doch mal, ob wir sie nicht hervorzerren und als echte Chancen nutzen können.

2. Was würden Sie jederzeit trotzdem tun, auch wenn Sie kein Geld dafür bekämen?

Gibt es etwas, das Sie stets gern tun, auch wenn es kein Geld bringt? Wir alle kennen Menschen, die ihren Job hassen, aber sich über ihr Gehalt freuen. Doch der Moment des Geldeingangs ist flüchtig. Stellen Sie sich vor, dass Sie etwas gern tun und das Geld dafür eine Dreingabe ist. Das Geld darf nicht der Grund für die gewählte Tätigkeit sein. Die meisten erfolgreichen Menschen, mit denen ich spreche, reden nicht viel über Geld. Stattdessen erzählen sie, wie sehr sie in ihrer Arbeit aufgehen, weil sie sie so lieben. Wenn Sie sich in ihre Arbeit verlieben können, kommt das Geld von allein. Ich frage Sie daher noch einmal: Was würden Sie, ungeachtet der finanziellen Sicherheit, auch jahrelang weitermachen, ohne dafür bezahlt zu werden? Denken Sie zuerst an Ihre Leidenschaften und dann ans Geld. Überlegen Sie sich, welche Aktivitäten oder Interessensgebiete Sie wirklich mitreißen und begeistern.

3. Wie können Sie sich nützlich machen und etwas für andere tun?

Je mehr wir geben, desto mehr erhalten wir. Davon bin ich fest überzeugt. Wenn man am Ende eines Tages sagen kann, dass man das Leben eines anderen Menschen verbessert hat, ist das ausgesprochen befriedigend. Die dritte Frage, die Sie sich stellen sollen, ist daher, wie Sie Ihrer Gemeinde oder der ganzen Welt etwas zurückgeben können. Dieser Teil der Gleichung ist ausgesprochen persönlich und sehr breit gefasst. Er kann alles Mögliche beinhalten, von ehrenamtlichen Tätigkeiten über Spenden oder Unterricht bis zur Unterstützung gemeinnütziger Einrichtungen vor Ort, um ein dringend benötigtes Produkt oder eine Dienstleistung bereitzustellen, die die Leute brauchen. Manchmal ist Zeit dieses gefragte Gut.

Dass Sie etwas zurückgeben sollten, beschränkt Sie aber keinesfalls auf Arbeiten ohne Gewinnerzielungsabsicht oder solche im Dienstleistungsbereich. Sie können für die Gesellschaft zusätzlichen Wert schaffen, indem Sie einen Bedarf decken oder sie durch Ihre Fähigkeiten bereichern – in Form eines Produktes zum Verkauf, in Form von Beratung oder indem Sie anderen die Arbeit erleichtern. Wenn Ihr Unternehmen wächst, brauchen Sie vermutlich Mitarbeiter oder Hilfskräfte, und damit schaffen Sie Arbeitsplätze oder geben anderen Chancen. Später dann kann diese Gegenleistung gegen Geld in ein Geben um seiner selbst willen übergehen. Bill Gates gründete Microsoft, um der ganzen

Welt die Möglichkeiten zugänglich zu machen, die Computer bieten, damit Menschen wie Sie und ich davon profitieren können – und schauen Sie sich an, was er mit diesem großen Erfolg anfängt. Er ist größter Geldgeber und Gründer oder Förderer einer Vielzahl gemeinnütziger Organisationen und Stiftungen in aller Welt, die das Leben von Milliarden von Menschen beeinflussen. Die Früchte seiner Arbeit bei Microsoft – von dem Tag an, an dem er sich entschloss, herauszufinden, wie ein Computer ein Haushaltsgerät werden konnte – kommen mittlerweile in Form von Innovationen im Gesundheits- und Bildungswesen im großen Stil der ganzen Welt zugute.

Wir sollten nie selbstsüchtig sein. Das ist ein weiterer Grund, aus dem Sie sich diese Frage stellen sollten – um weniger eigennützig zu denken. Diese kleine Verschiebung der Prioritäten kann neuen Ideen Tür und Tor öffnen.

Und nun?

Ich kenne keinen, der von dieser Übung nicht profitiert hätte. Wenn man sich die drei Fragen stellt, stößt man ganz automatisch auf bestimmte Sachverhalte. Vermutlich kommt dabei heraus, was Sie gern tun und was Ihnen leicht fällt. Oprah Winfrey moderiert so gern ihre Show, weil ihr das leicht fällt. Gladys Knights Gesang wirkt vollkommen mühelos. Tiger Woods schlägt seine Golfbälle, als wäre es ein Kinderspiel. Das liegt in seiner Natur. Er ist eben so. Wenn Sie versuchen würden zu singen wie Gladys, würde sich das möglicherweise nicht ganz so klangvoll anhören. Würden Sie Tiger Woods beobachten und nachahmen, träfen Sie den Ball vermutlich nicht so elegant. Was Ihnen diese Fragen verraten, ist, worauf Sie Ihre Aufmerksamkeit richten sollten. Sie finden dadurch heraus, ob es wirklich Ihre Berufung ist, Arzt,

Anwalt, Steuerberater, Schriftsteller, Wissenschaftler, Sänger, Künstler, Lehrer, Projektmanager oder Softwareentwickler zu werden. Sie fangen damit an, Wege zu ergründen, wie Sie Ihre angeborenen Fähigkeiten geschäftlich oder zur persönlichen Weiterentwicklung nutzen können. Trish M. zum Beispiel kam durch diese Fragen sofort auf Raumausstattung als geeignetes Betätigungsfeld. Dafür kann sie sich richtig begeistern und gibt ohnehin schon auf Schritt und Tritt Einrichtungs- und Dekotipps. Freunde und Verwandte äußern sich immer wieder positiv über ihre Stilsicherheit und bitten sie um Hilfe, wenn sie eine Wohnung oder ein Büro einzurichten haben. Ihr Auge für Farben, Mode und großzügige Anordnung ist in ihrem Bekanntenkreis unübertroffen. Auch die dritte Frage konnte sie nicht aus der Ruhe bringen. Sie möchte mit gutem Service Gewinn erzielen und nebenher gemeinnützig tätig sein, um vernachlässigte Bereiche in ihrer Gemeinde auf Vordermann zu bringen. Sie sucht sich jedes Jahr ein paar Haushalte aus und hilft ihnen bei der Umgestaltung ihres Heims. Das trägt ganz nebenbei zur Verschönerung des ganzen Ortes bei. Während ich diese Zeilen schreibe, macht Trish bereits Pläne und arbeitet daran, sich als freiberufliche Inneneinrichterin einen Namen zu machen. Dabei arbeitet sie zunächst noch weiterhin als Bankangestellte, was sie bereits seit acht Jahren tut. Doch jetzt ist die Zeit reif für einen Wechsel. Ich kann sie dafür nur bewundern und freue mich auf ihren künftigen Erfolg.

Was man kann und was man will

Ein Faktor, der über Erfolg oder Misserfolg entscheiden kann, ist die mangelnde Unterscheidung zwischen einer Fähigkeit und einer Sehnsucht. Sehnsüchte bringen ein allgemeines Interesse an einem Gebiet zum Ausdruck wie „Ich finde Astronomie toll" oder „Ich mag Baseball".

Es ist jedoch nicht sehr schlau, wenn man Astronaut werden möchte, obwohl man in Naturwissenschaften und Mathe schwach ist. Ebenso wenig ratsam ist es, eine Karriere als Basketballprofi anzustreben, wenn man es nicht jedes Jahr in die Schulmannschaft schafft. Wenn Sie dagegen richtig gut ein Instrument spielen können, ist eine Musikkarriere möglicherweise das Richtige für Sie.

Sehnsüchte führen in der Regel zu hochfliegenden, unrealistischen, schwammigen Zielen: *Ich möchte Millionär werden. Ich will zum Mond fliegen. Ich möchte Filmstar werden und in großen Limousinen herumfahren. Ich möchte am Super Bowl teilnehmen. Ich möchte bei der Grammy-Verleihung in der ersten Reihe sitzen.* Solche Wünsche hat jeder. Sie sind jedoch in der Regel nicht an konkrete Fähigkeiten geknüpft und so weit und pauschal gefasst, dass sie ans Lächerliche grenzen. Versuchen Sie, konkreter zu werden und Sehnsüchte zu ermitteln, die auf dem basieren, was Sie gut können. Schließlich sollen sie für Sie zum Sprungbrett werden – und nicht umgekehrt. Trishs Ambitionen in der Innenarchitektur (ihre Sehnsucht) gründeten sich ja auch auf bereits vorhandene Fertigkeiten, die ihren Wünschen entgegenkamen (ihr gutes Auge und ihr anerkanntes Talent für Design und Dekoration).

Auf die Frage, ob man auch eine ganz neue Fähigkeit erlernen kann, weil man glaubt, dass sie einem liegt, entgegne ich stets, dass es weitaus einfacher ist, über nachweislich vorhandene Fertigkeiten nachzudenken als neue auszuloten – vor allem für den Anfang. Natürlich kann man jederzeit Neues lernen, doch gewöhnlich gibt es einen Grund dafür, dass wir bestimmte Fähigkeiten besitzen.

Überlegen Sie sich, in welchen Fächern Sie in der Schule oder im späteren Leben besonders gut waren. Ist etwas darunter, das solide genug ist, um sein Leben darauf aufzubauen? Etwas, das so tragfähig ist, dass

es zu einer Karriere werden kann? Sie müssen eine Bestandsaufnahme von ihren *Fähigkeiten* machen, um herauszufinden, was Sie richtig gut können. Sobald Sie das ermittelt haben, können Sie sich Erfolgsziele setzen und eine neue Vision entwickeln.

Ziele und Visionen

Unmittelbare Ziele sollen Sie häufig aus einer unerwünschten Lage befreien – etwa der Abbau von Schulden oder die Tilgung eines Kredits. Das können positive Schritte auf Ihrer Route zum Erfolg sein. Ihre langfristige Vision dagegen treibt Sie zu Höherem – zum Beispiel dazu, ein eigenes Unternehmen aufzubauen oder in einer bestimmten Branche zum anerkannten Fachmann zu avancieren. Eine Vision verkörpert nicht nur Ihre Ziele, sondern honoriert darüber hinaus auch die vielen kleinen Schritte, mit denen Sie sich täglich darauf zu bewegen. Ihre Vision muss aber auch Ihren Moralvorstellungen und Ihren Idealen Rechnung tragen. Sie muss Ihre Werte widerspiegeln, wenn Ihnen die Umsetzung Freude machen soll. Wenn Sie Ihre Lebensaufgabe nicht mit Begeisterung angehen, werden Sie kaum maximale Ergebnisse erzielen. Das ist ein klarer Hinweis darauf, dass Sie nicht den Sinn Ihres Lebens erfüllen.

Sie tragen alles Nötige in sich, um Ihre Ziele zu erreichen und dabei gleichzeitig Ihre Vision zu verwirklichen. Ein erstes Ziel auf dem Weg dorthin ist, richtig arbeiten zu lernen. Wie lassen Sie Ihre Werte, Überzeugungen, Aktiv- und Passivposten, Stärken und Schwächen für sich arbeiten? Aktiv- und Passivposten sind von der Sache her deckungsgleich. Es kommt nur auf die richtige Betrachtungsweise an.

Was uns im Leben vorantreibt, sind Versprechungen oder Enttäuschungen – die Aussicht auf eine Zukunft im Überfluss oder die unmittelbare Notwendigkeit, eine frustrierende Situation zu verändern. Richten Sie Ihre Vision danach aus, was Sie motiviert. Und fangen Sie an zu arbeiten. So kommen Sie auf Kurs. Überwachen Sie in wöchentlichen und monatlichen Abständen Ihre Fortschritte. Wenn Ihnen das hilft, legen Sie eine Grafik an. Behalten Sie Ihr Ziel im Visier, auch wenn Sie zurückfallen. Entwickelt sich der Prozess in eine andere Richtung, ändern Sie Ihren Kurs unverzagt. Diese Empfehlung werden wir an anderer Stelle nochmals aufgreifen. Wichtig ist dabei, dass man in der Lage ist, zu erkennen, wenn etwas nicht funktioniert, und eine Lösung zu finden. Das bedeutet, dass man auf der Strecke immer wieder neu verhandeln muss.

Handeln Sie aus, was Sie erreichen wollen

Wenn am Ende Ihrer Verhandlungen das stehen soll, was Sie erreichen möchten, ist zweierlei erforderlich: Sie müssen 1) die Risiken und 2) den potenziellen Nutzen gegeneinander abwägen. Diese beiden Vorgänge stellen den ersten Teil dessen dar, was ich als „Umsetzung des Gelernten" bezeichne.

Das Leben besteht aus einer Serie von Verhandlungen, die in Ihnen selbst beginnen und sich dann auf andere ausweiten. Es ist klug, die

$

Schreiben Sie auf, welche Vision Sie für sich haben, und versuchen Sie, einen realistischen Zeitplan zu entwerfen:

Meine unmittelbare Vision: —————————————————

Umsetzung (Ziel): —————————————————

Meine kurzfristige Vision: —————————————————

Umsetzung (Ziel): —————————————————

Meine mittelfristige Vision: —————————————————

Umsetzung (Ziel): —————————————————

Meine langfristige Vision: —————————————————

Umsetzung (Ziel): —————————————————

Nun fragen Sie sich Folgendes:

- Entsprechen diese Ziele Ihren Kompetenzen, Begabungen und Ambitionen? Sind Sie realistisch und machbar?
- Können Sie diese Ziele messen? Versuchen Sie, sie weiter aufzusplitten in untergeordnete Ziele und sie in einen Kalender einzutragen. Ihr Ziel ist es, Ihre Fortschritte zu überwachen und zu messen.

möglicherweise mit einem Vorhaben verbundenen Gefahren ehrlich zu betrachten und stets Vor- und Nachteile abzuwägen – bei jedem Schritt. Überwiegen die Nachteile, sollten Sie den entsprechenden Schritt vermutlich zurückstellen. Berücksichtigen Sie dabei auch immer Ihre Stärken und Schwächen. Analysieren Sie sie schriftlich. Stellen Sie sie den nötigen Fähigkeiten gegenüber, damit ein bestimmtes Streben erfolgreich ist. In der Regel wissen wir, wann wir von einem bestimmten Gebiet die Finger lassen sollten. Da sich mein schulischer Erfolg in Grenzen hielt, war mir klar, dass formale Bildung, um beispielsweise Chirurg zu werden, für mich einfach nicht der richtige Weg sein konnte. Wenn Ihnen Addition, Subtraktion und Multiplikation Probleme bereiten, sind Sie genetisch kaum dazu programmiert, Buchhalter zu werden. Bei vielen Menschen führt eine Bestandsaufnahme Ihrer Fähigkeiten und Wünsche zu einer Reihe von Wahlmöglichkeiten, die Ihrer einzigartigen genetischen Veranlagung entsprechen.

Vielleicht sind Sie ja auf einem bestimmten Fachgebiet sehr begabt, fühlen sich jedoch zu einem anderen Fachgebiet hingezogen. Unter diesen Umständen müssen Sie die potenziellen Vorteile beider Optionen gegeneinander abwägen und sollten derjenigen den Vorzug geben, die das größere Potenzial bietet.

Die Unterscheidung zwischen einem Risiko, das unzumutbar ist, und einem, das zum Sprungbrett für Ihren Erfolg werden könnte, ist eine sehr persönliche. Ich lege Ihnen dafür dringend den Z-bis-A-Ansatz ans Herz: Denken Sie von Anfang an an das Endziel. Viele lassen sich von Ihrer anfänglichen Begeisterung hinreißen und verlieren dabei das Endziel aus den Augen. Überlegen Sie sich realistisch, was nötig ist, um dieses Endziel zu erreichen. Denken Sie dabei an Zeit, Geld und daran, dass Sie in der Zwischenzeit auch leben müssen. Es stimmt zwar, dass vielen der Durchbruch erst in letzter Minute gelingt – oft landen Sie den großen Wurf, wenn Sie sich gerade entschieden haben, am nächsten Tag das Handtuch zu werfen –, aber Sie müssen mit den Risiken leben können, die Sie eingehen.

Ebenso trifft zu, dass viele erfolgreiche Unternehmer ihre finanzielle Sicherheit aufs Spiel gesetzt haben – Ihre Häuser, Autos und andere materielle Vermögenswerte –, um mit diesem Geld ihr Geschäft in Gang zu bringen. Das ist jedoch riskant und könnte ungeahnte Probleme mit sich bringen, die Ihre Beziehungen zu Familie und Freunden belasten. Am besten zu verkraften sind solche Risiken, die sich auf den Einsatz von Zeit und Mühe statt Geld und finanzielle Sicherheit beziehen. Wenn Sie Risiken eingehen, die Ihren Lebensunterhalt gefährden, sollten Sie aufmerksam in sich hineinlauschen, ob es nicht doch einen vorsichtigeren Ansatz gibt. Lassen Sie sich in Ihrem Entscheidungsprozess von Ihren Fähigkeiten leiten. Und betrachten Sie diese realistisch.

Nehmen Sie sich Zeit, wenn Sie keine haben

Hinter dem Faktor Zeit verbirgt sich eine weitere dicke Lüge. Es ist die „Ich habe zu viel zu tun"-Lüge, die meiner Ansicht nach wenig Sinn ergibt. Auch diesbezüglich ist das Universum unpersönlich: Es stellt jedem die gleichen 24 Stunden pro Tag an sieben Tagen in der Woche zur Verfügung. Die Zeit bevorzugt niemanden. Erfolgreiche Menschen haben nicht mehr Zeit als andere. Doch Sie beschaffen Sie sich, indem Sie diese 24 Stunden und 365 Tagen die Woche anders einteilen und managen.

Geben wir es ruhig zu: Für Dinge, die uns am Herzen liegen, finden wir immer Zeit. Wenn Sie das nicht schaffen, dann wollen Sie es nicht wirklich. Warten Sie nicht länger darauf, dass Sie auf magische Weise die Zeit finden, um Ihre Träume zu verfolgen. Die Zeit wird nicht stehen bleiben, damit Sie sich selbst einholen können. Wenn Sie glauben, dass Sie etwas tun sollten, aber Probleme haben, die Zeit dafür abzuknapsen, suchen Sie sich jemanden, der Sie inspiriert und zur Rechenschaft zieht. Sagen Sie dem Betreffenden: „Du, ich muss mir mindestens drei Stunden pro Woche nehmen, um X zu planen, und ich möchte dich bitten, zu überwachen, ob ich das auch mache."

Zeichnen Sie sich eine Uhr auf ein Blatt Papier. Das kann manchmal hilfreich sein. Unterteilen Sie sie wie einen Kuchen. Zählen Sie die Stunden und Minuten ab, die Sie an einem normalen Tag auf Beruf, Kinder, andere Arbeiten, etc. verwenden müssen. Stellen Sie fest, wo sich Zeitnischen ergeben, in denen Sie die Dinge unterbringen können, die Sie tun wollen. Die Vorstellung, dass wir keine Zeit haben, ist wie eine Krankheit. *Ich habe keine Zeit, ins Fitnessstudio zu gehen. Ich habe keine Zeit, um an diesem Projekt zu arbeiten. Ich habe keine Zeit, über einen Arbeitsplatzwechsel nachzudenken.*

In der Lüge vom Zeitmangel steckt eine gewisse Verleugnung. Es mag in der menschlichen Natur liegen, schnell „zu beschäftigt" zu sein, doch das sollte nicht so weit führen, dass man von der Geschäftigkeit aufgefressen wird. Wir lassen unser Leben verstreichen, ohne auf unsere innere Stimme zu hören. Wie sollen wir erkennen, was wir wirklich wollen, und unseren Weg dorthin planen, wenn wir uns selbst nicht zuhören?

Nichts sollte in unserem übergreifenden Zeitplan so viel Bedeutung haben wie Zeit für sich selbst – ob zur Weiterentwicklung bestimmter Kompetenzen, die unseren Leidenschaften entgegenkommen, oder für eine erholsame Auszeit zur geistigen und körperlichen Regeneration (um unsere Batterien wieder aufzuladen und unsere Leidenschaften zu leben). Ich habe da ein paar geheime Orte, an die ich mich zurückziehe, um in tiefer Selbstbetrachtung und Meditation zu versinken. Das sind meine selbsternannten Refugien. Dort kann ich den Lärm der Welt aussperren und all die Belanglosigkeiten ignorieren, die mir den Blick auf das Gesamtbild verstellen. Von dort kehre ich erfrischt zurück, ruhe ganz in mir selbst und bin effektiver. Dadurch kann ich in jeder Hinsicht ein besserer Mensch sein – ob im Privat- oder im Geschäftsleben. Am besten bringen das die Sicherheitshinweise im Flugzeug zum Ausdruck: „Bitte legen Sie zunächst Ihre eigene Sauerstoffmaske an. Erst dann helfen Sie Kindern oder Sitznachbarn." Das ist das Gesetz der Selbsterhaltung. Sie müssen sich erst um sich selbst kümmern und Ihre eigenen Überlebensstrategien entwickeln. Sie müssen Zeit für sich selbst einplanen. Wenn Sie das nicht tun, wer sonst? Und wer würde wohl sagen, ich habe zu viel zu tun, um reich zu werden?

Die „Ich habe zu viel zu tun"-Lüge: Ich bin zu beschäftigt, um noch irgendetwas anderes zu tun.

Die Wahrheit: Zu beschäftigt zu sein, ist eine Ausrede. Sagen Sie nie, dass Sie zu beschäftigt sind. Die Menschen nehmen sich Zeit für Dinge, die ihnen wichtig sind. Sicher sind Sie beschäftigt, wenn Sie tausend Kilometer in die falsche Richtung fahren. Aber was dann? Seien Sie ehrlich: Haben Sie zu viel zu tun, um reich zu werden?

„Ich bin zu alt"

Sie sind nie zu alt oder zu jung, um das zu tun, was Sie tun sollen. Mir war das nie klarer als 2006, als ich Gelegenheit hatte, etwas Zeit mit Seelsorgern in mehreren Krankenhäuser zu verbringen. Meine Schwester hatte sich verschiedenen Behandlungen gegen Leukämie unterzogen und ich stellte mir immer wieder Fragen, die sich auf die Erfahrungen eines Menschen am Ende seines Lebens bezogen. Vielleicht konnte ich daraus etwas lernen, so dachte ich, das mein Leben noch reicher und erfüllter machen würde.

Dass Menschen kurz vor dem Tod Reue empfinden, ist allgemein bekannt. Doch sie bereuen nicht, was sie getan haben. Ganz im Gegenteil, sie bereuen, was sie *nicht* getan haben. Sie sprechen von Chancen, die sie ungenutzt verstreichen ließen. Sie bedauern, bestimmte Gelegenheiten nicht ergriffen zu haben. Sie wünschen sich, wieder gesund und noch einmal in dieser oder jener Situation zu sein, um eine Chance wahrzunehmen oder ein Wagnis einzugehen.

Außerdem – wer legt denn fest, wann wir zu alt oder zu jung sind? Auch hier gilt: Ich weiß nicht, wer „die Leute" sind. Sie vielleicht?

Obwohl die Redensart vom „Leben in vollen Zügen" ein Klischee ist, sollten wir uns das dennoch jeden Tag vor Augen halten. Wenn Sie über sich selbst nachdenken, was Sie nach meiner Empfehlung jeden Abend tun sollten, fragen Sie sich: Fühle ich mich wohl in meiner Haut? Gefällt mir, wie ich mich entwickle? Ihre Antworten werden Ihnen helfen, am nächsten Tag die richtigen Entscheidungen zu treffen.

Doch Achtung: Vermutlich wird Ihnen die Lüge vom Alter – dass Sie entweder zu alt oder zu jung sind – in Ihrem Leben mehrfach begegnen. Erst sind Sie zu jung, dann sind Sie zu alt. Und wenn Sie irgendwo dazwischen liegen, wird das auch niemand besonders anerkennen. Wie das kommt? Nun, weil es gar keine solche Zeitlinie gibt. Dabei handelt es sich um ebenso willkürliches wie unsinniges Gerede der Gesellschaft. Mir haben die Leute jahrelang erzählt: „Wenn du erst 18 bist, ist es damit vorbei … wenn du 20 bist, dann ist es vorbei." Ich höre aber auch Beschwerden wie: „Du bist zu jung, um so reich zu sein. Du bist zu jung, um so erfolgreich zu sein." Und dann sind da noch die Leute, die mir erzählen, dass ich „am Ende" sei. Alle paar Jahre bekomme ich gesagt, ich sei „erledigt". *Danke für die Mitteilung,* sage ich mir dann immer. Blenden Sie solche gesellschaftlichen Störgeräusche aus. Sie werden nicht verschwinden, also müssen Sie sie ignorieren. Im folgenden Kapitel werden wir sehen, wie wichtig es ist, sich selbst neu zu erfinden. Das ist Wasser auf die Mühlen aller Gegner der Alterslüge.

Setzen Sie das Gelernte um und legen Sie los

Aus- und Weiterbildung sind wichtig. Sie sind die zweite Komponente der „Umsetzung des Gelernten". Das Wissen, das Sie brauchen, ist nicht oberflächlich, sondern grundlegend. Es reicht nicht, an der Oberfläche eines Sachgebiets zu kratzen, um sich darin zum Meister aufzuschwingen. Doch wer umfassendes Wissen erwerben möchte, der muss tief schürfen – selbst wenn er durch seine angeborenen Fähigkeiten in einem bestimmten Bereich einen Vorsprung hat. Zu viel kann man nicht wissen – wohl aber zu wenig. Und bruchstückhaftes Wissen ist in der Regel gefährlich. Dann geht man schnell zu viele unkalkulierte Risiken ein und betritt das Minenfeld schlecht gerüstet.

Sobald Sie Ihre Ziele und Ihre Vision festgelegt haben, müssen Sie herausfinden, wie diese zu erreichen sind. Erlernen Sie den gewählten Beruf. Das nötige Wissen können Sie auf schulischem Weg oder im wirklichen Leben erwerben. An dieser Stelle kommen Mentoren und Lehrer ins Spiel – Menschen, die Ihnen die Informationen geben können, die Sie weiterbringen, vor allem ganz am Anfang. Häufig eignen Sie sich auch gut zum Anfeuern.

Selbst die Allerbesten haben Trainer, Lehrer und Mentoren. Berühmte Sänger haben Gesangslehrer. Olympioniken haben Trainer. Schauspieler haben Schauspiellehrer. Bestsellerautoren haben Redakteure. Tänzer haben Choreographen. Regisseure haben Produzenten. Angehörige von Berufsgruppen wie Anwälte, Ärzte oder Wissenschaftler haben Mentoren – versiertere, erfahrenere Kollegen, die ihnen Denkanstöße und Impulse zu anderen Problemlösungen geben. Wir alle brauchen jemanden, um unser ungeschliffenes Talent zu polieren. Außerdem brauchen wir auch Menschen, die uns intellektuell herausfordern und uns die Dinge hin und wieder aus anderer Perspektive sehen lassen.

Das Problem dabei: Als Zuschauer (und bisweilen neidvoller Bewunderer) des Erfolgs anderer sehen wir in der Regel nur das Endergebnis und nicht die lange Phase des wiederholten Übens. Wenn wir den Bühnenauftritt eines Stars erleben oder den Endspurt eines Läufers bei der Olympiade, vergessen wir darüber ganz, was für langwierige Vorbereitungen in diesen einen Moment des Siegs eingeflossen sind. Wir überspringen die vielen vergeblichen Versuche und Feinabstimmungen, die dazu beigetragen haben, dass die eindrucksvolle Leistung oder Begabung zutage treten kann. Wir verfolgen ehrfürchtig das *Resultat* und verkennen darüber die vielen *Zutaten*, die es erst möglich gemacht haben.

Ich bin dafür ein gutes Beispiel. Niemand schaut mir zu, wenn ich lese, recherchiere, studiere oder meine rhetorischen Fertigkeiten morgens vor dem beschlagenen Badezimmerspiegel trainiere. Es sieht vielleicht *so aus*, als könnte ich spontan vor ein großes Publikum treten, ohne jede Vorbereitung, doch ich will Ihnen lieber gleich selbst verraten, dass ich laufend an meinen sprachlichen Fähigkeiten arbeite. Ich such jeden Tag nach Wegen, mich als Redner, Autor und Geschäftsmann zu verbessern. Es ist naiv, anzunehmen, dass angeborene Fähigkeiten ganz von alleine immer besser werden. Jeder Sänger macht vor einem Auftritt einen Soundcheck. Und das werden auch Sie tun, bevor Sie losgehen und umsetzen, was Sie vorhaben.

> Tun Sie, was Ihnen von Natur aus liegt. Aber lassen Sie sich
> dafür ausbilden.

All jenen, die mehr Struktur und einen Prozess zur Entscheidungsfindung brauchen, möchte ich meine AHEAD-Methode ans Herz legen. Sie kann Ihnen helfen, Ihre Optionen mental zu verfolgen und sich dabei selbst treu zu bleiben:

A: Assess – Bewerten Sie Risiken, nachdem Sie sich gründlich informiert haben. Führen Sie die nötigen Recherchen durch, um alle möglicherweise mit einem Vorhaben verbundenen Risiken zu eruieren. Vergessen Sie keines.

H: Hear – Hören Sie auf Ihre innere Stimme. Unterschätzen Sie Ihre Instinkte nicht, wenn Sie das Für und Wider abwägen und sich ein unvoreingenommenes Bild von den Risiken machen.

E: Evaluate – Evaluieren Sie Ihre Gedanken und potenziellen Lösungsvorschläge für Probleme. Problemlösung wird vermutlich von dem Tag an zu Ihren Aufgaben gehören, an dem Sie sich die drei entscheidenden Fragen stellen. Lassen Sie sich Zeit und überlegen Sie in Ruhe, was Sie tun müssen, um weiterzukommen. Durchdenken Sie jeden Schritt und jede Richtung, die Sie einschlagen wollen. Bedenken Sie stets auch Alternativen. Bleiben Sie aufgeschlossen für Umstände, die die Rahmenbedingungen verändern.

A: Act – Handeln Sie auf der Grundlage von Erfahrung und Selbstanalyse. Agieren Sie durchdacht. Versuchen Sie wie beim Schachspielen bei jedem Zug schon den drittnächsten im Kopf zu haben.

D: Discern – Unterscheiden Sie, was funktioniert und was nicht, wenn Sie vorankommen wollen. An diesem Punkt müssen Sie eventuell einen anderen Kurs einschlagen. Wir geraten alle mal in eine Sackgasse. Das bedeutet aber nicht, dass wir aufgeben müssen. Wir kehren einfach um und suchen uns einen anderen Weg. Wir müssen bereit sein, Ideen und Initiativen zu verwerfen, die offensichtlich nicht zielführend sind. Sie gehören in die Schublade mit den Sehnsüchten und nicht in die mit den nachweislichen Fähigkeiten. Wenn Sie zum Beispiel ursprünglich Fußballspieler werden wollten und sich die Knie ruiniert haben, auf die Sie sich einfach nicht mehr so verlassen können wie früher, sollten Sie vielleicht umsatteln und sich eingestehen, dass dieser Weg nicht der richtige für Sie ist. Dann sind Sie in die besagte Sackgasse geraten. Doch es stehen Ihnen andere Wege offen, auf denen Sie andere Ihrer angeborenen Fähigkeiten nutzen können.

Die AHEAD-Methode können Sie im Grunde jederzeit einsetzen. Sie eignet sich für nebensächliche Entscheidungen – etwa über die richtige Kleidung für das Vorstellungsgespräch oder über die Teilnahme an einem Kurs zur Perfektionierung einer Kompetenz. Gleichermaßen können Sie sie auf größere Entscheidungen anwenden, die Ihr Leben verändern – zum Beispiel darüber, wo Sie leben, arbeiten und eine Familie gründen wollen.

Achten Sie auf die Katalysatoren

Damit sich eine chemische Reaktion ereignet, sind bestimmte Zutaten erforderlich. Nehmen Sie zum Beispiel Wasser. Die meisten von Ihnen wissen wahrscheinlich, dass sich ein Wassermolekül aus zwei Wasserstoffatomen und einem Sauerstoffatom zusammensetzt – daher H_2O. Ohne diese Zutaten gibt es kein Wasser. Ohne Sauerstoff kein Wasser.

Ohne Wasserstoffatome kein Wasser. Genau so sollten Sie sich auch den Erfolg vorstellen. Sie brauchen bestimmte Zutaten, um eine Reaktion in Gang zu setzen, die zu Ihrem persönlichen Erfolg führt. Wenn eine bestimmte Zutat nicht in ausreichender Menge vorhanden ist, wird auch das gewünschte Resultat ausbleiben. Welche Zutaten meine ich wohl? Natürlich dieselben, über die wir bereits gesprochen haben und über die wir noch ausführlicher sprechen werden: Antrieb, Ehrgeiz, Tatkraft, Selbstvertrauen, Wissen, Pläne und ein klares Ziel. Wasser entsteht ebenso wenig durch Zauberhand wie Erfolg. Wenn Sie in Bezug auf diese Eigenschaften dürftig bestückt sind, müssen Sie daran arbeiten, sie aufzustocken und größere Vorräte davon anzulegen. Beginnen Sie mit der Selbstbestätigung. Gehen Sie meine drei Fragen durch eine realistische Bestandsaufnahme und Bewertung Ihrer Sehnsüchte unter Gegenüberstellung mit Ihren Fertigkeiten an und achten Sie dabei auf Katalysatoren.

Ein weiterer Aspekt der Chemie, der Ihnen helfen kann, das Gesamtbild zu sehen, ist das Vorhandensein von Katalysatoren. Katalysatoren erhöhen die Reaktionsgeschwindigkeit – sie beschleunigen Reaktionen. Vielleicht haben Sie ja schon einmal versucht, durch Aneinanderreiben von zwei trockenen Hölzchen ein Feuer zu entzünden. Das ist eine ziemlich mühsame Methode. Durch die Einführung eines mit Phosphor (einem Katalysator) beschichteten Streichholzes ging das auf einmal ganz schnell. Im wirklichen Leben haben wir täglich mit Katalysatoren zu tun, die wir jedoch in der Regel ignorieren, solange wir nicht bereit sind, ihre Existenz anzuerkennen und uns entsprechend zu verhalten. Katalysatoren verleihen Ihnen Konzentrationsfähigkeit, Energie und Zuversicht.

Ganz unterschiedliche Dinge können zu Katalysatoren werden – von einer Geschäftsidee bis hin zu einem inspirierenden Seminar oder

Lehrer und größeren Einschnitten im Leben wie der Verlust des Arbeitsplatzes, die Geburt eines Kindes oder eine Nahtoderfahrung.

Für mich war der Herzinfarkt, den meine Mutter im Alter von 46 Jahren erlitt, ein maßgeblicher Katalysator. Ich war damals elf Jahre alt und schon vom Unternehmergeist beseelt. Doch ihre Erkrankung traf mich und meine Familie sehr hart. Für mich war das ein Weckruf, der mich aktiv werden ließ. Ich sah uns schon alle zu Workaholics werden, wenn wir nicht aufpassten. Ich schwor mir, mich in erster Linie um meine Gesundheit zu kümmern, und dann erst um alles und alle anderen. Das ist wie mit den Sicherheitshinweisen im Flugzeug. Mit Egoismus hat das nichts zu tun – sondern vielmehr mit Umsicht und mit der *Fähigkeit*, sich um alles andere zu kümmern.

Was mich aufbringt, ist, wenn es Katalysatoren gibt und diese unbemerkt bleiben. Wenn schlimme Dinge passieren und die Menschen trotzdem nicht reagieren. Selbst ein Cracksüchtiger kann sich nur verändern, wenn er das auch will. Ich nenne das die Stubenhockermentalität: Man sitzt da und wartet, dass etwas passiert, während man weitermacht wie gehabt. Es fehlt der Sinn für Dringlichkeit. Niemand kann Ihnen vorschreiben, auf dem Vulkan zu tanzen. Sie müssen selbst herausfinden, was Sie dazu motiviert, sich zu ändern. Vor allem anderen müssen Sie sich inspirieren lassen. Damit können Sie beginnen, indem Sie sich die drei besagten Fragen stellen. Sie sind wirkungsvoll und effektiv und haben bei manchen Menschen schon Wunder gewirkt. Betrachten Sie Ihre Antworten als Katalysatoren, auf die Sie achten sollten. Betrachten Sie auch Ihre persönlichen Entscheidungen als Katalysatoren. Werden Sie sich dann weiterer Katalysatoren in Ihrem Leben bewusst, die Sie in Schwung bringen können. Das können kleine, unbedeutende Dinge sein oder spektakuläre, die Ihr Leben verändern. Man weiß nie, was alles als Katalysator fungieren kann. Sie haben doch

laufend irgendwelche Erlebnisse – aber wann werden Sie davon wach-
gerüttelt? Sie müssen den Willen haben, sich zu ändern. Manche Menschen sind mehr oder minder süchtig nach Selbsthilfebüchern, -filmen
und -seminaren, und doch drehen sie sich im Kreis und landen immer
wieder am Ausgangspunkt. Sie könnten der größte Fan von Zig Ziglar,
Jack Canfield oder gar meiner Wenigkeit sein und würden doch nie die
Veränderungen durchführen, die nötig wären, um zu erreichen, was sie
wirklich wollen. Das heißt, dass Sie natürlich auch in die Tat umsetzen müssen, was Sie
gerade lesen. Aus diesem Grund fordere ich Sie auf, am Ende jedes
Kapitels zumindest eine Ihrer Vorstellungen zur realisieren. Die Aufgabe
für dieses Kapitel lautet, die drei Fragen zu bearbeiten. Suchen Sie nach
Möglichkeiten, Ihre Antworten in Ihrem jetzigen Leben anzuwenden.

Der Künstler

Der 75-Jährige, den ich eingangs erwähnt habe, war ganz offensichtlich
nicht zum Sänger auserkoren. Ich machte ihm klar, dass er sich nur
diese drei Fragen beantworten musste, damit sich die Welt und der
Markt für seine Begabungen und Talente öffnen würden.
Später erfuhr ich, dass der Mann mich – und meine Fragen – tatsächlich
ernst genommen hat. Er ging unter die Maler und verkaufte eines seiner
Bilder für 5.000 US-Dollar. Er hatte gespürt, dass er Künstler war – nur
eben kein Sänger. Ich finde es bedauerlich, dass er über 75 Jahre gebraucht hat, um herauszufinden, dass seiner Veranlagung Pinsel und
Leinwand am besten entgegenkamen. Doch wie ich schon sagte, man ist
nie zu alt. Dieser Mann kann ab jetzt ein viel reicheres Leben führen.
Jedes Leben hat einen Sinn und es liegt an uns, diesen Sinn zu finden.
Das ist der Grund für unser Dasein. Das ist unser Schicksal. Sie können

zwar behaupten, dass Sie der nächste Soundso werden, doch Ihr Schicksal ist das nicht. Das Universum wird Ihnen den Weg dorthin nicht unbedingt eröffnen. Daher müssen Sie sich darauf konzentrieren, was Ihre eigentliche Bestimmung ist. Es könnte nämlich sein, dass Sie ganz andere Gründe für Ihren Misserfolg verantwortlich machen, während Ihnen Ihr Schicksal einfach zu verstehen gibt, dass Sie auf dem Holzweg sind! Die Vorsehung wird nicht von Ihnen geschaffen, sondern *entdeckt*. Sobald Sie den wahren Sinn Ihres Leben, Ihres Geschicks gefunden haben, müssen Sie sich danach richten. Andernfalls riskieren Sie den Weg in die Selbstzerstörung.

Je besser wir auf unser Ziel eingenordet sind, desto stärker fühlen wir uns der größeren Realität unserer Mission auf diesem Planeten zugehörig. Zu wissen, wo wir hinwollen, verleiht unserem Leben ganz von allein Inspiration, Energie und Wert.

Manche Menschen versuchen sich irrtümlich über andere zu definieren. Wie oft haben Sie schon jemanden sagen hören, dass er den Menschen finden möchte, der seinem Leben einen Sinn gibt? Das sind Menschen, die ihre Familie, ihre Freunde oder ihren Beruf als Lebenszweck bezeichnen, statt ihre wahre Bestimmung im Leben ausfindig zu machen und sich darüber zu definieren. Ihre Bestimmung kann Ihnen kein anderer geben. Sie liegt dort, wo sie schon seit jeher ruht – in Ihnen selbst!

Werden Sie Sie selbst

Ein Freund von mir verkündete einmal: „Ich will von euch allen loskommen." Ich entgegnete ihm: „Du solltest lieber an dir selbst arbeiten, denn du bist der Mensch, von dem du nicht loskommen kannst. Wo du auch hingehst, du bleibst doch derselbe."

„Ja, aber zumindest bin ich dann weg von den Leuten, die mich so runterziehen."

„Und wieso ziehst du solche Leute an?"

Darauf wusste er keine Antwort. Wir ziehen Menschen an, die von uns profitieren. Wenn mein Freund also die falschen Leute anzog, lag das Problem meiner Ansicht nach bei ihm und nicht bei den anderen. Wenn er wegziehen würde, würde er woanders wieder dieselbe Sorte Menschen anziehen. Ich animierte ihn dazu, an sich zu arbeiten, denn wenn er sich in seiner Haut nicht wohl fühlte, musste er etwas ändern.

Realitäts-Check: Andere kann man kaum verändern. Der einzige Mensch, über den Sie in Bezug auf mögliche Veränderungen eine gewisse Kontrolle ausüben, sind SIE SELBST. Vergessen Sie nicht: Viele große Männer und Frauen waren nicht von Anfang an so groß.

Dieses Kapitel soll unter anderem bewirken, dass Sie etwas unternehmerischer denken. Die Vorstellung, sich seine private kleine Wirtschaft um einen Arbeitsplatz herum aufzubauen, ist naiv und nicht zeitgemäß. Das gilt erst recht, wenn Sie glauben, dass dieser Arbeitsplatz auf Dauer eine Möglichkeit darstellen wird, Ihren Lebensunterhalt zu verdienen. Eine solche Fehlauffassung kann in den persönlichen und wirtschaftlichen Ruin führen.

Auf Veranstaltungen im ganzen Land begegnen mir viele Menschen, die sich selbst als „ungebildet" oder „halbgebildet" bezeichnen, weil ihre Berufe nur begrenzte Fachkenntnisse erfordern. Dennoch renovieren dieselben Menschen ihre Wohnungen, setzen ihre Autos instand, warten technische Geräte für Freunde oder reparieren das Spielzeug ihrer Kinder. Diese Fähigkeiten gehen weit über die beruflich geforderten hinaus. Was ich damit sagen will: Es ist widersinnig, die Fülle an brachliegenden Fähigkeiten und beruflichen Interessen ungenutzt zu lassen, die Sie bereits besitzen. Diese über die beruflichen Anforderungen hinausgehenden Fertigkeiten nutzt man optimal, wenn man die Chance ergreift, sie in der Selbstständigkeit einzusetzen, was ihre Verdienstmöglichkeiten immens steigert.

Das Ertragspotenzial eines Unternehmens ist quasi unbegrenzt. Jemand, der als Stundenlöhner arbeitet, kann sein Einkommen durch selbstständige Tätigkeit enorm aufbessern. Wie viel jemand auch verdient, ein Gehalt ist in der Regel nach oben begrenzt. Der potenzielle Gewinn eines selbstständig Tätigen ist dagegen praktisch grenzenlos.

Natürlich erfordert es viel Mühe, erfolgreich selbstständig zu sein, und wir wissen alle, dass es auch Risiken mit sich bringt. Ich als Unternehmer weiß selbst am besten, wie schwierig die Umstellung für jemanden sein kann, der aus einer abhängigen Beschäftigung in die Selbstständigkeit wechselt. Wer gewohnt war, für jemand anderen zu arbeiten, hat gelernt, Anweisungen zu befolgen und sich nach den Regeln und Richtlinien anderer zu richten. Eigeninitiative stößt da kaum auf Anerkennung. Die Betroffenen wissen vielleicht die Sozialleistungen zu schätzen, die sie erhalten – wie Altersvorsorge, Krankenversicherung, Urlaub und Lohnfortzahlung im Krankheitsfall – und fragen sich, wie sie sich die gleichen Vorzüge sichern können, wenn sie auf eigenen Füßen stehen. Doch solche Leistungen stehen auch dem Selbstständigen offen, der in der Regel allerdings selbst dafür vorsorgt. Das soll Sie also jetzt nicht beunruhigen, denn sonst wirkt der Weg, der vor Ihnen liegt, allzu steinig und steil. Denken Sie daran, dass ich gesagt habe, dass erfolgreiche

Unternehmer sich erst mit der Zeit entwickeln. Sie müssen nicht von Anfang an beim ersten Versuch alles wissen oder richtig machen. Ein logischer erster Schritt – vor allem für Unentschlossene (immerhin wissen Sie ja vielleicht noch gar nicht, welche Branche die richtige für Sie ist) – besteht in der Erstellung einer Liste möglicher Fachgebiete auf der Basis Ihres persönlichen Hintergrunds, Ihrer Ausbildung, Ihrer Ausbildungs- und Arbeitserfahrung und Ihrer speziellen Interessen, die sich in ein solides Unternehmen entwickeln könnten. Suchen Sie sich eine Branche aus, die Ihnen liegt und die Sie verstehen. Wählen Sie eine, in der Sie bereits tätig sind.

Bedenken Sie dabei auch, dass Sie als Ihr eigener Chef nicht unbedingt einen MBA brauchen oder ein namhafter Experte für einen bestimmten Bereich sein müssen. Sie müssen lediglich ein effektives System vom Konzept zur Umsetzung bringen, von der Recherche zur Realität und vom Reißbrett in die Wirklichkeit. Sie müssen Ihre Hausaufgaben machen und sich selbst analysieren, denn Erfolg erfordert eine realistische Sicht auf alle Seiten Ihrer Persönlichkeitsgleichung.

Ob Sie sich selbstständig machen oder nicht, auf jeden Fall müssen Sie laufend neue Konzepte und Methoden in sich aufnehmen. Sie werden viel über andere und über Ihre eigenen Fähigkeiten erfahren, wenn Sie Ihre Hausaufgaben machen und auf Expedition gehen. Sie werden sich auch Ihrer Stärken und Schwächen stärker bewusst werden, was Ihnen (laufend) helfen wird, sich selbst objektiv zu betrachten.

Wie ich schon angedeutet habe, verfügen viele Menschen über eine breite Palette von Fertigkeiten, die sie abseits des Berufs entwickelt haben. Menschen, die am Arbeitsplatz einfache Tätigkeiten ausführen (etwa drei Löcher in Plexiglas zu bohren), sieht man am Wochenende zu Hause Automotoren auseinander nehmen, Möbel aufarbeiten, Lampen bauen, Kleider nähen oder Feinschmeckergerichte kochen.

Nehmen Sie mich als typisches Beispiel. Ich spielte in der Küche mit verschiedenen Aromen herum und entwickelte die Zutaten zu einem echten lukrativen Geschäft mit der Produktion und dem Abschluss von Aufträgen mit einem Gesamtvolumen von über einer Million US-Dollar für Farr-Out Foods Strawberry-Vanilla Syrup, als ich noch keine 13 Jahre alt war. Jetzt ist es an Ihnen, verborgene Talente wiederzuentdecken und frühere Interessen zu reaktivieren. Ob Sie es glauben oder nicht, Sie haben alles, was Sie brauchen, um loszulegen. Wenn Sie im aktuellen wirtschaftlichen Umfeld Arbeit suchen, warum stellen Sie

Kann ich Ihnen helfen?

Der dynamischste Wachstumssektor der Wirtschaft war in letzter Zeit die Dienstleistungsbranche. Bei der Bestandsaufnahme Ihrer Fähigkeiten und persönlichen Interessen sollten Sie an die Bedürfnisse derjenigen denken, die aus zeitlichen oder anderen Gründen nicht in der Lage sind, Dinge zu erledigen, die nun mal getan werden müssen. Alleinerziehende, Doppelverdiener, ältere Mitbürger, andere Unternehmen vor Ort und überall auf der Welt und ein breites Spektrum ganz verschiedenartiger Verbraucher sind allesamt potenzielle Abnehmer. Sie können eine ganz neue Dienstleistung erfinden oder eine bestehende abwandeln. Genau wie Sie sind auch andere bereit, für Hilfsdienste zu bezahlen. Außerdem brauchen sie aber auch Produkte. Verwerfen Sie also potenzielle Ideen für das produzierende Gewerbe nicht gleich, wenn sich Ihre Fertigkeiten oder Hobbys in ein neues oder umgestaltetes Produkt ummünzen lassen. Mit ein wenig Einfallsreichtum und Kreativität können auch Sie eine Marktnische aufspüren.

sich dann nicht selbst an? Warum werden Sie nicht Sie selbst? Ist diese Entscheidung erst gefallen, geht es nur noch um Details.

Stellen Sie sich vor, wie schön das Leben wird

Jeder einzelne Moment kann den Rest Ihres Lebens verändern – und die Richtung bestimmen, die Sie einschlagen. Wenn Sie nicht bewusst handeln, werden Ihre Pläne fehlschlagen. Erfolgreiche Menschen richten sich nach ihren eigenen Regeln, aber sie gehen gezielt vor. Erfolgreiche Menschen sind nicht zufällig erfolgreich – sondern ausschließlich durch praktische Umsetzung. Sie müssen jeden Tag mindestens einen Schritt auf Ihr Ziel zu gehen. Sie müssen jeden Tag etwas Zeit für die Dinge einplanen, die Sie gern tun. Reden Sie nicht bloß davon. Reden ist leicht. Auch wenn Sie noch nicht so genau wissen, was Ihr Ziel ist oder was Sie werden wollen. Das macht gar nichts. Sie kommen Ihren Träumen auf jeden Fall näher, wenn Sie voranschreiten und Fragen stellen. Lassen Sie uns aber nochmals auf das Konzept von Arbeit zurückkommen. Arbeit bedeutet, das zu tun, was notwendig ist, um an Ihr Ziel zu gelangen. Das Nötige zu tun. Hart arbeiten, um dann richtig mitspielen zu können. Wenn Sie etwas versuchen und es will einfach nicht klappen – wenn sich ein Problem nach dem anderen ergibt –, dann machen Sie etwas falsch. Sie können nichts erreichen, wenn Sie nicht dafür arbeiten. Doch wer in die falsche Richtung arbeitet, der wird immer unzufrieden und unerfüllt bleiben. Wenn Sie Tausende von Kilometern in die falsche Richtung gefahren sind, werden Sie vermutlich finanziell und spirituell am Ende sein.

Versuchen Sie, Widerstände zu erkennen, wenn sich die Dinge einfach nicht wunschgemäß entwickeln wollen. Das ist ein Zeichen für Sie, ans Reißbrett zurückzukehren und sich zu fragen, was Sie da eigentlich tun.

Manche Menschen versuchen, eine runden Stopfen in ein quadratisches Loch zu stecken. Wenn Sie auf dem richtigen Weg sind, dann greift alles ineinander und Sie spüren diesen Unterschied. Sicher gibt es immer mal wieder einen schlechten Tag (ich sage gern, es sind diese Tage, für die Sie Ihr Geld bekommen!), doch Sie werden dadurch auf lange Sicht nicht zurückgeworfen. Solche Tage sind wie Stolpersteine, doch deshalb sind Sie trotzdem auf dem richtigen Weg.

Albert Einstein hat einmal gesagt: „Ihre Fantasie ist die Vorschau auf die kommenden Ereignisse des Lebens." Dieser Satz gibt sehr genau wieder, wie ich jeden Tag lebe. Vergessen Sie nicht: Wenn Sie Ihre Zukunft positiv betrachten und Vergangenes hinter sich lassen, können Sie erreichen, was Sie wollen. Und das bleibt Ihrer Vorstellungskraft überlassen – nicht der anderer. Ich fordere Sie auf, anzunehmen, was ich Ihnen bisher vermittelt habe, und sich Ihre Zukunft auszumalen. Stellen Sie sich Ihre künftigen Reize vor und erleben Sie, wie daraus Ideen für konkrete Pläne entstehen.

Was würden Sie anfangen, wenn Sie wüssten, dass Sie nicht scheitern können?
– Anonymus

3

Die Lüge vom Ruhm

Lüge: Ich muss in der Unterhaltungsbranche oder im Sport ganz groß herauskommen, um reich zu werden.

Wahrheit: Ein Star ist jemand, der gefeiert wird – jemand, der Präsenz und Leistung gezeigt hat.

Wenn Sie eine Gruppe von Menschen fragen, warum sie nicht reich sind, bekommen Sie aller Wahrscheinlichkeit nach Antworten wie: „Na ja, ich bin eben weder Filmstar noch NBA-Spieler." Verdienen denn nur Prominente viel Geld? Warum wird Wohlstand immer mit Berühmtheit assoziiert? Weil unsere Kultur – mit ihrer allgegenwärtigen Faszination für die schillernde Welt der Unterhaltung oder des Sports – diesen Irrtum jeden Tag aufs Neue lebendig erhält. Von dieser Lüge lässt man sich allzu leicht hypnotisieren. Gesellschaftsmagazine, die Medien ganz allgemein und sogar Sportsendungen wie *Monday Night Football* halten diese Lüge am Leben. Die Wahrheit ist, dass die Bankkonten der Stars neben denen der reichsten Menschen der Welt verblassen. Außerdem würde ich niemanden als reich bezeichnen, der zwar berühmt, aber unglücklich und unzufrieden ist und aufgrund seiner gewissenlosen Handlungsweise laufend in der Klatschpresse durchgehechelt wird.

Berühmt ist, wer gefeiert wird

Der Hauptgrund dafür, dass die meisten Menschen nicht bekommen, was sie wollen, ist, dass sie nicht *wissen*, was sie wollen. Ebenso wenig *wissen sie, wofür sie sich wirklich begeistern*. Deshalb haben sie keine Ahnung, was sie tun sollen. Was Sie aus dem zweiten Kapitel gelernt haben, hat Ihnen hoffentlich einen ersten Anhaltspunkt geliefert. Doch nun ist es an der Zeit, mit der Lüge aufzuräumen, die so tief in unserem Bewusstsein verankert ist und uns von dem Kurs abbringt, den wir eigentlich einschlagen sollten.

Pop-Quiz: Wer ist Ingvar Kamprad? Wer ist Ursula Burns? Wer war John H. Johnson?

Antwort: Ingvar Kamprad hat IKEA gegründet und ist mit einem Vermögen von 28 Milliarden US-Dollar der viertreichste Mensch der Welt. Er hatte als Teenager mit dem Fahrrad begeistert Streichhölzer, Fisch, Stifte, Weihnachtskarten und andere Waren von Haus zu Haus verkauft und baute darauf ein globales Imperium für den Handel mit Möbeln und Haushaltswaren auf.

Während ich diese Zeilen schreibe, belegt Ursula Burns auf der berühmten *Fortune's*-Liste den 27. Platz unter den mächtigsten Frauen der Welt. Sie ist Chefin der Xerox Corporation, erwirtschaftet mit ihrem Unternehmen jedes Jahr Milliardenumsätze und zählt zu den angesehensten Geschäftsfrauen der Vereinigten Staaten. Dem Xerox-Team gehört sie seit über 20 Jahren an und bezeichnet die Firma als ihre Familie. Wenn ihr das, was sie tut, keinen Spaß machen würde, wäre sie kaum noch dort.

Der verstorbene John H. Johnson wurde 1918 als Enkel von Sklaven in Arkansas geboren. Er gründete später die Johnson Publishing Company, einen internationalen Medien- und Kosmetikkonzern mit Sitz in Chicago, und avancierte zu einem der reichsten Männer der Vereinigten Staaten. Heute umfasst sein Firmenimperium die Zeitschriften *Ebony* und *Jet*, Fashion Fair Cosmetics und EBONY Fashion Fair. Johnson war der erste Schwarze, der es in die *Forbes*-Liste der 400 reichsten Menschen schaffte. Sein Vermögen wurde bei seinem Tod im Jahr 2005 auf rund 500 Millionen US-Dollar geschätzt.

Ich will Ihnen noch ein Beispiel geben: Janice Bryant Howroyd, Gründerin des Personaldienstleisters Act-1 Group Staffing and Professional Services. Sie lehnte sich weit aus dem Fenster, als sie 1978 ihre Firma gründete – mit einem einzigen Büro in Kalifornien. Heute ist das millionenschwere Unternehmen mit einem Netz von über 70 Filialen im ganzen Land vertreten. 2003 wurde die Firma von der Zeitschrift *Black Enterprise* zum drittgrößten Unternehmen in afro-amerikanischem Besitz in den Vereinigten Staaten gekürt. 2006 erreichte der Umsatz 718 Millionen US-Dollar.

Was haben diese vier Menschen gemein? Sie sind aus eigener Kraft bekannt geworden. Sie sind hoch geachtet und werden viel bewundert. Sie setzten Standards für viele andere in ihrer Branche und ihrem Umfeld. Dennoch tauchen sie nicht regelmäßig in den Schlagzeilen der Unterhaltungsmedien auf. Sie werden nicht von Paparazzi verfolgt und schreiten nicht überall über den roten Teppich. Anders formuliert: Sie sind keine Stars im üblichen Sinne. Sie sind Männer und Frauen, die für das *gefeiert* werden, was sie geschafft haben – für ihre Präsenz und ihre Leistung.

Die Wahrheit über den Ruhm

Ein Star ist jemand, der *gefeiert* wird – jemand, der Präsenz zeigt und Leistung bringt, die keinerlei Bezug zur Unterhaltungsbranche oder zum Sport haben muss.

Was tun, wenn Sie nicht der nächste Superstar sind?

Für alle, die keine Unterhaltungskünstler oder Ausnahmesportler sind und deshalb nicht in den Genuss der Vorzüge kommen, die eine solche Karriere bringt, gibt es andere Möglichkeiten. Erfolg haben kann jeder, der in der Lage ist, das Gebiet zu finden, auf dem er wirklich gut ist und entsprechende Leistungen bringen kann.

Es frustriert mich, wenn mir Menschen von ihren Träumen vom Berühmtsein im herkömmlichen Sinne des Wortes erzählen. Es ist ein ziemlich egoistisches Unterfangen, ein Star werden zu wollen. Oft stellen wir Menschen auf ein Podest, ohne zu wissen, ob sie rechnen können oder nette Menschen sind. Außerdem vergessen wir schnell, wie viel Arbeit und Übung erforderlich sind, um berühmt zu werden. Dabei denken bei Weitem nicht alle Stars nur an sich. Echte Sportgrößen wie Tiger Woods oder Hollywood-Starlets wie Beyoncé oder Jennifer Hudson tun, wozu sie geschaffen sind. Sie haben ihren Lebenszweck gefunden und dieser stellt sie eben zufällig ins Rampenlicht.

Aber ich kenne viele Menschen, die weit reicher sind als die meisten Stars. Ebenso habe ich (und Sie vermutlich auch) schon viele Geschichten über Stars gehört, die ganz groß herauskamen und ebenso schnell wieder in der Versenkung verschwanden. Bei manchen dauert der Ruhm nur 15 Minuten, bei anderen etwas länger. Denken Sie nur an die vielen Prominenten, die Konkurs anmelden mussten. 1992 traf es den kultigen Las-Vegas-Entertainer Wayne Newton, der sich mit 20 Millionen US-Dollar Schulden bankrott erklären musste. Diese zahlt er über seinen Vertrag mit dem Stardust Hotel ab, der ihm angeblich auf zehn Jahre für 40 Auftrittswochen pro Jahr 25 Millionen US-Dollar im Jahr einbringt. 1996 stellte Stanley Burrell, der als Musiker und Entertainer unter dem Namen MC Hammer bekannt ist, Konkursantrag, weil sein extravaganter Lebensstil sein Einkommen überschritt und er nicht zahlen konnte, als er mit Prozessen überzogen wurde. Doch abgesehen vom finanziellen Ruin hört man auch, dass Prominente ihre Popularität durch psychologische Probleme, Zusammenbrüche oder zwielichtige Machenschaften verlieren.

Ich wäre nicht da, wo ich heute bin, wenn ich versucht hätte, berühmt zu werden. Dabei hätte ich meine Fähigkeiten und Gaben nicht nutzen können. Es ist gefährlich, an die Lüge vom Ruhm zu glauben, die häufig mit ihrer bereits erwähnten Kusine einhergeht – der Lüge vom Glück. Stars gelten oft als vom Glück verwöhnte Menschen, die eines Morgens aufwachen und feststellen, dass sie reich und berühmt sind. Das ist schlicht und ergreifend falsch. Es sind ganz normale Menschen, die es durch ihre Bereitschaft, ihre Begabungen einzusetzen und Präsenz zu zeigen, zu etwas Außergewöhnlichem bringen.

Sendungen wie *American Idol* führen uns täglich vor Augen, wie teuer es Menschen zu stehen kommen kann, wenn sie an die Lüge vom Ruhm glauben. Heute gilt das ganz besonders – in einer Zeit, in der berühmt und reich zu werden so leicht aussieht wie der Auftritt in einer Reality-TV-Show. Doch in denselben Shows sehen wir, wie Menschen Dinge tun, die sie lieber nicht tun sollten. Manche von uns erliegen der

108

Faszination, die Träume anderer mitzuerleben. Nehmen Sie sich dabei in Acht. In der echten Reality-Show des Lebens sollten wir uns lieber darauf konzentrieren, was wir wollen und worin wir gut sind.

Sie sehen also, dass Ihnen grenzenloser Reichtum und Ruhm offen stehen, wenn Sie nur tun, wozu Sie geschaffen sind. Das Etikett „Star" verschafft Menschen Respekt und Anerkennung. Das können Sie auf *jedem* Gebiet erreichen. Sie können ein namhafter Physiker werden, ein bekannter Ingenieur, ein berühmter Arzt, ein geachteter Ladenbesitzer in einem kleinen Ort, ein vertrauenswürdiges und sehr gefragtes Gemeindeglied, das Veranstaltungen organisiert und vor Ort auf Versammlungen spricht. Wir streben alle nach Anerkennung, doch aus irgendeinem Grund denken wir dabei vor allem an schlagzeilenträchtige Auszeichnungen wie den Pulitzer- oder den Nobelpreis oder an solche aus der Fernseh- und Filmgeschichte wie den Golden Globe oder den Oscar. Wenn sie dem entsprechen, was Sie mit Ihrem Leben anfangen sollten, sind das sicherlich großartige Ziele. Sie sollten jedoch bedenken, dass die Welt mehr Auszeichnungen zu bieten hat, als Sie sich vorstellen können. Da ist sicherlich auch eine dabei, die Ihre Leistungen würdigt – ganz egal, für

Realitäts-Check: Es ist menschlich, dass wir uns nach Anerkennung und Belohnung sehnen. Sie werden auf Ihrem Gebiet zur Geltung kommen, wenn Sie Zeit und Mühe investieren. Halten Sie sich nicht mit dem Traum vom Ruhm auf. Ich kann das gar nicht oft genug hervorheben: Ruhm bedeutet, dass jemand gefeiert wurde, mehr nicht. Wenn Sie sich auf Ihre Begabungen und Talente konzentrieren, werden auch Sie gefeiert werden.

welches Tätigkeitsfeld Sie sich entscheiden. Sie wissen ja: Ursula Burns zählt laut *Fortune's*-Liste zu den mächtigsten Frauen der Vereinigten Staaten, John Johnson schaffte es auf die *Fortune*-Liste der 400 reichsten Menschen und Janice Bryant Howroyd wurde zweimal von der Star Group als eine der 50 führenden Unternehmerinnen der Welt nominiert. Wer wüsste *solche* Anerkennungen nicht zu schätzen?

Erst kommt die Leidenschaft, dann die Anerkennung

Bei einem Vorstellungsgespräch fragte ich eine Dame, die sich um einen Posten im Sekretariat bewarb, wo sie sich in Zukunft sehen würde. Sie sagte: „Oh, ich sehe mich bei der Verleihung der Academy Awards in der ersten Reihe sitzen und auf meinen Oscar warten!" Ich musste mir ein Lachen verkneifen.

„Haben Sie denn Schauspielunterricht genommen?", fragte ich. Hatte sie nicht. „Haben Sie schon einmal auf der Bühne gestanden?" Hatte sie nicht. Diese Frau hatte keinerlei schauspielerische Erfahrung (und konnte daher auch nicht wissen, ob sie entsprechend begabt war) und hatte auch nichts unternommen, um sich mit diesem Gebiet vertraut zu machen. Dennoch sah sie sich einen Oscar gewinnen. Sie wollte einfach nur berühmt sein.

Viele Menschen träumen davon, berühmt zu sein, ohne dass ihnen klar ist, was das bedeutet. Ich werde relativ häufig von Fremden erkannt. Das passiert mir regelmäßig, sodass Sie vielleicht auf den Gedanken kommen könnten, ich sei berühmt. Ich sehe das anders. Ich hatte Auftritte im Fernsehen, weil ich auf meinem Gebiet erfolgreich war – die Gründung von Unternehmen und die Motivation von Unternehmern. Ich wurde als Werbeträger für Anliegen wie Knochenmarkstransplantationen und Obdachlosigkeit verpflichtet. Ich wurde um Beiträge zu Sendungen wie *20/20, The Big Idea* von Donny Deutsch oder *Good Morning America* gebeten. Sie glauben vielleicht, dass ich berühmt bin, weil ich im Fernsehen bin oder im Rampenlicht stehe, doch meine sogenannte Popularität war nicht das Resultat meiner Bildschirmpräsenz. Sie war vielmehr in erster Linie auf meine Leistungen als Geschäftsmann und in zweiter darauf zurückzuführen, dass ich mich und meine Ideen gut vermarktet habe. Anders ausgedrückt: Ich verdiente mir die Anerkennung und den Respekt, die ich heute bei der Öffentlichkeit und bei Medienkanälen genieße, *nachdem* ich meiner Berufung gefolgt war und meinen Lebenszweck gefunden hatte. Wenn Sie die Achtung und Anerkennung anderer gewinnen möchten, müssen Sie sich diese zunächst verdienen und dann engagiert erhalten. Nur so herum geht das. Donald Trump wurde zum Fernsehstar, *nachdem* er geschäftlichen Erfolg hatte. Politiker werden berühmt, *nachdem* sie erreicht haben, was ihnen Wahlerfolg beschert. Ralph Lauren wurde bekannt, *nachdem* er sich in der Modebranche versucht und eine Kollektion auf den Markt gebracht hatte. Berühmtheit kommt nicht über Nacht von außen über die Menschen – als würden sie vom Blitz getroffen. Vielmehr verdienen sie sich ihre Popularität und Anerkennung mit der Zeit. Sie erwerben und erweitern Kompetenzen, die ihnen immer mehr Chancen eröffnen. Nicht jede Art von Ruhm wird Sie ins Fernsehen bringen, kann Ihnen aber dessen ungeachtet ein reiches, erfülltes Leben ermöglichen.

Neue Gespräche anknüpfen

Der Unterschied zwischen denjenigen, die kurzzeitig so aussehen, als würden Sie das Rennen machen, wie der Hase in dem berühmten Wettlauf zwischen Hase und Igel, und denen, die am Ende wirklich als

Sieger hervorgehen (wie in diesem Fall der Igel), liegt in der Fähigkeit, „neue Gespräche anzufangen". Egal auf welchem Gebiet Sie sich betätigen, Sie müssen lernen, sich immer wieder anzupassen und sich von Zeit zu Zeit neu zu erfinden. Auch dafür ist meine Geschichte das beste Beispiel. Ich begann damit, Steine, die ich in unserer Gegend gefunden hatte, zu bemalen und von Tür zu Tür zu verkaufen. Ob ich damals wusste, dass ich irgendwann einmal millionenschwere Unternehmen verkaufen würde? Oder Eigentümer einer Zeitschrift sein würde? Oder Motivationsredner, Autor und Kolumnist für mehrere Zeitungen? Natürlich nicht. Doch die kleinen Erfolge, die ich auf meinen täglichen Verkaufstouren verbuchte, eröffneten mir immer wieder Chancen, die ich wahrnehmen konnte. Das hätte ich selbstverständlich nie so planen können, doch wenn sich Möglichkeiten auftaten, war ich bereit, sie zu nutzen. Ein Plan führte zum nächsten. Jede neue Chance erlaubte es mir, meine Batterien wieder aufzuladen und mich selbst neu zu erfinden. Auf diese Weise strömte Geld aus Quellen auf mein Konto, die ich nie für möglich gehalten hätte, als ich noch Steine verkaufte, in der Küche Sirup mixte und eine Ortsgruppe junger städtischer Unternehmer unterstützte. Ich wäre nie so weit gekommen, wenn ich mich nicht immer wieder selbst neu erfunden hätte.

$

Realitäts-Check: Das Gebiet zu ermitteln, auf dem Sie Herausragendes leisten können, ist erst der Anfang. Es ist ein einzelnes bestimmendes Moment – ein Ausgangspunkt –, von dem aus Sie durch vielfache Anpassung und neue Gespräche immer weiter kommen.

Ein weiteres Beispiel dafür, dass man das größere Gesamtbild im Auge haben muss, ist der Rapper 50 Cent (alias Curtis Jackson). Das ist ein Mann, der mehr wie ein Unternehmer denkt als wie ein Star und der laufend neue Gespräche anknüpft. Als Curtis Jackson in der Musikbranche seinen ersten Vorschuss erhielt, ging er nicht los und gab das Geld für Kinkerlitzchen und Spielereien aus. Dadurch wären sicher nicht viele neue Gespräche in Gang gesetzt worden – zumindest nicht für längere Zeit. Stattdessen investierte er in den Erwerb einer Handelsmarke auf seinen Bühnennamen, 50 Cent. Dieser Name ist heute Millionen wert. Und glauben Sie ja nicht, dass das alles auf seine Karriere als Sänger und Schauspieler zurückzuführen ist. Zwar gilt er mittlerweile als echter Rap-Star, doch die Entscheidungen, die er traf, als er die ersten Erfolge hatte, brachten ihm ein nachhaltiges Vermögen ein, wie es in der Musikbranche seinesgleichen sucht.

Mancher mag nicht einverstanden sein mit den Inhalten, die „50" (wie er von vielen genannt wird) in seiner Musik und seinen Videos präsentiert, doch wir können alle anerkennen, wie schwer er es als junger Mensch hatte. Um es aus dem von Gewalt und Konflikten geprägten Umfeld des Viertels South Jamaica von Queens, New York (und seiner hinlänglich bekannten Geschichte als Drogenhändler, der neun Schusswunden überlebt hat) bis zu Lizenzen und Werbeverträgen und Beteiligungen an Unternehmen zu bringen, brauchte er Biss, Charakterstärke und Entschlossenheit. Er versinnbildlicht selbst am besten den Titel seines beliebten semiautobiografischen Films: *Get Rich or Die Tryin'*.

Als Jugendlicher war 50 Cent eines von vielen jungen Großstadtgewächsen, deren Umfeld für sie die allumfassende Realität war und die Palette ihrer Möglichkeiten begrenzte. Dieses städtische Umfeld ist wie eine Insel. Wer dort aufwächst, tut das in der Regel in dem Glauben, dass er nur werden kann, was er wahrnimmt. 50 Cent schaffte es, über diese Insel hinauszublicken und den selbstzerstörerischen Spiegel zu durchbrechen. Ebenso gelang es ihm, über die Glücksspielmentalität hinauszuwachsen, die die Musikbranche und die Hip-Hop-Kultur im Allgemeinen umgibt. Auf diese Weise konnte er neue Geschäftsideen ermitteln und nutzen. Die Werbeverträge und Lizenzvereinbarungen, die er in den letzten Jahren unterzeichnete, bringen ihm mehr ein als sein musikalisches Talent. Er hat sich seit jenem Tag, als er den ersten Scheck aus der Welt der Musik erhielt, immer wieder neu erfunden und in Bereiche wie Mode, Schuhe, Unterhaltung, Plattenlabels, Klingeltöne, Videos und sogar vitaminangereichertes Wasser vorgewagt. Diese Projekte generieren in einem Jahr Umsätze von über 50 Millionen US-Dollar. Doch der eigentliche Kick ist Folgendes: Das ertragsreichste aller seiner Projekte war bislang ein expandierendes Unternehmen für Energiedrinks. Er hält zehn Prozent an Glacéau, einem Hersteller von mit Vitaminen versetztem Mineralwasser aus Queens, was ihm mit einer einzigen Transaktion 400 Millionen US-Dollar einbrachte. 2007 bot Coca-Cola dem Unternehmen in einem Buyout 4,1 Milliarden US-Dollar an – nur drei Jahre, nachdem 50 Cent sich bereit erklärt hatte, für Glacéaus neues Vitaminwasser mit Traubengeschmack zu werden, das Formula 50 hieß (50 als Hommage an 50 Cent, aber auch, weil das Getränk 50 Prozent der von der US-Lebens- und Arzneimittelbehörde empfohlenen Tagesdosis an Vitaminen enthält).

Wer hätte gedacht, dass ein Rapper und Wasser so eine lukrative Mischung abgeben? Ich bezweifle, dass 50 Cent das Geld nehmen und sinnlos verprassen wird. Er kann sich jetzt wieder mal neu erfinden und in neue Projekte investieren, die weitere Transaktionen hervorbringen werden – jede Menge Chancen und neue Gespräche.

> Für ein One-Hit-Wonder gibt es keine Entschuldigung. Wer es einmal geschafft hat, muss erst recht hart arbeiten. Dann sollte man sich zehnmal so sehr anstrengen, um verschiedene Einnahmeströme zum Fließen zu bringen und sich immer wieder neu erfinden.

Stella B. ist ein weiterer Mensch, der mit sich selbst ein neues Gespräch begonnen hat – wenn auch zunächst nicht besonders erfolgreich und weit von jeglicher Berühmtheit entfernt. Sie wuchs in einer Familie der Mittelschicht in Los Angeles auf, umgeben von einer Aura der Popularität, die sie jedoch für sich nie anstrebte. Sie wollte schon sehr früh Ärztin werden. Bereits im Alter von fünf Jahren offenbarte sich ihre Neigung zur Naturwissenschaft, insbesondere zur Biologie, und alles schien gut zusammenzupassen – zumindest so lange, bis sie die High School abschloss. Sie hatte immer davon geträumt, sich eines Tages im weißen Kittel um Patienten zu kümmern. Sie wollte etwas bewirken und miterleben, wie die Medizin durch neue Technologien und Forschungsergebnisse Fortschritte machte. In ihrer Familie hatten schon andere die medizinische Laufbahn eingeschlagen, sodass es sich gut anfühlte, die Familientradition aufrechtzuerhalten. Sie nahm das als Berufung wahr und dachte, dass ein Abschluss in Medizin ihr eine gewisse Achtung und Bewunderung eintragen würde. Eine renommierte Ärztin zu werden – so stellte sich Stella berechtigte Popularität vor. Hinzu kam, dass sie eine gute Schülerin war und ihre Eltern es sich leisten konnten, sie auf gute Schulen zu schicken.

Doch als sie aufs College kam, wendete sich das Blatt. Plötzlich hatte sie Schwierigkeiten. Obwohl sie sich damals schon seit Jahren auf die Ausbildung zur Ärztin vorbereitet hatte, fielen ihr die naturwissenschaftlichen Fächer und Mathematik auf College-Niveau schwer. Die Pläne, die sie schon zehn Jahre lang geschmiedet hatte, wollten sich nicht so einfach verwirklichen lassen. Doch sie hielt die Ohren steif, blieb hartnäckig, machte weiter und versuchte, den Kopf über Wasser zu behalten. Sie richtete sich nach all den ungeschriebenen Regeln für angehende Medizinstudenten: Sie arbeitete im Labor, versuchte, ihren Namen in wissenschaftlichen Veröffentlichungen unterzubringen, tat freiwillig Dienst im örtlichen Krankenhaus, erlernte eine Fremdsprache, studierte breitgefächert, jedoch mit Schwerpunkt auf den Kursen, die am besten auf die medizinischen Prüfungen vorbereiteten, und dergleichen mehr. In den vier Jahren, in denen sie sich mit Chemie, Algebra und Physik beschäftigte, legte sie unzählige Nachtschichten ein – diese drei Fächer bereiteten ihr die größten Schwierigkeiten. Als sie am Ende des ersten Semesters die medizinischen Prüfungen erfolgreich abgelegt hatte, hielt sie sich für ziemlich fit. Die Träume vom weißen Kittel waren in greifbare Nähe gerückt. Meinte sie.

Wenige Wochen vor den Abschlussprüfungen im Folgejahr kam dann die große Enttäuschung: Keine einzige der medizinischen Fakultäten, an denen sie sich beworben hatte, schickte ihr einen Zulassungsbescheid. Es kamen nur Ablehnungen. Diese klare Zurückweisung war schwer zu verkraften. Sie war ihr ganzes Leben lang eine brave Schülerin gewesen, die immer alles genau „richtig" gemacht hatte, und jetzt, wo sich all die ordentliche Arbeit endlich auszahlen sollte, fand sie sich in einer Sackgasse wieder. Stella war am Ende und wusste nicht weiter. Ihre Beharrlichkeit hatte ihr nichts genützt. Das Gespräch, dass sie ihr halbes Leben lang mit sich geführt hatte, musste abgebrochen werden.

Ein solcher Schlag ins Kontor ist schwer wegzustecken. Manche Menschen versinken danach in einem Meer von Selbstmitleid und verlieren jedes Selbstwertgefühl. In so einer Situation muss man die Sachlage neu bewerten und sich selbst neu erfinden. Stella musste sich überlegen, was sie nach dem College anfangen wollte. Sie hatte keine Stelle in Aussicht und wusste auch nicht, wo sie sich umschauen sollte. Ob das Veranlagung war oder angelernt, jedenfalls schaltete Stella in den Überlebensmodus – und tat genau das, was ich Ihnen beibringen möchte. Sie machte eine Bestandsaufnahme ihrer Fähigkeiten und Interessen und versuchte, herauszufinden, wie sie alles, was sie in Vorbereitung auf das Medizinstudium gelernt hatte, in einem anderen Beruf anwenden konnte. Sicher hätte sie sich einen Job in der medizinischen Forschung suchen können, doch die Aussicht, Laborantin zu werden, konnte sie nicht begeistern. Das Leben sagte ihr offenbar, dass sie nicht Ärztin werden würde – zumindest nicht jetzt. In ein paar Jahren konnte sie sich erneut bewerben, doch bis dahin musste sie etwas anderes tun. Die Ablehnung war mehr als nur ein Zeichen – sie war ein Katalysator für Veränderungen.

Nicht lange darauf hatte Stella an Aha-Erlebnis. Sie hatte so viele Jahre lang Naturwissenschaften und Mathematik belegt, dass diese Fächer zu ihrem Kompetenzbereich gehörten, selbst wenn sie sie nun nicht auf medizinischem Gebiet anwenden würde. Ihre diesbezüglichen Kenntnisse verliehen ihr die einzigartige Fähigkeit zu kritischem Denken, zur Analyse und zur Problemlösung. Sie konnte einen komplexen Sachverhalt wie die Anatomie des menschlichen Herzens hernehmen und in seine Bestandteile zerlegen, um diese zu verinnerlichen. Sie konnte verhältnismäßig gut rechnen und Fachausdrücke in Alltagssprache übersetzen. Im Zuge ihrer Gewissensprüfung kam Stella so auf eine weitere Kompetenz: das Schreiben. Zwar hatte sie sich auf dem College für Biologie begeistert, aber auch ihren Hang und ihre Fähigkeit zum Lesen und Schreiben gepflegt. Wenn sie nicht gerade im naturwissenschaftlichen Unterricht saß, belegte sie eifrig Literaturkurse. Die Professoren hatten ihre Arbeiten gelobt und mitunter sogar durchblicken lassen, dass sie das Zeug zur Autorin hätte. Damals meinte sie noch, dass sie vermutlich medizinische Studien veröffentlichen würde. Nie hätte sie gedacht, dass die Äußerungen ihrer Dozenten den Weg vorzeichnen könnten, den sie am Ende einschlagen würde.

Zumindest so lange nicht, bis eine Absage nach der anderen ins Haus flatterte. Nun war guter Rat teuer. Rückblickend blieb Stella ihrer Ansicht nach nur eine Sache, die sie gut beherrschte und auch gern tat. Während manche ihrer Freunde im Herbst ihr Medizinstudium aufnahmen, schrieb sie sich für einen Schriftstellerkurs ein, der im Rahmen des Erweiterungsprogramms einer örtlichen Universität angeboten wurde. Sie zog wieder zu ihren Eltern und konzentrierte sich ganz aufs Schreiben. Zum ersten Mal machte es ihr Spaß, früh aufzustehen und hart zu arbeiten. Schon nach einem Monat spürte sie, dass Schreiben ihre wahre Berufung war. Um es kurz zu machen: Aus Stella wurde eine angesehene Wissenschafts- und Wirtschaftsautorin und dem Medizinstudium hat sie nie nachgetrauert.

Wenn Stella an die Jahre zurückdenkt, in denen sie sich mit Laborberichten und Bunsenbrennern herumschlug, bezeichnet sie sie als ihre Lehrjahre. In dieser Zeit erwarb sie eine Denkweise, die sich nur wenige andere Autoren aneignen konnten. „Ich wäre nicht in der Lage, zu tun, was ich heute tue, wenn ich nicht so fundierte naturwissenschaftliche und mathematische Kenntnisse hätte. Diese Fähigkeiten kommen mir täglich zugute – vor allem, wenn ich über ein Fachthema schreiben oder einen Arzt dazu bringen muss, komplexe Ideen oder Themen für jedermann verständlich zu formulieren. Ich möchte mit keinem anderen Menschen auf der Welt tauschen. Ich bin unabhängig und absolut autark."

Innerhalb von zehn Jahren schaffte Stella den Sprung von einer mit der Vorbereitung aufs Medizinstudium überforderten College-Studentin zur Redakteurin eines kleinen Verlagshauses und von dort zur Gründung ihres eigenen Schreib- und Redaktionsbüros. Begeistert lernt sie jeden Tag dazu und erweitert ihre Kenntnisse, wenn sie sich mit neuen Themen befasst – wie ein Arzt bei der Diagnose eines Patienten. Eines Tages versprach ich mich und redete ihr gegenüber von *harter Arbeit*. Prompt korrigierte sie mich.

„Harte Arbeit? Was für ‚harte' Arbeit? ‚Harte Arbeit' war, als ich noch versucht habe, Ärztin zu werden. Was ich jetzt mache, ist gar *keine Arbeit!* Es ist mein Lebensinhalt und ich liebe es."

Machen Sie Nägel mit Köpfen

All die Menschen, von denen ich bisher erzählt habe, mussten ihre Pläne nicht von Anfang an in allen Einzelheiten ausgearbeitet haben. Als 50 Cent im Keller eines Freundes anfing zu rappen und Plattenspieler verwendete, um Aufnahmen mit Instrumentalstücken zu hinterlegen, dachte er wohl kaum an Verträge mit Wasseranbietern oder Coca-Cola. Seine Kompetenzen hatten sich zuvor auf den Handel mit Drogen und auf Verstöße gegen das Gesetz beschränkt. Sobald er aber umgeschaltet hatte und sich *legalen* Deals und der Musik verschrieb, hatte er seine wahre Leidenschaft entdeckt … und war damit reicher geworden, als sich ein Drogenhändler je erträumen konnte. Stella B. konnte nicht wissen, dass sie eines Tages eine erfolgreiche Autorin sein würde, als sie sich noch durch stressige Vorbereitungskurse aufs Medizinstudium quälte.

Wenn Sie Ihre Ziele visualisieren – selbst wenn es sich dabei anfangs nur um wenige kurzfristige handelt –, ist die Wahrscheinlichkeit groß, dass Sie sie auch verwirklichen können. Gute Pläne müssen nicht hundert Seiten lang sein und ins letzte Detail gehen, doch jeder Plan sollte mit einer grundlegenden Liste von Zielen beginnen und mit einer vernünftigen Idee, wie diese zu erreichen sind. Das Wichtigste dabei ist, dass Pläne nicht in Stein gemeißelt sind. Man kann sie jederzeit ändern, wenn das die auf der Strecke gewonnenen Erfahrungen angezeigt erscheinen lassen.

Wenn Sie mithilfe der Übungen aus dem zweiten Kapitel eine oder zwei Ideen gefunden und eine realistische Vorstellung von Ihren Kompetenzen und Kenntnissen haben, müssen Sie als Nächstes die folgenden drei Aufgaben angehen:

1. Schätzen Sie das Ziel ab und beginnen Sie mit der Planung.
2. Entwickeln Sie einen Plan B.
3. Konzentrieren Sie sich auf das Positive und zeigen Sie sich anpassungsfähig.

Das Ziel abschätzen

Oft erscheinen uns unsere Ziele unerreichbar. Doch wenn Sie zu viel über den langen Weg nachgrübeln, der noch vor Ihnen liegt, und darüber den Spaß daran vergessen, kann es passieren, dass Sie sich mit Ihren Ängsten verzetteln und erschöpft aufgeben müssen. Wenn es dazu kommt, versuchen Sie, Ihr Ziel in kleinere Teilziele aufzusplitten. Ist Ihr Endziel zum Beispiel, Chef Ihrer eigenen Plattenfirma zu werden, wäre es praktisch, sich diesen Prozess als Weg vom ersten Schritt bis zur Ziellinie vorzustellen. Sie sollten sich damit befassen, wie Sie

Interpreten finden und sich anschließend überlegen, wie Sie andere Mitarbeiter wie Publizisten, Manager, Promoter und dergleichen auftreiben. Dann müssen Sie darüber nachdenken, wie Sie die Platten produzieren und vertreiben wollen.

Sollten Sie kein Ziel haben, versuchen Sie Folgendes: Setzen Sie sich zum Ziel, sich ein Ziel zu setzen! Das darf aber nicht einfach „Erfolg" sein. Das ist zu vage. Dass Sie erfolgreich sein wollen, setzen wir voraus. Das allein ist aber nicht die Hoffnung auf eine herausragende Leistung oder der Plan zum Erreichen eines konkreten Ziels. Erfolg ist vielmehr eine Einstellung, die den Wert Ihrer Person und der Dinge, die Sie tun, bestätigt. Es ist eine Geisteshaltung, die Ihnen Aufgeschlossenheit für neue Entdeckungen und stetige Weiterentwicklung vermittelt. Und ohne spezifische Ziele können Sie nicht auf Erfolg hinarbeiten.

> Sie können sich zum Ziel setzen, sich ein Ziel zu setzen. Das darf aber nicht einfach „Erfolg" sein. Erfolg an sich ist kein Ziel. Es ist eine *Einstellung*, die Sie in dem bestätigt, was Sie sind und was Sie tun. Gleichzeitig sorgt diese Haltung dafür, dass Sie offen dafür bleiben, mehr über sich selbst zu erfahren und sich laufend weiterzuentwickeln.

Sobald Sie ein Ziel haben, können Sie dieses in kleinere Schritte zerlegen und dann einen Aktionsplan schmieden. Egal, aus welcher Branche Sie kommen und auch, wenn Ihnen Ihre Ideen zunächst nicht spektakulär genug erscheinen, um damit an den Markt zu gehen – verwerfen Sie sie nicht. Hätte sich Howard Schultz nicht eine Welt ausgedacht, in der Kaffee und Coffeeshops Sex-Appeal besitzen, gäbe es heute kein Starbucks. Ein junger Mann, der in der Nähe eines Universitätsgeländes in Jackson, Mississippi lebte und arbeitete, eröffnete ein kleines Restaurant für Chicken Wings, und hatte damit schnell Erfolg. Was war so toll an dieser Idee? Nun, er verkaufte das Drumherum und nicht das Fleisch – mit einer Auswahl von 18 verschiedenen Saucen, sodass die Studenten immer wieder kamen.

Die Entscheidung für eine funktionierende Geschäftsidee ist der erste Schritt bei der Gründung eines Unternehmens. Hier ein paar Fragen und Ideen, die Ihre Kreativität anregen sollen. Manche davon werden wir an anderer Stelle noch einmal aufgreifen:

- Könnten Sie Ihren jetzigen Job auch selbstständig ausführen, ohne Angestelltenverhältnis?
- Könnten Sie ein Hobby zum Beruf machen?
- Könnten Sie eine Idee kopieren? Eine Idee muss nicht unbedingt neu oder originell sein. Schauen Sie sich an, was in anderen Ländern oder anderen Städten gemacht wird. Vielleicht kommen Sie so auf eine Idee, die in Ihrer Gegend noch nicht ausprobiert wurde. Halten Sie die Augen offen, sehen Sie die Nachrichten, bleiben Sie aufmerksam und überlegen Sie sich, wie Sie das Gesehene in eine Geschäftsidee umformulieren könnten.
- Suchen Sie sich Anregungen: Lassen Sie sich durch die Lektüre von Fachzeitschriften oder den Besuch von Messen und Ausstellungen zu Ideen inspirieren. Das könnte zur Keimzelle einer neuen Idee werden oder Sie auf Verbesserungsvorschläge bringen. Sammeln Sie Ideen durch Brainstorming mit Freunden und Angehörigen. Fordern Sie sie auf, sich etwas einfallen zu lassen (und wenn es sich noch so dumm anhört). Solche Sitzungen sollten nicht länger als

15 Minuten dauern. Sie sind als Ansatzpunkt zu betrachten, der Ihnen hilft, sich die Chancen vorzustellen, die Ihnen offenstehen.

Sie können sich für Ideen entscheiden, die auf Ihren Fähigkeiten beruhen. Sie können aber auch Märkte ausloten, die Sie für lukrativ halten. Der ideale Markt wäre einer, der wächst und Nischen bietet. Informieren Sie sich über die Konkurrenz und schätzen Sie diese richtig ein. Ermitteln Sie direkte Mitbewerber (sowohl geografisch als auch produktbezogen) und solche, die ähnlich oder am Rande vergleichbar sind. Das kann größtenteils online geschehen. Möglicherweise finden Sie im Internet sogar zu viele Informationen und wissen nicht, wie Sie diese sondieren sollen. Üben Sie sich in Geduld und lassen Sie sich Zeit. Versuchen Sie, die Ergebnisse Ihrer Recherchen in Bezug zu setzen zu der gesamten Branche. Auf diese Weise werden Ihnen zuverlässigere Projektionen gelingen und Sie werden Trends und branchenspezifische Überlegungen erkennen, die dazu beitragen, dass Sie Ihr Geschäft effektiver betreiben können. Durch Marktanalysen gewinnen Sie Informationen über potenzielle Kunden und Sie bestimmen die Nachfrage nach Ihrem Produkt oder Ihrer Dienstleistung. Branchenverbände, Fachpublikationen, Medienberichte, Informationen aus der Finanzwelt und die eigenen Marketingmaterialien und Webseiten anderer Firmen können geeignete Quellen sein, um solche Dinge in Erfahrung zu bringen und Konkurrenten nach Leistung und Position zu bewerten. Je mehr Sie wissen, desto größer Ihre Chancen, ein Segment des Marktes zu erobern.

Anschließend sollten Sie Ihre Kräfte darin investieren, etwas hervorzubringen, das die Menschen haben wollen, für dieses Produkt oder diese Leistung Geld zu nehmen und sicherzustellen, dass die Herstellungskosten für dieses Gut oder den Dienst niedriger sind als die von Ihnen berechneten Preise, damit Sie flüssig bleiben, um den Kreislauf in Gang zu halten. Für welche Geschäftsidee Sie sich auch entscheiden, überlegen Sie sich auf jeden Fall, wie diese im Internet funktionieren würde. Denken Sie dabei an Folgendes:

- Reiz für die Öffentlichkeit: Kann Ihre Idee so vermarktet werden, dass sie Kunden anlockt und deren Fantasie anregt?
- Logistik: Wie bringen Sie Ihr Produkt oder Ihre Dienstleistung am besten an den Mann – vor der Haustür und weltweit? Vergessen Sie nicht: Durch das Internet kann man sich Kunden erschließen, die auf der anderen Seite der Erde sitzen.

Ob Sie nun beschließen, mit der Planung Ihres eigenen Unternehmens zu beginnen oder auf die Schulbank zurückzukehren und einen anderen Beruf zu ergreifen, ich empfehle Ihnen auf jeden Fall, Ihre Pläne schriftlich auszuarbeiten. (Näheres zu Geschäftsplänen erfahren Sie im sechsten Kapitel). Vielleicht sollten Sie dazu einen Kalender verwenden, um Zielpunkte festzulegen. Die in die Planung investierte Zeit ist gut angelegt, weil Sie Ihre Effizienz steigert und Sie im Zuge des Planungsprozesses gezwungen sind, das Projekt in seiner Gesamtheit kritisch und objektiv zu betrachten. Es gibt eine ganze Reihe guter Bücher

Realitäts-Check: Die Welt ist voller begabter Menschen. Warum scheitert der eine und der andere hat Erfolg? Es sind die Wegeskizze und die Ziele, die Sie für sich festlegen, die es Ihnen ermöglichen, von Worten zur Tat und zum Erfolg zu gelangen.

zum Thema Geschäftsplanung und sogar Software-Produkte, die Sie dabei unterstützen.

Mit ihrer Hilfe können Sie die verschiedenen Aspekte des operativen Geschäfts und deren Wechselbeziehungen besser begreifen und leichter realistische Ziele und Verfahren zur Umsetzung des Geschäftsplans entwickeln. Besonders aufschlussreiche Webseiten sind das Startup Journal (www.StartupJournal.com) und das CareerJournal (www.Career-Journal.com) des *Wall Street Journal*.

Einen Plan B haben

Nicht immer läuft alles wie geplant. Doch Sie können nicht einfach loslegen. Sie brauchen ein Ziel und müssen den Weg dorthin planen. Dabei schlagen jedoch viele Pläne aus Gründen fehl, die sich unserem Einfluss entziehen. Nehmen wir an, Ihr Plan besteht darin, Football-Profi zu werden. Wenn Sie ein versierter Sportler sind und bereits in einer College-Mannschaft spielen, ist dieses Ziel gar nicht abwegig. Sollten Sie sich jedoch verletzen und deshalb nicht mehr spielen können, ist eine solche Verletzung dann kein Weltuntergang, wenn Sie parallel dazu noch studieren. Aus diesem Grund sollten Sie stets noch eine Alternative im Hinterkopf haben. Manchmal ist es klug, in mehr als ein Projekt zu investieren.

Vor ein paar Jahren lernte ich bei einem Bankett einen Mann kennen, der es in der Immobilienbranche weit gebracht hatte. Ich hatte mich auf diese Begegnung gefreut, da ich mich selbst für das Immobiliengeschäft interessierte, und wie sich herausstellte, hatte er dem persönlichen Kontakt mit mir ebenfalls mit Interesse entgegengesehen. Wir fanden sofort den richtigen Draht zueinander und unser Gespräch endete damit, dass wir die Gründung einer gemeinsamen Immobilienmakleragentur planten. Damals schien das eine todsichere Sache zu sein. Der Markt boomte, vor allem in Las Vegas, wo sich die Häuserpreise in kurzer Zeit verdoppelt und verdreifacht hatten. Die Chance, mit Immobilien schnell reich zu werden, war, sagen wir einmal, ausgesprochen realistisch, doch wie wir feststellen sollten, ebenso flüchtig. Las Vegas erlebte einen Goldrausch. Selbst aus Kalifornien kamen Kunden, die für wenig Geld Eigenheime kaufen wollten, die schon bald „garantiert" viel mehr wert sein würden. Zu einem Zeitpunkt gingen, wie ich erfuhr, pro Monat 4.000 Häuser über den Tisch. Daher ging ich natürlich davon aus, dass auch unser Maklerhaus Tausende von Transaktionen pro Monat über die Bühne bringen und die Courtage kassieren würde. Ich freute mich schon auf meinen Anteil an dieser Goldgrube. Meinem neuen Geschäftspartner erging es ganz ähnlich.

Doch alles Gute geht irgendwann zu Ende, vor allem, wenn es so gut ist. Wir planten die Maklerfirma im Jahr 2005 und bis wir sie eröffnet hatten, brach der Markt in Vegas schon schneller ein als ein herabfallender Ziegelstein. Ein typischer Fall von schlechtem Timing. Wir hatten bereits mehrere hunderttausend Dollar in das neue Unternehmen investiert, unter anderem in zwei Büros und in die Mitarbeiter, die wir eingestellt hatten. Diese hatten woanders gekündigt, um für uns zu arbeiten. Als sich die Abwärtsspirale auf dem Markt beschleunigte, ergriffen die Makler die Flucht. Über 26 Prozent der gerade erst zugelassenen Makler verließen den Markt. Häuser kamen unter den Hammer, weil ihre Eigentümer auf exotischen Hypothekendarlehen saßen – mit hundertprozentiger Finanzierung ohne Eigenkapital. Manche hatten zu knallharten Bedingungen Kredite aufgenommen. Als der Wert ihrer Immobilien sank, konnten sie diese nicht bedienen und ihre Häuser weder umschulden noch verkaufen. Wer versuchte, mit Verlust zu verkaufen, musste oft acht oder neun Monate warten, bis sich ein Käufer fand. Die Fachleute meinten, dass sich das Klima nur weiter verschlechtern könne. Mein Geschäftspartner und ich mussten eine Entscheidung treffen. Wir hatten unser Unternehmen noch gar nicht richtig eröffnet und verloren schon Geld damit. Unser Instinkt sagte uns, die Idee fallen zu lassen. Tatsächlich kann ich mich erinnern, dass wir auf der ersten von vielen Sitzungen abends so weit waren, einen Strich darunter zu machen. „Machen wir dicht", waren unsere Worte. Wir waren bereit, von Bord zu gehen und den Verlust mitzunehmen. Doch am nächsten Morgen hatten wir unsere Meinung alle beide geändert. „Nein, ziehen wir das durch. Machen wir weiter. Sehen wir, was wir tun können."

Wir fragten uns: Wo ist Geld zu verdienen? Unsere übereinstimmende Antwort war zunächst: „Nirgendwo." Doch damit gaben wir uns nicht zufrieden. Wir stellten Fragen, die uns dazu verhelfen konnten, das Unwetter auszusitzen und andere Wege zu finden, Gewinn zu machen. Wir überlegten, was wir anders machen konnten, um dennoch rentabel zu arbeiten. Wir hatten keine Einnahmen, doch jeden Monat fielen Verwaltungskosten an und die Gehälter für die Leute, die auf uns gesetzt hatten. Da viele Maklerbüros geschlossen wurden, mussten wir uns anpassen. Das bedeutete, wir mussten uns eine Dienstleistung überlegen, die noch benötigt wurde oder benötigt werden würde, *weil* sich der Markt so entwickelte.

„Warum werden wir nicht zum REO-Unternehmen?", schlug mein Partner vor. REO steht für Real Estate Owned und bezeichnet den Zwischenerwerb einer Immobilie. Das war eine geniale Idee. Wir würden dadurch im Grund zu einer Holding, die im Namen der Bank den Verkauf und Kauf von Immobilien übernahm, die zwangsvollstreckt wurden oder kurz davor standen. Das bedeutete, wir mussten uns an die Banken (als Darlehensgeber) wenden, die die Immobilien von solchen Eigentümern einzogen, die ihre Hypothekenraten nicht zahlen konnten. Wir boten ihnen an, für eine Provision als ihre Stellvertreter den Weiterverkauf der zwangsvollstreckten Immobilien zu betreiben. *Aha!*

Plan B funktionierte. Statt weiterhin den erlahmenden, trägen und gedrückten Immobilienmarkt durch die Produktion von Angebot auf der Seite von Eigenheimbesitzern/Verbrauchern zu bearbeiten, waren unsere Kunden nun Großbanken, die Millionenumsätze tätigen. Weil es eigentlich nicht zum Geschäftsfeld von Banken gehört, Häuser zu kaufen und zu verkaufen, waren wir für sie eine gute Möglichkeit, diese Dinge im eigenen Haus komplett uns zu überlassen und sich währenddessen um ihr Kerngeschäft zu kümmern. Lassen Sie mich das noch etwas genauer erklären. Wenn eine Bank eine Immobilie einzieht, braucht sie eine kompetente Maklerfirma, die sich um das Objekt kümmert – eine, die es betreut, nötige Reparaturen beauftragt, den Auszug der aktuellen Bewohner veranlasst und einen Käufer auftreibt. Weil wir die Häuser oft günstig verkaufen, kommt es mir oft so vor, als handelten wir mit dem amerikanischen Traum.

Heute zählen zehn Banken zu unseren Kunden und wir haben jeden Monat Immobilien im Wert von 30 Millionen US-Dollar im Bestand. Wieder ein Beispiel dafür, wie ich morgens aufwache und feststelle, dass ich noch mehr Geld auf der Bank habe. Über Nacht gingen drei, vier oder fünf Angebote für von uns gelistete Eigenheime ein. Und ich musste nur aufwachen und den neuen Tag begrüßen. Ich möchte sagen, dass sich die Gründung und die Investition in das REO voll rentiert haben. Wie gut, dass wir nicht abgesprungen sind. Stattdessen haben wir uns angepasst und einen Plan B entwickelt.

Das Beste daran ist aber, dass wir aufgrund der zu diesen Banken aufgebauten Beziehungen, zu denen manche der größten Finanzinstitute der Welt gehören, nun über eindrucksvolle Kontakte und Ressourcen verfügen, auf die wir künftig zurückgreifen können. Wir haben dadurch die Liste unserer Beziehungen für potenzielle künftige Vorhaben erweitert, unser Netzwerk ausgebaut und im Prinzip unsere Chancen vergrößert. Doch wir ruhen uns keinesfalls auf unseren Lorbeeren aus. Wenn einem eine Bank Immobilienbestände im Wert von Millionen von Dollar anvertraut, muss man Bestleistungen bringen. Mit weniger geben sich solche Kunden nicht zufrieden. Der Glaube an sich und das Selbstvertrauen spielen dabei eine wichtige Rolle.

Auf das Positive konzentrieren und anpassungsfähig sein

Jedes einigermaßen brauchbare Motivationsbuch wird ansprechen, dass man sich nicht auf das Negative, sondern auf das Positive konzentrieren soll. Wenn Sie keinen bessern Grund dafür finden können, überlegen Sie sich Folgendes: Wir können nicht an alles gleichzeitig denken – warum also nicht lieber an etwas Positives? Ich wiederhole mich damit, aber ich glaube, dass dies durchaus gerechtfertigt ist: Wenn sich ein Problem stellt, können wir den ganzen Tag über die schlimmen Dinge nachgrübeln, die eintreten könnten – oder wir denken darüber nach, was wir gewinnen können. Sobald wir uns auf das Positive konzentrieren, fällt es uns leichter, motiviert zu bleiben. Es ist dann auch einfacher, zu erkennen, wie man sich anpassen und die nötigen Veränderungen vornehmen kann, um weiter voranzukommen. Die Geschichten aus diesem Kapitel belegen das. Sun Tzu schrieb über die zeitlosen Grundsätze in seiner Abhandlung über das chinesische Militär, die er im sechsten Jahrhundert vor Christus verfasste. Beschaffen Sie sich doch ein Exemplar von „Die Kunst des Krieges". Sie werden Anpassung und Ausgleich dann besser einordnen können. Wenn Sie in der Lage sind, Ihre Strategie schnell zu ändern, rasch zu reagieren und dabei kaltblütigen Realismus zu bewahren, werden Sie gewinnen. Und dann werden auch Sie gefeiert. Garantiert.

Eine neue Idee ist empfindlich. Sie kann durch ein spöttisches Lächeln oder durch einen Gähnen abgetötet werden. Ein Witz kann ihr den Todesstoß versetzen oder das Runzeln einer bestimmten Stirn kann bewirken, dass sie in der Sorge erstickt.

– Charles Brower

4

Die Lüge vom Geld

Lüge: Ich muss erst mal Geld haben, damit ich welches verdienen und reich werden kann.

Wahrheit: Der Weg zur Million geht bei einem Euro los.

Angesichts der vielen Menschen, die sich mit Verbraucherkrediten überschulden, ihre Kreditkartenlimits ausreizen und von einer Gehaltszahlung zur nächsten leben, ist es kein Wunder, dass sich diese Lüge so hartnäckig hält. Psychologisch betrachtet wird es jemandem, der hoch in der Kreide steht, eher schwer fallen, über die aktuellen Sorgen hinaus zu denken und sich auszumalen, wie er im Privatjet herumfliegt, auf seiner großzügigen Veranda entspannt oder eine Platin-Kreditkarte besitzt, deren Abrechnung er jeden Monat pünktlich begleicht. Wer Probleme hat, seine Rechnungen zu bezahlen und seinen Chef bei Laune zu halten, der wird of kurzsichtig und kann sich nicht vorstellen, dass es ihm künftig besser gehen könnte. Vielleicht kann er nicht einmal mehr sehen, wie es für ihn von dort, wo er steht, weitergehen könnte – ganz unten nämlich, ohne jede Aussicht auf zusätzliche Einkünfte. Und der Gedanke ans Reichsein hilft einem nun einmal nicht weiter, wenn man Schulden hat.

Mit der Lüge von den Schulden befassen wir uns im folgenden Kapitel. Ja, man kann Schulden haben und trotzdem reich sein. Doch erst einmal müssen wir die Lüge vom Geld ausräumen: Wenn Geld zu Geld kommt, wie kann man dann reich werden, wenn man keins hat? Sind Sie bereit, die Wahrheit zu hören? Hier ist sie:

Die Wahrheit vom Geld

Sie brauchen gar nicht so viel Geld, wie Sie glauben. Der Weg zur Million beginnt mit dem ersten Euro.

Jede Erfolgsstory, ob groß oder klein, lässt sich auf bestimmte Wesenszüge, Gewohnheiten und Verhaltensweisen zurückführen. Und da erfolgreiche Menschen Dinge tun, die zu bestimmten Ergebnissen führen, ist es sinnvoll, ihre Handlungsweise nachzuvollziehen. Die Handlungen, um die es hier geht, wurden mir nicht etwa in Handbuchform vorgesetzt, als ich sechs Jahre alt war. Es kam nicht der große Zauberer von Oz in mein Zimmer und sagte: „Söhnchen, hier hast du die Regeln. Lies sie. Verinnerliche sie. Lebe danach." (Schön wär's!) Es gab keine Kurse, keine Kassetten oder Seminarreihen zur Vermittlung dieser nachhaltigen Lektionen – zumindest wären mir keine bekannt gewesen.

Stattdessen entdeckte ich die zeitlosen Geheimnisse des Reichtums mit der Zeit selbst. Ich lernte, dass der Weg zum Erfolg universell ist, doch auch sehr breit – sodass man auf verschiedenen Pfaden zu denselben Ergebnissen gelangen kann. Anders formuliert: Es gibt viele Methoden, um Spaghetti zu kochen. Wenn Sie mit zehn verschiedenen Menschen sprechen, bekommen Sie zehn verschiedene Rezepte. Was aber am Ende auf den Tisch kommt, sind immer noch Spaghetti. Und obwohl ihnen jeder Koch seine persönliche Note aufgedrückt haben mag, sind Spaghetti im Grunde eben Spaghetti.

In Anbetracht dessen möchte ich etwas ganz klarstellen: Ich habe oben davon gesprochen, dass Erfolg groß oder klein sein kann. Erfolg kann auch kurz oder süß oder lang oder von Dauer sein. Unterschiedliche Verhaltensmuster und Handlungen bestimmen, ob Ihr Erfolg kurzlebig ist oder ein Leben lang anhält.

So geraten viele Menschen nach einem unerwarteten Geldsegen oft wieder in die gleiche finanzielle Lage wie zuvor. Manche müssen sogar den Offenbarungseid leisten. Warum? Weil sie weder ihre Einstellung zum Geld noch ihr Ausgabeverhalten verändern, um den neu gewonnen Reichtum zu erhalten. Evelyn Adams hat in New Jersey nicht nur einmal, sondern sogar zweimal ganze 5,4 Millionen US-Dollar im Lotto gewonnen (1985, 1986). Heute ist das Geld weg und sie lebt in einem Wohnwagen. William „Bud" Post, der in Pennsylvania einen Lottogewinn von 16,2 Millionen US-Dollar einsteckte, lebt inzwischen von Sozialhilfe.

Menschen, die daran gewöhnt sind, jede Menge Geld zu haben und dieses verlieren, gewinnen dagegen alles und noch mehr wieder zurück, weil sie so denken, handeln und vorgehen, dass es stetem Reichtum förderlich ist. Zwar braucht man einige Zeit, um zu lernen, wie man ein Vermögen richtig verwaltet, doch im Grunde kann das jeder. Das ist keine komplexe Wissenschaft. Ein guter Ausgangspunkt ist, die Kontrolle über das Geld auszuüben, das man hat – einschließlich Schulden und Kredite. Sobald Sie sich einmal angewöhnt haben, richtig mit Geld umzugehen, wird es niemals wieder vorkommen, dass Sie pleite sind – ganz egal, wie viel Geld Sie künftig verdienen. Und wenn Sie tatsächlich eine Durststrecke erleben sollten, was im wirklichen Leben vorkommen kann, dann können Sie auf eben diese Methoden zurückgreifen, um wieder Fuß zu fassen. In diesem Kapitel gebe ich Ihnen verschiedene Strategien zur Maximierung Ihres Einkommens an die Hand. Wenn Sie das hier Gelernte anwenden, werden Sie nicht nur nach und nach Schulden abbauen, sondern schon bald die paar Euro auf der Seite haben, die Sie brauchen, um zu tun, was Sie schon immer tun wollten. Außerdem erfahren Sie, wie Sie jetzt und in Zukunft mehr aus Ihrem Geld machen können.

Sie wissen ja, der Weg zur Million beginnt beim ersten Euro.

Schulden – ein Unwort

Sie wissen, dass es schlecht ist, Schulden zu haben, doch vielleicht ist Ihnen nicht klar, dass nicht alle Schulden auf gleiche Weise entstehen. Es gibt gute und schlechte Schulden. Manche sorgen dafür, dass sich Ihr Bonitätsprofil verbessert während andere Ihre Kredit- und vor allem Ihre Glaubwürdigkeit untergraben. Die Grafik auf der nächsten Seite setzt Schulden in die richtige Perspektive.

Ändern Sie Ihre Einstellung und Ihr Einkommen

Der erste Schritt besteht darin, sich in Bezug auf Geld ein gesundes Verhalten anzutrainieren. Stellen Sie sich vor, wie es wäre, wenn Sie

Schulden: Die Guten ins Töpfchen, die Schlechten ins Kröpfchen

Schulden sind wie Cholesterin: Es gibt gute und schlechte. Die schlechten verstopfen Ihre finanziellen Blutbahnen, setzen sich im Laufe der Zeit als störender Belag fest und schneiden Sie buchstäblich von der Möglichkeit ab, Chancen wahrzunehmen. Die guten dagegen tragen dazu bei, die schlechten zu verringern, eröffnen aussichtsreiche Kanäle und fördern insgesamt Ihre finanzielle Gesundheit.

„Schlechte"	„Gute"
• Kreditkartensalden, auf die hohe Zinsen anfallen	• Kreditkartensalden mit niedrigem Zins, die vernünftig verwaltet werden
• In Vergessenheit geratene langfristige Kredite (z. B. BAföG)	• Vernünftig verwaltete Darlehen und Hypotheken
• Schulden, die gemacht werden, um einen gewissen Lebensstil zu finanzieren	• Schulden, die dem Aufbau von Vermögen dienen (Hebelwirkung)
• Unbezahlte Rechnungen, Inkassi	
• Aufgelaufene Schulden, die nicht getilgt werden	

Wenn Sie sich in der linken Spalte wieder finden – mit hohen Schulden, ohne Vermögenswerte und mit begrenztem Einkommen –, sollten Sie sich vornehmen, auf die rechte Seite hinüberzukommen. Wenn Sie jedoch gar keine Schulden haben, gibt es dafür nur ein Wort: übel.

gar nicht darüber nachdenken müssten, Ordnung in Ihre Finanzen zu bringen, weil Sie ganz automatisch wüssten, was zu tun ist, um Ihr Ziel zu erreichen. Wäre das Leben nicht viel leichter (und weniger stressig), wenn Sie sich nicht ständig darauf konzentrieren müssten, auch ja immer das Richtige zu tun, um Ihre Träume zu verwirklichen?

Ich vergleiche das gern mit einer Diät. Diäten sind etwas für Menschen, die nicht darauf trainiert sind, automatisch so zu denken, dass sie instinktiv gesund leben. Die große Mehrheit all jener, die kerngesund sind und Jahr um Jahr ihr Idealgewicht halten, denken gar nicht viel darüber nach, was sie essen und wie oft sie Sport treiben müssen. Warum? Weil sie einen Lebensstil praktizieren, der ihrer Gesundheit und ihrer Fitness entgegenkommt. Sie brauchen die Struktur einer Diät nicht, weil sie bereits darauf programmiert sind, gesund zu leben.

Die Kraft der Gedanken ist groß, weshalb wir dort ansetzen müssen, wenn wir im wirklichen Leben Resultate sehen wollen. Nachdem Geldprobleme ganz oben auf der Liste der Stressfaktoren stehen, gehe ich davon aus, dass wir über Geld in der Regel eher negativ denken – Geld ist von übel, Geld ist schwer zu verdienen, Geld mag mich nicht, weil ich nicht genug davon zusammenbringe, damit ich mich wohl und „erfolgreich" fühlen kann. Kommt Ihnen das bekannt vor? Nun, wir wollen sehen, ob wir dieses negative Denken nicht umdrehen können, indem wir Ihnen eine andere Wahrnehmung von der Rolle des Geldes in Ihrem Leben vermitteln. Wir sind uns wohl alle dahingehend einig, dass Geld gleichbedeutend ist mit Freiheit, Bildung und Bequemlichkeit. Es ermöglicht uns, zu wachsen, unabhängig zu werden, zu lernen und der Welt insgesamt nützlich und dienlich zu sein. Eine positive Beziehung zu Geld ist oft der erste Schritt zur Linderung finanzieller Belastungen und zur Durchführung der notwendigen Veränderungen, um neuen Chancen, Siegen und Erfolgen Tür und Tor zu öffnen.

Wie aber ändert man seine Denkweise? Beginnen Sie, indem Sie sich jeden Tag positive Aussagen über Geld vorsagen – ebenso wie über sich selbst. Sagen Sie sich, dass Geld gut ist. Geld kanalisiert Leistung. Geld ermöglicht Ihnen, was Sie mit Ihrem Leben anfangen möchten. Verstehen Sie mich nicht falsch, Geld ist keinesfalls ein Maßstab für Erfolg, doch es ist ein Mittel, das uns dazu verhilft, ein erfülltes Leben zu führen. Wie ich bereits klargestellt habe – zu erreichen, was wir wollen, beginnt beim ersten Euro.

Wir alle werden unwissend geboren, doch es gehört viel dazu, dumm zu bleiben.

– Benjamin Franklin

Wer stets unter seinen Verhältnissen lebt, der macht nicht Pleite

Das ist ein Rat, den wir oft hören, doch allzu gerne ignorieren. Tun Sie das nicht länger. Um Ihre Finanzen in den Griff zu bekommen, müssen Sie eine ganze Reihe kleiner Schritte unternehmen. Manche davon werden Ihnen anfangs unangenehm sein. Wenn Sie daran gewöhnt sind, über Ihre Verhältnisse zu leben, wird es schwer, Ihren Lebensstil und Ihre Gewohnheiten zu ändern. Doch das ist notwendig. Beginnen Sie mit kleinen Veränderungen bei Ihren täglichen und monatlichen Ausgaben. Führen Sie 60 Tage lang Buch über alle Einnahmen und Ausgaben. Notieren Sie alles, was Sie ausgeben – vom Kleingeld für den Automaten bis zur Rate fürs Auto. Setzen Sie sich nach Ablauf dieses Zeitraums hin und begutachten Sie Ihre Aufzeichnungen. Sie werden auf den ersten Blick erkennen, wofür Sie unnütz Geld ausgeben. Dazu gehört kein großer Sachverstand. Wir alle wissen ganz genau, welche Dinge wirklich nötig sind und welche nicht. Auf dieser Grundlage können Sie einen realistischen Haushaltsplan aufstellen und übriges Geld für Kreditkartenabrechnungen verwenden und sparen. Sie möchten allen wichtigen finanziellen Verpflichtungen nachkommen und gleichzeitig Schulden abzahlen und Ersparnisse anlegen.

Es gibt viele Ressourcen, die Ihnen helfen, Ihre Schulden zu managen und Sie darauf hinweisen, wo Sie Ihr Geld falsch ausgeben. Meine Empfehlungsliste dazu finden Sie auf meiner Website (www.farrahgray. com). Neben taktischen Tipps zu allen Aspekten des Schuldenmanagements einschließlich Fallstricken wie Unternehmen, die „Vorschusskredite" anbieten, und dem Teufelskreis des Zahlungsverzugs geben Ihnen solche Hilfsmittel auch Ratschläge dazu, welche Kreditkarten Sie als Erstes in Angriff nehmen sollten, welche als Zweites, als Drittes und so weiter. Ihre Finanzen auf Vordermann zu bringen und Ihre Schulden anzupacken, gehen Hand in Hand. Seien Sie nicht zu ungeduldig mit sich. Die eigenen Schulden anzuerkennen und zusammenzurechnen (in der Finanzsprache bezeichnen wir Schulden als Verbindlichkeiten), kann eine ausgesprochen heikle und emotionale Erfahrung sein. Dieser Schritt ist jedoch notwendig. Egal wie belastet Sie durch Sollsalden auch sein mögen, es gibt immer noch Möglichkeiten, etwas anzusparen und sogar Altersvorsorge zu betreiben. Im Endergebnis werden Sie nicht nur buchstäblich reicher sein, sondern Sie werden sich auch *reicher* fühlen. Ganz bestimmt. Es gibt nichts Erfrischenderes als die Erkenntnis, dass man niemandem Geld für Dinge schuldet, die bereits verbraucht oder nichts mehr wert sind.

Wie viel Sie sparen sollten? Nun, so viel wie möglich, ohne dass Sie sich zu stark eingeschränkt fühlen – so, als dürften Sie sich nie wieder ein Stückchen Kuchen oder ein Eis genehmigen. Wir verfolgen keinen Alles-oder-nichts-Ansatz – da wäre das Scheitern vorprogrammiert. Doch Sie müssen ja keine Unsummen ausgeben, um anständig zu leben. So mancher müsste gar nicht unbedingt mehr verdienen, sondern lediglich das vorhandene Geld besser verwalten. Mit steigendem Einkommen erhöhen sich immer auch die Ausgaben. Studien belegen, dass Menschen umso mehr Geld ausgeben, je mehr sie verdienen. Sparfüchse wissen, dass die schönsten Dinge des Lebens gar nichts kosten, sondern nur etwas Zeit und Liebe erfordern. Sie wissen auch, dass die zweitschönsten Dinge des Lebens – die materiellen, die so viel Spaß machen – clever erworben und dann lange, wenn nicht gar für immer, genossen werden können. Jeder kann seinen Lebensstil ändern, egal wo er steht. Manche Menschen verdienen 20.000 US-Dollar im Jahr und beklagen sich nicht.

Ich rate Ihnen, nach Möglichkeit 10 bis 15 Prozent Ihres Nettogehalts auf die hohe Kante zu legen. Peilen Sie 15 Prozent, legen Sie aber nur zehn zurück, wenn es in einem Monat knapp wird. Nehmen Sie sich aber fest vor, 15 Prozent beiseite zu legen, wenn Sie wieder mehr Geld übrig haben. Je mehr Sie verdienen, desto weiter setzen Sie den Prozentsatz herauf, um noch mehr zu sparen. Bei einem Jahreseinkommen von 50.000 US-Dollar sollten Sie rund 20 Prozent davon erübrigen können. Und vermeiden Sie es, Ihre Ausgaben sofort entsprechend zu erhöhen, sobald Sie mehr verdienen. Natürlich ist Ihr Budget dann etwas flexibler und Sie können Ihren Lebensstil etwas aufwändiger gestalten, doch ein geringfügig höheres Einkommen ist kein Freibrief dafür, nach Lust und Laune Geld auszugeben.

Vergessen Sie nicht, kluge Sparer – Menschen, die Vermögen aufbauen – wissen, wie man gut lebt, ohne jeden Monat an sein finanzielles Limit zu stoßen. Bedenken Sie auch – vor allem, wenn Sie gerade am Monatsende Ihr letztes Geld zusammenkratzen –, dass es auf jeden Euro ankommt. Das haben Sie sicherlich schon gehört, doch man kann es gar nicht oft genug wiederholen. Suchen Sie lieber 500 Wege, einen

Euro zu sparen, statt einen Weg, um 500 Euro zu sparen. Bringen Sie sich Ihr Mittagessen von jetzt an von zu Hause mit, meiden Sie Cafés, begrenzen Sie Ihre Ausgaben im Einzelhandel und bei Online-Käufen (wie Musik-Downloads, Kleidung, Elektronik) und überlegen Sie sich, ob Sie für den elektronischen Zahlungsverkehr nicht lieber eine Karte benutzen sollten, deren Umsätze direkt Ihrem Girokonto belastet werden, sodass Sie nicht mehr Geld ausgeben können, als da ist. Senken Sie Ihre Stromrechnung, indem Sie zu Hause Lampen und Computer ausschalten, wenn Sie sie nicht brauchen. Führen Sie eine 48-Stunden-Regel ein, nach der Sie Unnötiges (Güter oder Dienstleistungen, die Sie nicht für den täglichen Bedarf brauchen), das mehr als 50 Euro kostet, erst kaufen, wenn Sie sich gründlich überlegt haben, wozu. Darunter fallen Haushaltswaren, Elektronik, Spielereien, Kleidung, Hobbybedarf, Computersoftware und -spiele und eben alles nicht Lebensnotwendige, wofür Sie sonst noch gern Geld ausgeben. Sie sollten in der Lage sein, alle Ihre Rechnungen – einschließlich Kreditkartenabrechnungen – jeden Monat vollständig zu begleichen. Können Sie das nicht, stellen Sie fest, warum. Irgendwo rinnt Ihnen Geld durch die Finger.

Sie müssen einen realistischen Plan aufstellen und sich den Dingen widmen, die Sie auf jeden Fall ganz einfach umsetzen und beachten können. Ändern Sie Ihre Gewohnheiten aus gutem Grund – und auf Dauer. (Mehr Hilfen zum Abbau von Schulden finden Sie im Ressource Guide auf meiner Website.)

Ein nützlicher Schachzug ist manchmal auch, jeden Abend das Kleingeld beiseite zu legen, das sich angesammelt hat. Wenn Sie jeden Tag all ihre Centstücke in eine Dose werfen, kommen am Monatsende 20 bis 30 Euro zusammen. Im Laufe eines Jahres sind das insgesamt 300 Euro oder mehr, die Sie zur Tilgung von Schulden verwenden oder für eine spätere Anschaffung auf ein Sparkonto legen können.

Fragen Sie sich: Brauche ich ...?

Designerkleidung: Kaufen Sie nichts, ohne vorher im Internet Preise zu vergleichen! Zahlen Sie nie den vollen Preis. Kaufen oder verkaufen Sie Designerklamotten im Lagerverkauf oder gebraucht. Achten Sie mehr auf die Qualität des Materials als auf den Namen auf dem Label.

Designer-Telefone: Entscheiden Sie sich für ein einfaches Handy mit Standardfunktionen und ohne viel Schnickschnack wie Textnachrichten oder Internetzugang, die teuer kommen können. (Und selbst wenn solche Features im Angebot „enthalten" sind, ist das Angebot sicher nicht günstig!) Versuchen Sie, eines zu finden, das Sie brutto weniger als 50 Euro pro Monat kostet.

Was 10 bis 15 Prozent bedeutet:

Wenn Sie 30.000 Euro pro Jahr verdienen, sind 10 Prozent 3.000 Euro. Wenn Sie 40.000 Euro verdienen und davon 10 Prozent sparen, sind das 4.000 Euro Wenn Sie Ihre Sparquote auf 15 Prozent erhöhen können, kriegen Sie schon 6.000 Euro auf die Seite. In jedem Fall ist das ein hübsches Sümmchen, das da jedes Jahr angespart wird. Wenn Sie selbstständig sind und Immobilieneigentum haben, dürfte Ihnen das maximale Steuervorteile bringen, sodass Geld zurückfließt, das Ihrem Perpetuum mobile zur Vermögensbildung zugute kommen kann. Einfach gesagt, je mehr Sie sparen können, desto rascher vergrößert sich Ihr Vermögen.

Automatisieren Sie diesen Prozess:

Sobald Sie ausgerechnet haben, wie viel Sie zur Deckung Ihrer Verbindlichkeiten aufwenden können, sollten Sie diese Zahlungen automatisieren, damit das Loch gestopft wird, ohne dass Sie daran denken müssen! Bei den meisten Banken kann man dafür mittlerweile Daueraufträge oder Einzugsermächtigungen einrichten. Das kostet Sie nur einen Anruf. Damit verlagern Sie Ihre Konzentration vom Negativen – Schulden – zum Positiven – Vermögensaufbau. Und während Sie daran arbeiten, Ihr Leben neu zu erfinden, schmelzen die Schulden und Sie können Ihre Aufmerksamkeit ganz Ihren Zielen widmen statt Ihrem Status quo.

Was für und gegen Kreditkarten spricht

Wie viele Kreditkarten haben Sie? Sind diese sämtlich bis zum Limit belastet? Kreditkarten zu beantragen wird durch Sofortzulassung immer einfacher, vor allem, wenn Sie den Antrag online stellen [1]. Die von einer Bank ausgestellten Karten finden Sie umgehend in Ihrem Briefkasten – selbst auf den Namen Ihrer Katze oder Ihres Hundes.

Es ist sicherlich wichtig, Kreditkartensalden unter Kontrolle zu haben. Ebenso wichtig ist es aber, zu wissen, wie man eine Kreditkarte zum eigenen Vorteil nutzt. In letzter Zeit ist diese Zahlungsweise etwas in Verruf geraten, weil sie so oft zur dauerhaften Verschuldung von Verbrauchern führt. Vielleicht denken Sie ja fälschlicherweise, dass Sie ganz ohne Kreditkarten besser dran sind. Doch das stimmt nicht! Es ist lediglich viel leichter, die mit Kreditkäufen verbundenen Privilegien zu

[1] In den USA.

missbrauchen als ihre vielfachen Segnungen zu nutzen, die Ihnen helfen können, Vermögen aufzubauen und Vermögenswerte zu erwerben.

Kreditkarten sind der Weg, Ihre Kreditwürdigkeit zu belegen, die im Grunde Ihren Ruf in Bezug auf Ihren Umgang mit Schulden bestimmt. Wenn Sie nicht nachweisen können, dass Sie mit Schulden umgehen können, wird es sehr schwierig für Sie, ein Darlehen für eine Immobilie, eine Unternehmensgründung oder weitere Kredite zu erhalten.

Realitäts-Check: Der Einsatz von Kreditkarten sollte fester Bestandteil im Leben jedes Menschen sein. Tatsächlich ist es nahezu unmöglich, reich zu werden, ohne Kreditkarten zu verwenden.

Vielleicht ist das sogar eine Hürde beim Sprung in den Traumjob. Ein schlechtes Kreditprofil beeinflusst außerdem, wie hoch die Zinsen ausfallen, die man Ihnen bietet, und in manchen Fällen sogar Ihre Aussichten, solide Versicherungspolicen zu günstigen Prämien zu erhalten. Vermieter, potenzielle Arbeitgeber und Autohändler interessieren sich bekanntlich ebenfalls für Ihre Kreditwürdigkeit, bevor sie sich für oder gegen Sie entscheiden.

Wenn Sie über sich bisher noch nie eine Kreditauskunft eingeholt haben und nicht wissen, wie Ihr Scorewert aussieht – eine dreistellige Zahl[2], die Ihre Kreditwürdigkeit angibt –, sollten Sie umgehend eine umfassende Kreditauskunft (einschließlich Scorewert) einholen und an Ihrem Kreditprofil arbeiten.

2) Zahl zwischen 0 und 1.000.

In den USA können Sie sich auf Websites wie www.MyFico.com umfassen über Ihre Bonität informieren und darüber, welche Auswirkungen diese jetzt und in Zukunft auf Ihre Finanzen hat. Eine Gratisauskunft erhalten Sie unter www.AnnualCreditReport.com. Dort können Sie Ihre eigenen Profile von den drei Kreditbüros in jedem Zwölfmonatszeitraum einsehen. (Sie können sie aber auch unter 877-322-8288 telefonisch anfordern; Näheres dazu auf meiner Website.) Meiden Sie Unternehmen, die behaupten, Ihr Kreditprofil für Sie verbessern zu können. Was solche Firmen können, können Sie auch, und deren Dienstleistungen sind mitunter kostspielig. In diesem Zusammenhang rate ich auch von Dienstleistern zur Bonitätsüberwachung ab. Sie sollen selbst die Verantwortung für die Überwachung Ihres Kreditprofils übernehmen, was Sie ganz leicht tun können, indem Sie einmal im Jahr Auskünfte einholen und Ihren Scorewert prüfen. Wenn Sie die Aufgabe der Bewertung Ihrer Bonität zeitweilig auf andere übertragen, ist das genauso, als würden Sie sie komplett ignorieren. Je eher Sie sich für alles interessieren, was Ihre Finanzen betrifft, desto eher werden Sie die gewünschten Ergebnisse erzielen. So wenig wie ein anderer für Sie duschen, sich richtig ernähren oder Sport treiben kann, so wenig kann er sich um Ihr Soll und Haben kümmern. Da müssen Sie schon selbst Hand anlegen.

Wie viele Karten sollte ich haben?

Bei der Umstrukturierung Ihrer Kreditkartenschulden geraten Sie womöglich in die Versuchung, sich auf eine oder zwei Karten festzulegen. Diesen Ansatz kann ich nicht gutheißen. Sie *denken* vielleicht, dass Sie Ihre Schulden (und das Eingehen neuer Verbindlichkeiten) besser im Griff haben, wenn Sie weniger Karten besitzen, doch das ist alles relativ. Mir wäre lieber, Sie würden mit drei oder vier Karten geschickt umgehen, als sich auf eine zu beschränken, auf die Sie dann in jedem Falle angewiesen sind. (Wenn Sie aber acht, neun oder mehr Karten haben, sollten Sie auf jeden Fall versuchen, die Anzahl auf vier zu reduzieren.) Behalten Sie dabei unbedingt die Karten mit der längsten Historie, da diese Ihren Scorewert verbessern können – selbst wenn die Salden nicht so gut gemanagt wurden. Stellen Sie fest, welche Karten Sie am längsten haben. Geben Sie diese auf keinen Fall zurück. Kümmern Sie sich vorrangig darum, diese Salden in den Griff zu bekommen.

Wenn Sie zu den Menschen gehören, die aufgrund ihrer Vorgeschichte keine Kreditkarte bekommen, gibt es einen Trick: Beantragen Sie bei Ihrer Hausbank zwei Kreditkarten auf Guthabenbasis, die im Grunde über eine Verknüpfung zu Ihren Bankguthaben im Voraus gedeckt sind. Bei einer Kreditauskunft erscheinen solche Karten ebenso, als hätte Ihnen ein Kreditinstitut eine Kreditlinie eingeräumt. Wenn Sie mit diesen Karten auf Guthabenbasis nachweislich vernünftig umgegangen sind, wird Ihnen schon bald wieder eine Bank Kredit gewähren.

Kann ich meine Zukunft auf Pump finanzieren?

Wer davon spricht, eigene Mittel zu investieren, um sein Unternehmen in Schwung zu bringen, der meint damit häufig Kreditmittel. Immer wieder hört man von Leuten, die Ihre Kreditkartenlimits ausschöpfen, Zweithypotheken oder Kredite auf ihre Häuser aufnehmen und jedes weitere Kreditangebot nutzen, das ihnen unterbreitet wird, um Büroausstattung zu finanzieren oder gar den eigenen Lebensunterhalt während der Arbeit an einem Roman, einem Drehbuch oder der Teilnahme an einem unbezahlten Praktikum. Es gibt zahllose Geschichten über

Menschen, die große Erfolge verbuchten, nachdem Sie Ihre Träume zunächst auf Kredit finanziert und riskiert hatten, eine sichere Zukunft gegen einen potenziellen Schuldenberg einzutauschen. In solchen Fällen muss aber alles funktionieren. Von den Geschichten, die schlimm ausgehen, hören wir dagegen nur selten. Hinzu kommt, dass wir nach zehn Jahren der billigen Kredite fälschlicherweise den Eindruck haben, dass sich jeder finanzielle Engpass durch Kreditaufnahme überwinden

 **Realitäts-Check:** Finanzielle Probleme lassen sich nicht immer durch Kredite lösen.

lässt. Das ist wohl kaum der Fall. Dieses „leichte Geld" macht möglich, dass Schulden auflaufen. Es könnte aber eine Zeit kommen, in der die Kreditkosten wieder steigen und neue Spielregeln verlangen, dass wir uns ehrlich eingestehen, wie viel Kredit wir verkraften können und uns auf Worst-Case-Szenarien einstellen.

Leider kann ich diesbezüglich nicht mit verbindlichen Regeln dienen. Obwohl der Filmemacher und Hollywood-Mogul Robert Townsend seinen ersten Film vor über zwanzig Jahren überwiegend mit Kreditkarten finanzierte, gibt es viele Geschichten, bei denen beste Absichten ins finanzielle Verderben führen. Muten Sie sich nicht mehr zu, als Sie verkraften können, denn Kreditkartenschulden häufen sich rasch und verfolgen Sie lange (wenn nicht bereits geschehen). Wenn Sie eine Kreditlinie ausschöpfen müssen – insbesondere eine, die an Ihr Heim und Ihren Lebensunterhalt geknüpft ist –, und die Mittel nicht in absehbarer Zeit wieder zurückzahlen können, und zwar mit Zins und Tilgung, dann sollten Sie diese lieber erst in Anspruch nehmen, wenn ein steter Geldstrom eingeht. Cashflow kann für Ihre finanzielle Gesundheit eine größere Bedeutung haben als Kreditkonditionen!

Sich in ein neues Fachgebiet einzuarbeiten oder Kompetenzen in einer Branche zu entwickeln, in der Sie unbedingt tätig werden wollen, kann kostspielig werden. Vielleicht müssen Sie Hilfsmittel erwerben, Seminare oder Konferenzen besuchen und Ähnliches. Passen Sie dabei genau auf, wofür Sie Ihr Geld ausgeben. Ich werde Ihnen nicht vorschreiben, was Sie tun oder lassen sollten. Das müssen Sie schon selbst entscheiden, denn es gehört zum eigenverantwortlichen Leben dazu. Ich will Ihnen aber ein

Cash geht vor **Kredit**. Es ist einfacher, den Cashflow zu erhöhen, als Kreditschulden abzutragen.

paar Anregungen geben, die Sie in die richtige Richtung weisen sollen. In erster Linie sollten Sie aktiv werden. Lassen Sie sich nicht durch zahllose Übungsrunden ausbremsen, die Sie davon abhalten, zu reagieren.

Sofort mehr Geld verdienen

Sie wissen jetzt also, dass Sie lieber darüber nachdenken sollten, wie Sie Ihren Geldeingang erhöhen könnten, als darüber, möglichst viele Kreditquellen anzuzapfen. Hier drei Möglichkeiten, Ihr Einkommen sofort und problemlos zu steigern:

1. Setzen Sie eine Gehaltserhöhung durch.
2. Schaffen Sie sekundäre Einkommensströme.
3. Machen Sie Klarschiff (und verkaufen Sie alles Überflüssige auf eBay oder veranstalten Sie einen privaten Flohmarkt).

Wie Sie Ihr Gehalt erhöhen können

Ob Sie nun für eine Firma arbeiten, bei der der finanzielle Spielraum nach oben begrenzt ist, oder ob Sie sich nicht trauen, mehr Geld zu verlangen, es gibt für Sie trotzdem zahlreiche Möglichkeiten, die Sie ausloten können. Ich habe die Überschrift für diesen Abschnitt ganz bewusst so formuliert, denn es geht nicht darum, dass Sie abwarten sollen, bis jemand kommt und Ihnen mehr Geld in die Hand drückt. Einkommenssteigerungen kommen nicht von allein. Sie werden Ihnen *nicht gegeben*, sondern von *Ihnen* erworben

- Bereiten Sie sich auf ein Gehaltsgespräch mit Ihrem Chef vor. Sie dürfen nie stillschweigend voraussetzen, dass Sie nicht um mehr Geld bitten dürfen, aber Sie sollten dafür eine Strategie parat haben. Schließlich wollen Sie kaum am Montagmorgen um neun im Büro Ihres Chefs aufkreuzen und sagen „Also, ich brauche [oder will] mehr Geld." Denken Sie mal darüber nach. Wenn jemand zu Ihnen käme und sagte „ich brauche" oder „ich will", würden Sie sich natürlich in die Defensive gedrängt fühlen. Warum? Weil das Worte sind, die sich auf Ihr Gegenüber beziehen, dem Sie nun irgendwie entgegenkommen sollen. Wird ein Anliegen so an Sie herangetragen, werden Sie kaum geneigt sein, dem anderen das Gewünschte ohne Abstriche zuzugestehen. Genauso geht es Ihrem Chef. Es gibt einen richtigen und einen falschen Weg, wenn man sein Gehalt erhöhen will.

Manche Menschen finden Gehaltsverhandlungen unangenehm und meiden Sie – buchstäblich um jeden Preis. Doch Sie müssen den Mut zu einem solchen Gespräch sofort aufbringen, nicht erst in einem Jahr. Das Erfolgsgeheimnis besteht darin, zunächst schriftlich auszuarbeiten, was Sie sagen wollen. Heben Sie konkrete Leistungen und Ergebnisse hervor, die Sie in der Vergangenheit erzielt und durch die Sie das Unternehmen vorangebracht haben. Schildern Sie, was Sie künftig für das Unternehmen tun möchten. Behalten Sie klar im Auge, was Sie erreichen möchten, konzentrieren Sie sich dabei aber ganz auf Ihren Chef, seine Firma und was Sie für beide tun können. Überlassen Sie es nicht dem Chef, die Höhe der Gehaltssteigerung zu bestimmen. Schließlich interessiert er sich nicht für Ihr Problem, sondern nur für seine eigenen. Deshalb müssen Sie Gehaltsverhandlungen aufziehen wie ein Verkaufsgespräch. Sie sind der Verkäufer und er ist der Käufer. Sie verkaufen Ihre Fähigkeit, für ihn zusätzliche Probleme zu lösen, was mit einem höheren Preis verbunden ist. Machen Sie ihm möglichst genau klar, welche Probleme Sie Ihrer Ansicht nach lösen können. Finden Sie heraus, womit Sie Ihrem Chef das Leben leichter machen könnten. Versuchen Sie, diese Lücke zu füllen. Werden Sie konkret. Sie dürfen ruhig große Versprechungen machen.

Wenn Sie keine Vorstellung davon haben, wie viel Sie verlangen sollten, fragen Sie Kollegen nach dem durchschnittlichen Umfang einer Gehaltserhöhung und verlangen Sie mehr. Wussten Sie, dass die meisten Arbeitgeber besondere Achtung vor Mitarbeitern haben, die mehr Gehalt für sich herausschlagen? Sie zeigen damit, dass Sie willensstark und engagiert sind und unternehmerisch denken. Sie sitzen nicht einfach da und akzeptieren, was man Ihnen vorsetzt. Stattdessen werden Sie aktiv, setzen sich durch und handeln in

Ihrem besten Interesse. Ein solches Auftreten entspricht der Haltung, die ein Unternehmen bei seinen Mitarbeitern sehen möchte. Sie sagt aus, dass Sie im besten Interesse der Firma handeln, solange die Firma Sie in ihrem eigenen Interesse gut behandelt. Von einer solchen Beziehung profitieren beide Parteien.

Lassen Sie Ihren Chef auf jeden Fall zumindest wissen, dass Sie vorwärts kommen und mehr fürs Unternehmen erreichen möchten. Wenn Sie in einem großen Unternehmen arbeiten, können sich neue Chancen oft schon dadurch eröffnen, dass Sie Ihrem Chef Gelegenheit geben, Sie besser kennenzulernen. Er wird sich an Sie erinnern und Sie womöglich für größere Projekte und künftige Aufstiegsmöglichkeiten in Betracht ziehen.

Steuertipp: Sie möchten mehr Gehalt auf dem Konto haben, ohne Gehaltserhöhung oder Überstunden? Wenn Sie jedes Jahr eine Steuerrückzahlung erhalten, zahlen Sie vermutlich zu viel Einkommensteuer. Sie lassen zu, dass sich Vater Staat für ein Jahr zinslos Geld von Ihnen leiht. Dieses Geld sollten Sie lieber behalten und verwenden, um Schulden zu tilgen und/oder zu sparen beziehungsweise zu investieren. Zu ändern, wie viel Ihnen vom Gehalt abgezwackt wird, ist ganz einfach. Sie müssen nur ein neues Formular W-4 ausfüllen (erhältlich unter www.irs.gov)[1], um höhere Freibeträge in Anspruch zu nehmen. Setzen Sie die Beträge aber nicht zu hoch an, damit Ihnen am 15. April nicht eine Nachzahlung ins Haus flattert.

1) Nach in den USA gültigem Steuerrecht, mit deutschem Steuerrecht nicht vergleichbar.

- Prüfen Sie, ob Sie bei anderen Unternehmen oder Arbeitgebern für die gleiche Arbeit, die Sie jetzt verrichten, mehr Geld verdienen könnten. Bleiben Sie mobil! Wenn es Ihnen an Ihrem jetzigen Arbeitsplatz gefällt und Sie sich wohl fühlen, aber das Gehalt nicht reicht, um die Rechnungen zu bezahlen, und Ihnen wird woanders mehr geboten, sollten Sie Ihren Hut nehmen.

- Machen Sie Überstünden. Schon eine Stunde mehr pro Tag summiert sich übers Jahr zu einem netten Mehrbetrag. Erkundigen Sie sich nach Sonderprojekten, an denen Sie sich beteiligen können, für die sich die Überstunden lohnen. Wenn Sie auch nicht zum Unternehmer geboren sind, so doch vielleicht zum sogenannten *Intrapreneur* – einem „Unternehmer im Unternehmen"? In dieser Funktion genießen Sie die Freiheit unternehmerischen Handelns innerhalb der Sicherheit eines Angestelltenverhältnisses. Technisch betrachtet sind Sie Mitarbeiter eines Unternehmens mit Zugang zu den Ressourcen und Möglichkeiten einer größeren Organisation, die Sie nutzen können, doch haben Sie dabei oft mehr Flexibilität, Dinge nach Ihren Vorstellungen zu erledigen, und können bei bestimmten, auf Ihre einzigartigen Kompetenzen und Fähigkeiten zugeschnittenen Projekten eine halbunabhängige kreative Rolle übernehmen. Sie richten sich nach den Vorgaben Ihres Unternehmens, dürfen sich jedoch auf Innovation konzentrieren und einen Traum oder eine Idee in ein lukratives Geschäft verwandeln. Natürlich hat das Unternehmen den größten Nutzen von Ihren Erfolgen, doch es erlaubt Ihnen auch, ein hoch geschätztes Teammitglied innerhalb der Organisation zu werden, was sich in jeder Hinsicht so anfühlt, als wären Sie genau dort, wo Sie hingehören. Für viele Menschen ist dieses Szenario ideal. Ein Beispiel dafür ist Ursula Burns, die Xerox als ihre Familie bezeichnet und sich nicht vorstellen kann, irgendwo anders

152

zu sein. Manche solchen „Unternehmer im Unternehmen" arbeiten von Zuhause aus, genießen dabei aber alle Vorzüge eines Angestelltenverhältnisses wie Beiträge zur Krankenversicherung und zur Altersvorsorge, bezahlten Urlaub und Krankengeld. Eine solche Tätigkeit ist für all jene geeignet, die den Schritt in die Selbstständigkeit aus irgendeinem Grund nicht tun wollen. Als Intrapreneur bringen Sie die Dynamik und Energie eines Lebens als Unternehmer in ein ansonsten statisches Umfeld. Sie arbeiten kreativer und eigenverantwortlicher, ohne dabei auf das Gefühl der Sicherheit zu verzichten, das die Zugehörigkeit zum Unternehmen mit sich bringt. Eine solche Tätigkeit kann auch ein Sprungbrett sein für einen Mitarbeiter, der noch nicht richtig „flügge" ist. Sie kann ihm das nötige Selbstvertrauen vermitteln, um sich irgendwann ganz auf eigene Füße zu stellen.

- Berechnen Sie höhere Sätze, wenn Sie als Berater tätig sind, und lassen Sie sich nach Stunden honorieren. Viele haben ein schlechtes Gewissen, wenn sie ihre Preise erhöhen. Das sollten sie nicht. Schließlich erhöht man Ihnen auch laufend die Preise – an der Tankstelle, für die Miete, für das Kabelfernsehen und für Versicherungen. Warum also sollten Sie sich weiterhin mit Sätzen zufrieden geben, wie Sie sie schon 1999 bekamen? Genehmigen Sie sich eine Erhöhung. Ihre Kunden werden Ihnen kaum freiwillig aus lauter Großherzigkeit mehr Geld zahlen.

Schaffen Sie sich ein zweites Standbein

Es zahlt sich aus, kreativ ans Geldverdienen heranzugehen. Wenn Sie in Ihrem derzeitigen Beruf die Verdienstmöglichkeiten ausgeschöpft haben, sollten Sie vielleicht versuchen, Ihre Erfahrungen zu nutzen, um nebenbei eine Beratungstätigkeit auszuüben oder freiberuflich zu arbeiten. Sie können die Fähigkeiten und Kompetenzen, die Sie sich ohnehin aneignen, einsetzen, um nebenbei ein Geschäft aufzubauen und einen zweiten Einnahmestrom auszulösen, der Ihr Bankkonto aufpolstert. Vielleicht verdienen Sie mit dem zweiten Standbein ja schon bald mehr Geld als mit dem ersten! Dann wissen Sie, dass Sie Ihren derzeitigen Job getrost an den Nagel hängen und sich ganz auf die Entwicklung Ihres eigenen Unternehmens konzentrieren können. Ich habe das immer wieder erlebt. Denken Sie nur an die Geschichte von dem 75-jährigen Künstler, der spät erkannte, dass er gerne malte. Und sobald er sich aufs Malen verlegte und sein gottgegebenes Talent einsetzte, stellten sich auch schon konkrete Ergebnisse ein – Beifall und Lob für seine Arbeiten, aber auch Angebote, seine Werke für 5.000 US-Dollar pro Stück zu erwerben.

Haben Sie bei Ihrem Arbeitgeber einen 401(k)-Plan [1]? Wenn Sie nebenberuflich in die Selbstständigkeit starten und Ihren Vollzeitjob noch behalten, ist es möglich, die betriebliche Altersvorsorge über einen 401(k)-Plan zu beleihen. In der Regel können Sie sich einen Prozentsatz Ihres Geldes bis zu maximal 50.000 US-Dollar vorschießen lassen. Die Zinsen dafür liegen normalerweise bei rund sechs Prozent und es wird ein konkreter Rückzahlplan festgelegt. Der Nachteil einer Beleihung Ihres 401(k)-Plans: Wenn Sie Ihren Arbeitsplatz verlieren, muss das Darlehen rasch getilgt werden, oft innerhalb von 30 Tagen. Diese Option ist also dann für Sie geeignet, wenn Sie wirklich gut auf die Unternehmensgründung vorbereitet sind und selbstständig so viel verdienen, dass Sie Verbindlichkeiten aus solchen Arrangements kurzfristig zurückzahlen können.

Als drittes Standbein schließlich bezeichne ich, wenn Sie Ihre Fähigkeiten für eine größere Veranstaltung nutzen, die viel Geld auf einmal

---

[1] Für die USA typische betriebliche Altersvorsorge.

einbringt. Damit meine ich ein Seminar, einen Kurs, eine Konferenz oder einen Kongress. Sogar gesellschaftliche Ereignisse oder Konzerte kommen dafür infrage. So habe ich als Zeitschriftenverleger zum Beispiel in der Vergangenheit Veranstaltungen abgehalten, die interessante Einnahmequellen erschlossen haben – manchmal so erfolgreich, dass ich mit dem verdienten Geld einen Großteil der für das Herausbringen der Zeitschrift jährlich anfallenden Aufwendungen decken konnte. Die Zeitschrift *Essence* macht das jedes Jahr mit ihrem großen Musikfestival. Sie verlangt Eintrittsgelder zwischen 45 bis 100 US-Dollar, um beliebte Entertainer und Künstler wie Beyoncé oder Lionel Richie zu bieten und ein paar Vortragsredner wie mich. P. Diddy begann seine Karriere als Launemacher auf Partys – lange bevor seine Auftritte nur noch den ganz großen Stars vorbehalten waren.

Weil sich an solchen Veranstaltungen in der Regel mehr Menschen beteiligen, können Sie auch mehr daran verdienen. Wenn es Ihnen gelingt, 1.000 Teilnehmer anzuwerben, die jeweils 50 US-Dollar zahlen, haben Sie damit schon die Raum-, Werbungs- und Personalkosten abgedeckt und es bleibt noch ein nettes Sümmchen übrig.

Verkaufen, verkaufen, verkaufen

Machen Sie sich keine Illusionen. Selbst wenn Sie hohe steuerliche Vorteile geltend machen können, werden Sie kaum das große Geld damit verdienen, Ihren Besitz online zu versteigern oder auf dem Flohmarkt zu verkaufen (es sei denn, Sie finden eine Nische und verkaufen einzigartige Artikel; Informationen über „eBay-Millionäre" finden Sie auf Seite 209). Wir wollen realistisch bleiben: Gebrauchtwaren, die Ihre Schränke, die Garage, den Keller, den Dachboden oder gemietete Lagerräume füllen, werden kaum von Sotheby's als Auktionsobjekte nachgefragt werden oder Sie auf der *Antiques Roadshow* von Ihren Geldsorgen erlösen. Sie können jedoch mithilfe Ihrer Freunde und Nachbarn (die vielleicht Chanel-Taschen oder Brioni-Anzüge loswerden möchten) und die den Verkauf nur allzu gerne Ihnen überlassen, einen altmodischen Garagenflohmarkt als Kommissionsgeschäft aufziehen.

Ich schlage Ihnen das vor, weil es Sie auf Ihrem Weg zum Erfolg maßgeblich unterstützen kann, wenn Sie Ballast loswerden, sich von den modischen Spielereien früherer Tage trennen und Platz schaffen wollen. Zum einen wird all der überholte Schnickschnack, für den Sie einst ordentlich zur Kasse gebeten wurden, dafür sorgen, dass Sie sich künftig besser überlegen, wofür Sie Ihr Geld ausgeben. Zum anderen tut es Ihrer Psyche gut und verleiht Ihnen Energie, wenn Sie loswerden, was Sie unbewusst belastet und Ihren Seelenfrieden gestört hat. Außerdem erkennen Sie dadurch vielleicht, dass materieller Besitz nicht glücklich macht. Das wird sich künftig ebenfalls positiv auf Ihr Ausgabeverhalten auswirken und Ihren gesamten Lebensstil verändern. Einer der größten Vorteile ist aber vielleicht, dass Sie schließlich leeren Raum bemerken, der förmlich danach schreit, in ein Profit-Center verwandelt zu werden. Stellen Sie sich vor, wie Sie in Ihrer Garage oder im Keller ein Büro einrichten, um Ihre Leidenschaften zu Geld zu machen.

Was Sie tun müssen, um morgen mehr Geld zu verdienen

Die beiden wichtigsten Methoden zur künftigen Maximierung Ihres Einkommens sind die folgenden:

1. Sorgen Sie für passives Einkommen.
2. Engagieren Sie sich in Ihrem Job oder machen Sie sich selbstständig.

Wie Sie Ihr Geld im Schlaf verdienen

Passives Einkommen ist Geld, für das Sie keine direkte Leistung erbringen müssen. Sie haben die Voraussetzungen dafür geschaffen, dass die Geldmaschine in Schwung kommt. Diese arbeitet dann rund um die Uhr wie ein gut geölter Motor und generiert immer mehr Geld, das Sie nur noch einsammeln müssen. Das klingt zu schön, um wahr zu sein?

Manche Arten des passiven Einkommens sind Ihnen vermutlich bekannt – etwa Einkünfte aus der Vermietung eigener Immobilien, Lizenzgebühren für eine Erfindung oder eine kreative Leistung oder Empfehlungsmarketing. Sie erinnern sich sicher an die Geschichte über mein Immobilienunternehmen aus dem dritten Kapitel. Ihm verdanke ich, dass jeden Morgen, wenn ich aufwache, schon ein paar Transaktionen angelaufen sind. Es verlangte Geduld, ein paar Beinaheunfälle und verschiedene größere Anpassungen, damit dieses Unternehmen in Schwung kam, doch es hat sich enorm ausgezahlt. Für mich gibt es keine schönere Art, geweckt zu werden, als die Vorfreude auf den nächsten Tag.

Praktisch alle Wohlhabenden haben irgendeine Form passiver Einkünfte. Je eher Sie anfangen, sich zu überlegen, wie Sie sich mehr passives Einkommen verschaffen, desto eher können Sie die Früchte Ihrer Arbeit genießen. Logistische Erläuterungen zur Beschaffung passiven Einkommens sprengen zwar den Rahmen dieses Buches, doch ich möchte Sie auf jeden Fall mit den möglichen Varianten passiver Einkünfte bekannt machen, die Sie in Betracht ziehen sollten – wenn nicht jetzt, dann in der Zukunft. (Bücher und Empfehlungen zu anderen Medien, die Sie dazu anleiten, passives Einkommen zu generieren, finden Sie auf meiner Website.) Mit Immobilien befasst sich das siebte Kapitel, aber zwei andere wichtige Kategorien passiven Einkommens, die eine ganze Reihe von Möglichkeiten bieten, möchte ich an dieser Stelle noch ansprechen.

Tantiemen sind eine Art des passiven Einkommens, die sich fortlaufend aus in der Vergangenheit geleisteter Arbeit ergeben. Dazu gehören:

- Unternehmens- oder andere Berater, die Berichte oder Handbücher mit ihrem Know-how und Ratschläge zu bestimmten Themen oder Fachgebieten verfassen, die sie dann online oder im Direktvertrieb verkaufen können.
- Fitnesstrainer, die Videos oder Workout- und Ernährungshefte produzieren und diese online oder in den Fitness-Centern anbieten, in denen sie arbeiten.
- Fotografen, die ihre Fotos über Agenturen verfügbar machen und Gebühren kassieren, wenn jemand ein Foto kauft.
- Einzelhändler, die so weit sind, dass sie vertrauenswürdige Geschäftsführer einstellen und selbst eine Produktlinie auf den Markt bringen können
- Restaurantbesitzer, die Kochbücher oder Markenprodukte für den Lebensmittelverkauf kreieren.
- Verkäufer aus dem Empfehlungsmarketing oder dem Direktvertrieb, die durch ihre Direktkunden laufende Einnahmen beziehen, wenn diese jeden Monat Produkte nachbestellen – klassische Beispiele dafür sind Avon, Mary Kay, Tupperware und Herbalife.

Wie Sie sehen, gibt es viele unterschiedliche Wege zur Erzielung passiven Einkommens in einer Vielzahl von Branchen. Dabei kann es sich um laufende Einkünfte durch Bestandskunden oder um den Vertrieb eines Produkts an Neukunden handeln. Dafür ist mitunter geringer bis gar kein persönlicher Einsatz erforderlich – etwa im Falle des übers Internet vertriebenen Ratgebers. Vielleicht müssen Sie aber auch persönlich in Aktion treten – wie der Vertreter, der seine Kunden anruft, um sie an ihre monatlichen Bestellungen zu erinnern und nachzufragen, ob sie eventuell Änderungen vornehmen möchten. Dabei sind verschiedene Arten des passiven Einkommens zu unterscheiden. Manche erfordern mehr Engagement, um Einkünfte zu erzielen – z. B. bei einem Coach oder Berater, der eine Monatspauschale erhält, bei einem Immobilienmakler, der Häuser herzeigt und Käufer und Verkäufer durch den Prozess begleitet, oder der Leiterin eines Partyservice, die einem heimischen Unternehmen jeden Montag ein Mittagessen liefert. Solches Einkommen bietet zwar willkommene Stabilität, hat aber seine natürlichen Grenzen. Ihre Ertragskapazität beruht auf Ihrer Produktionskapazität, die sich aus Zeit und physischen Realitäten ergibt. (Der Tag hat nun mal nur eine begrenzte Anzahl von Stunden, in denen Sie persönlich eine Dienstleistung erbringen oder zur Herstellung eines Produkts beitragen können.)

Als gehebeltes Einkommen bezeichnet man es, wenn Sie an der Arbeit anderer verdienen. Sie hebeln mit deren Leistung Ihren Gewinn. Beispiele dafür sind:

- Verkäufer im Empfehlungsmarketing, die weitere Mitarbeiter anwerben und auf deren Umsätze Provisionen erhalten.
- Generalunternehmer, die Leistungen untervergeben und daraus eine Gewinnspanne erzielen.
- Maklerunternehmen, die prozentual am Geschäft der mit ihrer Agentur verbundenen Immobilienmakler beteiligt sind.
- Franchisegeber, die Lizenzen auf ihre Marken und Geschäftsmethoden an andere Unternehmer vergeben und dafür wiederkehrende Zahlungen erhalten, die sich in der Regel aus einem Prozentsatz des Bruttoumsatzes oder des Bruttogewinns sowie einer jährlichen Gebühr zusammensetzen. Das ist die ultimative Form gehebelten

Einkommens: Wenn es Ihnen gelingt, Ihre bewährte Art der Geschäftstätigkeit gegen Geld an andere weiterzugeben, indem Sie ein selbst entwickeltes Unternehmenskonzept hernehmen und im Rahmen von Franchiseverträgen kopieren lassen, kann das für Sie der ganz große Wurf sein. Stellen Sie sich vor, Sie erfinden das nächste 7-Eleven, McDonald's, AAMCO Transmissions, Merry Maids, Pizza Hut, Supercuts oder UPS. Und jedes Mal, wenn jemand tun möchte, was Sie tun, erhalten Sie einen Anteil am Gewinn.

Gefallen Ihnen diese Vorschläge? Dann kehren Sie doch noch einmal zu den drei Fragen zurück, die ich Ihnen im zweiten Kapitel gestellt habe, und überlegen Sie sich Folgendes:

- Können Sie ein Produkt/eine Dienstleistung kreieren, das/die die Menschen immer wieder kaufen?
- Können Sie andere engagieren, um Ihr Produkt/Ihre Dienstleistung an den Mann zu bringen?
- Wie könnten Sie an der Arbeit anderer verdienen?

Die Beantwortung dieser Fragen wird Sie anregen, darüber nachzudenken, wie Sie Ihre potenziellen passiven Einnahmequellen finden können. Sobald Sie die Antworten, die Sie im zweiten Kapitel gefunden haben, mit diesen Überlegungen abstimmen, wird vor Ihren Augen ein Plan entstehen.

Machen Sie Ernst mit Ihrem Job

Macht Ihnen Ihre derzeitige Tätigkeit Spaß? Können Sie sich vorstellen, Sie auch in fünf, zehn oder gar zwanzig Jahren noch auszuüben? Wenn

Sie immer noch keine klare Vorstellung oder Vision davon haben, womit Sie sich tagein, tagaus beschäftigen werden, müssen Sie weitere Fragen stellen.

Nichts sollte Sie davon abhalten, an neue Türen zu klopfen und den Eintritt zu wagen, selbst wenn Sie mehr als einmal ins Straucheln kommen. Viele erfolgreiche Menschen haben diese Erfahrung unzählige Male gemacht – so oft, dass die „extremen Fehlschläge der extrem Erfolgreichen" schon fast ein Klischee sind.

Eine der besten Misserfolgsgeschichten in der amerikanischen Geschichte (die in „Great Failures of the Extremely Successful" von Steve Young ausführlich beschrieben wird) ist von Abraham Lincolns Weg ins Weiße Haus: 1831 scheiterte sein Unternehmen. 1832 verlor er die Wahl in die gesetzgebende Versammlung. 1833 folgte ein zweiter geschäftlicher Misserfolg. 1836 erlitt er einen Nervenzusammenbruch. 1838 verlor er die Wahl zum Speaker. 1840 verlor er die Wahl zum Elector. 1843 verlor er die Wahl in den Kongress. 1848 verlor er die Wahl in den Kongress. 1855 verlor er die Wahl in den Senat. 1856 verlor er die Wahl zum Vizepräsidenten. 1858 verlor er die Wahl in den Senat. 1860 wurde er zum Präsidenten der Vereinigten Staaten gewählt. **Was, wenn Lincoln aufgegeben hätte?**

> **Realitäts-Check:** Es ist noch kein Meister vom Himmel gefallen. Egal, auf welchem Niveau Sie sich in dieser Welt sehen – Sie haben die Freiheit, das zu ändern. Und das ist viel wert.

Babe Ruth wuchs in einem Waisenhaus auf, bevor er bei 1.330 Versuchen 714 Home Runs schaffte und zur Baseball-Legende wurde. 1854 wurde Elvis Presley nach nur einer Vorstellung vom Grand Ole Opry gefeuert. Der Geschäftsführer meinte: „Du hast keine Zukunft, mein Junge. Arbeite lieber wieder als Lastwagenfahrer." Und der großen Oprah Winfrey wurde gesagt, als sie zu Anfang ihrer Karriere ihren Job als Reporterin verlor: „Sie haben nicht das Zeug fürs Fernsehen."

Die Lektion (die ich noch mehrmals wiederholen werde): Ohne Einsatz kein Gewinn. Wenn Sie kein Wagnis eingehen wollen – ein Thema, um das es im nächsten Kapitel geht –, werden Sie bleiben, wo Sie sind. In Fortune-500-Unternehmen, die Jahr um Jahr Erfolge hervorbringen, herrscht ein sehr ausgeprägtes Bewusstsein dafür, dass Durchbrüche auf Fehlschlägen aufbauen. Man forscht, experimentiert, langt ab und zu daneben, und fängt wieder von vorne an. Dort weiß man, dass es Innovation erfordert, wenn man an die Spitze gelangen will. Dafür muss man Risiken eingehen, Ängste überwinden und Dinge tun, die anfangs schwer fallen. Geht etwas schief, lässt man es fallen, lernt daraus, was zu lernen ist, und ruft: „Das Nächste bitte!" Nichts anderes sollten auch Sie als Einzelner tun.

Ihr Geld befindet sich bereits in Umlauf

Sobald Sie Ihre Schulden- und Kreditprobleme im Griff haben, werden Sie feststellen, dass Sie mehr Geld auftreiben können denn je – selbst wenn sich Ihr Einkommen nicht verändert hat. Wenn ich gefragt werden: „Okay, Farrah, was nun? Ich habe ein paar Dollar, doch es reicht nicht. Wo ist jetzt das Geld, das ich brauche, um mein Geschäft ins Rollen zu bringen?", dann sage ich: „Dein Geld ist schon in Umlauf. Du musst nur zugreifen."

Niemand kann sagen, dass er Geld braucht, um Geld zu verdienen. Sicher sind wir uns einig, dass einen Vorsprung genießt, wer mit seiner Idee einen Angel-Investor, einen Wagniskapitalgeber oder eine Anschubfinanzierung ins Boot holen kann. Doch was, wenn nicht? Dann müssen Sie eben klein anfangen. So einfach ist das.

Denken Sie an mich: Ich habe mit bemalten Steinbrocken begonnen. Und ich habe damit Geld verdient. Ich habe mit einem Dollar angefangen und eine Million daraus gemacht. Und schon bald stand mir ohne Weiteres eine weitere Million als Investitionskapital zur Verfügung.

Die meisten Menschen, die über eine Unternehmensgründung nachdenken, lassen sich in Bezug auf die Finanzierung ihres Vorhabens einer von zwei Gruppen zuordnen: 1)Diejenigen, denen davor graut, sich Geld zu leihen, und die fest davon überzeugt sind, dass ihnen kaum Quellen für Startkapital zur Verfügung stünden, selbst wenn sie versuchen würden, ein Darlehen zu beantragen und 2) diejenigen, die glauben, dass Geld kinderleicht aufzutreiben sei und es unendlich viele Quellen für – meist kostenlose – Mittel gebe. Die Wahrheit liegt in der Mitte.

Erstens gibt es Geld nicht umsonst. Viele Unternehmer träumen von Zuschüssen für die Gründung eines Unternehmens. Dabei gilt, dass die meisten staatlichen Zuschussprogramme in Wirklichkeit Darlehen sind, Beteiligungen oder Kreditgarantien. Ebenso gilt, dass auch Gelder, die

Sie nicht zurückzahlen müssen, erhebliche Investitionen von Zeit und Recherchearbeit erfordern. Zuschüsse können zur Unternehmensfinanzierung herangezogen werden, doch geschenkt wird Ihnen nichts.

Entgegen der landläufigen Meinung werden die meisten jungen Unternehmen vom Eigentümer selbst durch private Investitionen finanziert. Solche Menschen sind nicht reich und können nicht mit großen Summen um sich werfen. Sie erhalten auch keine besonderen Vorrechte in Bezug auf die Finanzierung ihrer Hoffnungen und Träume. Diese Menschen finanzieren ihre Träume – wie die meisten selbstständigen Unternehmer – durch engagierte Arbeit, Kreativität und die Unterstützung von Freunden und Familie. Es ist viel einfach, aus eigenen Quellen wie Ersparnissen und Menschen aus dem engeren persönlichen Umfeld Geld aufzutreiben, als seine Geschäftsidee potenziellen Investoren und Fremden schmackhaft zu machen, die Sie nicht kennen. Und genau aus diesem Grund machen viele ja auch ihr erstes Geschäft mit Familie und Freunden. Und stellen Sie sich vor: Um solches Startkapital zu mobilisieren, brauchen Sie kein Geld.

Es stimmt, dass zur Erforschung, Entwicklung und Umsetzung mancher Produkte und Dienstleistungen mehr Geld erforderlich ist als für andere – vor allem, wenn man sich auf einem bestimmten Gebiet wie Kommunikation betätigt. Doch das müssen Sie ja nicht. Gehen Sie Schritt für Schritt vor. Springen Sie nicht in einem Satz bis an die Ziellinie. Wenn Sie von alltäglichen Gegenständen ausgehen, die in Ihrem Umfeld vorhanden sind, und daraus auf der Grundlage Ihrer persönlichen Begabungen Ideen gewinnen, brauchen Sie dazu nicht viel Geld – zumindest nicht viel mehr, als Sie mit Ihrer bisherigen beruflichen Tätigkeit verdienen. Natürlich brauchen Sie Geld zum Leben, doch was ich sagen will, ist, dass Sie nicht so viel brauchen, wie Sie vielleicht denken. Mehr Geld als für das Lebensnotwendige – Essen und ein Dach über dem Kopf – ist gar nicht nötig. Wenn Sie so viel haben, können Sie klein anfangen und darauf aufbauen.

Eine meiner ersten Unternehmungen brachte mir sage und schreibe neun Dollar ein. Nachdem ich Steine feilgeboten hatte, ging ich dazu über, in der Nachbarschaft Body Lotion zu verkaufen, die ich im Badezimmer aus unbenutzten Flaschen unter dem Waschbecken selbst zusammenrührte. Meine letzte Kundin wollte kein Wechselgeld haben. Sie sagte, sie wolle in meine Zukunft investieren. Damals hatte ich noch keine Ahnung, was das Wort „investieren" bedeutete. Aber ich wusste, dass mir noch 999.991 Dollar zur ersten Million fehlten. Heute mache ich ganz andere Geschäfte, bei denen es um weitaus größere Summen geht, doch jene frühen Tage meiner Karriere als Geschäftsmann habe ich nicht vergessen. Alles, was ich heute habe, verdanke ich jenen ersten Dollars und Cents, die mir auf den Weg geholfen haben.

Realitäts-Check: Man braucht schon Geld, um Geld zu verdienen, doch das dürfen Sie nicht falsch verstehen, denn das Geld ist bereits da. Es wartet nur darauf, dass Sie sich Zugang verschaffen. Ihr Geld ist in diesem Moment schon im Umlauf. Sie müssen es nur aufspüren.

Letztes Jahr habe ich im *Wall Street Journal* die erheiternde Geschichte von Markus Frind gelesen. Dieser Mann hat eine Online-Community aufgebaut und *bingo* – sich zum Pionier im Internet-Partnervermittlungsgeschäft entwickelt. Mittlerweile betreibt er bequem von seiner

Wohnung im kanadischen Vancouver aus mit www.PlentyofFish.com eine der meistfrequentierten, lukrativsten Internetseiten überhaupt. Er ist einziger Mitarbeiter eines Unternehmens, das ein kostenloses Kennenlernforum anbietet. Wer hätte gedacht, dass eine Dating-Seite unter all den Kuppel-dot-coms, die schon seit Jahren existieren, so einschlagen würde? Nun, Freund Frind hat herausgefunden, dass es da draußen mehr Dating-Interessierte gibt, als von einer Website erfasst werden

$

Realitäts-Check: Fangen Sie klein an, aber denken Sie groß. Ein Beispiel: Sie können nicht gut eine Zeitschrift auf den Markt bringen, weil Sie dafür Tausende, wenn nicht gar Hunderttausende an Startkapital brauchen würden. Doch Sie können ein Online-Magazin herausbringen, das nur Zeit, Mühe und den Erwerb einer Domain voraussetzt. Auf diese Weise können Sie für wenig Geld und in kurzer Zeit einen Abonnentenstamm aufbauen. Sobald Ihnen das gelungen ist, müssen Sie nur auf das Geld zugreifen, das bereits in Umlauf ist. Sie verfügen über einen wachsenden Bestand an Daten und können auf dieser Grundlage weitere Produkte verkaufen. Selbst wenn Sie sich im Kopf bereits einen großartigen Plan zurechtgelegt haben, kann es nicht schaden, diesen abzutippen und anderen zu lesen zu geben. Wenn Sie an einer tollen Erfindung werkeln, die bislang ihresgleichen sucht, kostet es Sie nichts, Ihre Ideen mitzuteilen und darüber zu sprechen. Aber Sie müssen nicht unbedingt etwas ganz Neues im Sinn haben. Vielleicht haben Sie ja eine Methode entwickelt, ein Produkt zu verbessern oder neue Kunden zu erschließen – wie Markus Frind, der auf diese Weise seine erste Million verdient hat.

können. Der Umstand, dass er seine Leistungen kostenfrei anbietet, bewirkt, dass er jede Menge „Fische" anlocken kann. Wie verdient er aber daran? Nun, über Google-Kleinanzeigen, Werbebanner und verbundene Marketingaktionen, für die ihm andere Websites jedes Mal Geld bezahlen, wenn er einen Kunden an sie weiterleitet. Wenn Sie PlentyofFish.com aufrufen und sich dann mit einer anderen Seite verlinken lassen, sorgen Sie dafür, dass von dieser neuen Website Geld an PlentyofFish.com fließt. Auf diese Weise berechnete Frind Google eine ganze Million US-Dollar. Die Website bringt ihm im Jahr fünf bis zehn Millionen Dollar ein. Für Frind ist sein Geld ständig in Umlauf – da draußen bei den Millionen von Besuchern, die seine Website aufsuchen und sich für ein Date interessieren oder einen Seelenverwandten suchen. Frind hat damit mehr gefangen als ein paar kleine Fische. Er zieht Netze voll Barem an Land, das er verwendet, um sein Geschäft weiter auszubauen.

Wenn Sie einen Range Rover oder Land Rover fahren und zur Miete wohnen, dann stimmt etwas nicht.

– Anonymus

5

Die Lüge von den Schulden

Lüge: Ich darf keine Schulden haben, wenn ich reich werden will.

Wahrheit: Sie müssen Schulden machen, um reich zu werden. Sie müssen Fremdkapital nutzen, um Vermögen aufzubauen.

Erst kürzlich hat mir eine Freundin bei einem Essen in meinem Büro wieder einmal vor Augen geführt, wie verheerend die Lüge von den Schulden sein kann. Shanel wirkte frustriert und bedrückt. Sie klagte über Probleme, die uns allen wohlbekannt sind: Sie sei übermüdet, überarbeitet und unterbezahlt. Sie erzählte, dass sie jeden Tag um sieben aufstehe, um pünktlich um neun Uhr am Arbeitsplatz zu sein und abends erst nach sieben wieder nach Hause zu kommen. Als Versicherungsvertreterin im Dienste eines Großunternehmens sei sie „zu weit unten in der Hierarchie", um eigenständiger über ihre Zeit – und über ihr Leben – verfügen zu können. Geld sei ein großes Problem. Es reiche nie.

168

Sie fühle sich durch die Ansprüche des langen Arbeitstages eingeengt und könne nie tun, wonach ihr der Sinn stehe.

„Was *würdest* du denn gern tun?", fragte ich sie. Für mich war das eine unmissverständliche Frage, doch sie bezog sie auf Nebensächlichkeiten und sprach davon, dass sie nie Sport treibe, weil sie zu müde sei. Sie sei schlecht in Form und unzufrieden. Ihre Fingernägel seien bis auf die Haut abgekaut. Jeder Tag sei gleich und sie fühle sich unerfüllt, erschöpft und total deprimiert – so, als würde sie ständig gegen ihren Willen herumgestoßen.

„Warum kündigst du nicht?", fragte ich und war gespannt, wie sie darauf reagieren würde. Sie warf mir diesen Blick zu, den ich so gut kannte und der heißen sollte: *Das ist vielleicht eine dumme Frage. Kannst du dir das nicht denken?*

„Ich muss eine Hypothek abzahlen. Und mein Auto. Ich muss meine Rechnungen bezahlen. Ich kann meinen Job nicht einfach so hinwerfen!", entgegnete sie. „Ich will auch nicht die Anerkennung verlieren, für die ich so hart gearbeitet habe." Mir war klar, dass ihr nicht gefallen würde, was ich dazu zu sagen hatte, doch ich konnte es ihr nicht ersparen.

„Fangen wir bei deinem Auto an. Die Leute, die es dir finanziert haben – also die Bank – verdienen nicht schlecht an den Zinsen, die du bezahlst. Will heißen: Du sorgst dafür, dass ihre Kinder gute Schulen besuchen können und dass sie in feine Restaurants gehen können. Und was deine Hypothek angeht, zahlst du bestimmt nur Zinsen. Du machst also den Investor – in diesem Fall den Hypothekengeber – reich. Du sorgst dafür, dass er Geld verdient."

Das schockierte Shanel sichtlich, doch immerhin hörte sie mir aufmerksam zu. „Versteh mich nicht falsch", fuhr ich fort, „ich bin sehr für Immobilienbesitz. Doch es gibt da gewisse Spielregeln. Du hast nichts davon, wenn du dein Haus praktisch von der Bank mietest. Und was deinen Job anbelangt: Wie ich dich verstehe, arbeitest du an die zehn Stunden am Tag. Was werde ich dazu wohl sagen, was meinst du? Du machst deinen Arbeitgeber reich. Und da wundert dich, dass du unzufrieden bist?"

„Und was soll ich deiner Meinung nach tun? Wenn ich einfach alles hinwerfe, bin ich schlechter dran als jetzt. Meine Schulden werden mir über den Kopf wachsen und am Ende verliere ich noch alles."

„Immer langsam. Lass uns darauf zurückkommen, was ich dir gesagt habe. Du sorgst tagein, tagaus für das Wohlergehen anderer. Du schaffst die Voraussetzungen, dass die Menschen um dich herum besser und luxuriöser leben. Und wann kümmerst du dich endlich um DICH?"

„Das begreife ich nicht. Was erwartest du eigentlich von mir?"

„Diese Frage kann ich dir nicht beantworten. Finde heraus, was dich glücklich macht, und setze alles daran, danach zu streben. Im Moment profitieren alle anderen von dir … nur *du* nicht. Verstehst du, was ich meine?"

„Doch, irgendwie schon, aber ich weiß trotzdem nicht, was ich *tun* soll."

„An deinen Rechnungen wirst du zahlen, bis du stirbst. Und wenn es so weit ist, wirst du, wie meine Mutter immer sagt, allein begraben. Dein Geld kannst du nicht mitnehmen und deine Rechnungen auch nicht. Also lass dich von deinen finanziellen Verpflichtungen nicht versklaven. Geh verantwortungsbewusst damit um, doch bleibe nicht für immer und ewig das arme Opfer, nur weil du Angst hast, die Dinge zu ändern."

Sobald ich das Wort *Opfer* erwähnte, begann sie, wie ich es erwartet hatte, sich zu verteidigen. Genauso denken viele. Sie glauben, dass Schulden schlecht sind. Dass man mit Schulden nicht reich werden kann. Und dass man zum Opfer wird, wenn man Schulden macht. Dass man davon abgeblockt wird.

„Sei ehrlich", sagte ich. „Du hast den Eindruck, dass es die Welt nicht gut mit dir meint. Du hast so viele Probleme, dass dir das Leben ungerecht erscheint. Doch die Opfermentalität bringt dich nicht weiter. Und dass du die Schuld auf die Rechnungen oder den Job schiebst, ebenso wenig. Dieser Job wird deine Schulden *auf lange Sicht* vielleicht tilgen, doch wie lange willst du denn darauf warten, dich besser zu fühlen? Du bist jung und intelligent. Doch du trittst auf der Stelle. Bei dir ist eine radikale Auszeit fällig. Ich will ehrlich sein: Es ist sehr schwierig, seine Schulden abzubauen, wenn man weitermacht wie bisher. Ich weiß schon, es gibt zahllose Bücher darüber, wie man mit Schulden richtig umgeht. Doch dieses Konzept hat in Wirklichkeit viel mit Wunschdenken zu tun. Wer Schulden hat, dem fehlt das Geld und Punkt. Du musst in eine Chance investieren und etwas wagen. Es gibt nur einen Grund, sich an seinen Job zu klammern – nämlich die Begeisterung für die Arbeit. Dass du nicht begeistert davon bist, wie du derzeit deine Tage zubringst, ist offensichtlich. Und dabei verdienst du noch nicht einmal genug."

Shanel ließ meine Worte auf sich wirken. Ich redete weiter. Was ich zu sagen hatte, würde zum Teil von der landläufigen Meinung abweichen, die auch Shanel vertraut war und an die sie sich, wie ich wusste, strikt hielt. Es würde mich einige Mühe kosten, damit sie die Dinge aus meiner Perspektive sah.

„Denk jetzt mal nicht mehr an deine Schulden. Ich frage dich ganz einfach: Wie würde sich das anfühlen, wenn du morgen *nicht* zur Arbeit gehen müsstest? Was, wenn du aufstehen könntest, wann es dir passt? Was, wenn du niemandem *irgendetwas* schuldig wärst?" Prompt lächelte sie. Für den Bruchteil einer Sekunde musste sie sich wohl gefühlt haben. „So, und jetzt achte mal darauf, wie du dich jetzt gerade fühlst", sagte ich schnell. „Du siehst aus, als hättest du einen Blick ins Paradies erhascht. Dabei habe ich dich lediglich dazu gebracht, dir vorzustellen, dass du morgen nicht zur Arbeit musst. Und das hat tief in dir eine Saite zum Schwingen gebracht. Schau mal, viel zu viele Menschen halten an Jobs fest, die sie hassen, und zwar aus ganz falschen Gründen – etwa wegen der Krankenversicherung oder anderen ‚Nebenleistungen'. Am Ende existieren sie bloß noch und leben gar nicht mehr richtig. Auch du vegetierst nur noch vor dich hin."

„Aber ich habe ja keine Wahl. Ich hab's dir doch gesagt: Ich habe einfach zu viele Verpflichtungen", sagte sie.

„Und da denkst du falsch. Du hast jede Wahl der Welt. Dieselben Triebkräfte und Wahlfreiheiten, die dich bis hierher gebracht haben – derselbe Ehrgeiz und das Recht auf die Entscheidung, ein Eigenheim zu kaufen und Versicherungsvertreterin zu werden – wird dir auch alles Weitere einbringen, was du willst. Oder – im Falle unbezahlter Rechnungen – was du *nicht* willst. Du wirst nicht ferngesteuert – nicht von deinen Rechnungen und ganz sicher auch nicht von deinem Job. Durch die Entscheidungen, die du getroffen hast, hattest du stets selbst die Kontrolle. Deine heutigen Entscheidungen bestimmen, wo du morgen stehst. Ich sage dir nicht, dass du noch diese Woche kündigen sollst. Das war es nicht, was ich mit radikal gemeint habe. Ich bitte dich nur, deine Einstellung und deine Schwerpunkte zu ändern. Spar dir dein Selbstmitleid und du wirst staunen, was in Zukunft alles möglich ist. Die Schritte, die du dafür unternehmen musst, ergeben sich dann schon."

Dann regte ich sie dazu an, darüber nachzudenken, wofür sie sich wirklich begeistert und was sie gerne tun würde, wenn Geld kein Thema wäre. Es dauerte eine Weile, bis sie den Gedanken an ihre Schulden beiseite schieben konnte, doch schließlich öffnete sie sich. Ihre Lieblingsserie war *Law & Order*. Ihre Lieblingsbücher waren Justizthriller. Außerdem erzählte sie, dass sie sich „ganz in ihrem Element" fühle,

172

wenn es am Arbeitsplatz um rechtliche Fragen ging. Die Juristerei war ganz offensichtlich der Bereich, der sie begeisterte.

„Warum studierst du nicht Jura?", schlug ich vor.

„Machst du Witze? Das ist viel zu teuer!", sagte sie.

„Du verstehst mich immer noch nicht. Im Moment hast du eine Arbeit, die dir keinen Spaß macht und mit der du vermutlich nie glücklich wirst. Deine Schulden beherrschen nicht nur dein Leben, sondern auch deine Gedanken. Nur weil du Schulden hast, heißt das noch lange nicht, dass du nicht vorwärts kommen und Dinge bewegen kannst. Schulden sind nicht dein Schicksal. Viele Menschen glauben, Schulden seien der Untergang. Aber das stimmt absolut nicht. Vergiss die Schulden mal kurz. Wenn du den Mut aufbringst, deinem Traum zu folgen, werden sie sich von selbst erledigen. Man muss nicht schuldenfrei sein, um reich zu werden – das erkläre ich später noch näher. Für den Moment solltest du deine Schuldenprobleme einfach beiseite schieben und dich darauf konzentrieren, was du erreichen möchtest."

Ich gab ihr ein paar Hausaufgaben. Dazu gehörte unter anderem, sich über das Einschreibungsverfahren an einer juristischen Fakultät zu informieren. Ich sagte ihr auch, dass es in Ordnung wäre, wenn sie ihr Haus verkaufen müsste, um die Ausbildung zu bezahlen – denn später würde sie sich ein schöneres Haus und eine höhere Hypothek leisten und die wahren Vorzüge eines Eigenheims genießen können. Im Moment war ihr Haus für sie kein Aktivposten, sondern ein Klotz am Bein.

Als wir mein Büro verließen, um nach Hause zu gehen, war es schon fast Mitternacht. „Siehst du, da kommen wir erst mitten in der Nacht aus dem Büro, aber ich lache und fühle mich nicht gestresst. Ich bin zufrieden. Nur ein Narr schuftet sich für andere zu Tode. Ich sage immer, egal, was man tut, selbst wenn man eine Gehaltskürzung hinnehmen muss – wenn man abends lächelnd nach Hause kommt und das Geld zum Leben reicht, dann lebt man wirklich.

Für jemanden wie Shanel besteht das Wagnis darin, noch einmal die Schulbank zu drücken. Für andere besteht es vielleicht darin, einen Nebenjob anzunehmen oder ein Praktikum zu machen oder von zu Hause aus eine Tätigkeit aufzunehmen, die auf die Verwirklichung eines Traums abhebt. Das erste Wagnis ist in vielen Fällen aber die geistige Aufgeschlossenheit und die Einnahme eines anderen Blickwinkels und das Erkennen der Chancen, die zum Greifen nah sind. Das passierte eines Abends einem Mann namens Rich Schmelzer. Als er von der Arbeit nach Hause kam, paradierte seine Familie in flippigen Retro-Schuhen umher.

$

Sie sind am Ende des Tages zufrieden? Wenn nicht, wagen Sie nicht genug. Investieren Sie in eine Chance. Wer nichts wagt, wird immer auf Sicherheit spielen ... und kommt mit Sicherheit nicht dahin, wo er möchte. **Langfristig bringt der Sicherheitsgedanke nicht unbedingt auch Sicherheit.**

Eins gleich vorweg: In dieser Geschichte geht es nicht um Glück. Als ich sie zum ersten Mal hörte, wusste ich gleich, dass ich sie wiedererzählen müsste, weil niemand von den bangen Momenten sprach, die die Betroffenen durchstehen mussten, um zum Erfolg zu kommen. Sie wissen ja, ich bin ein kaltschnäuziger Realist, der hinter jedem Märchen die Fakten hervorzerrt.

Von der Bastelarbeit zum Big Business

Als Rich Schmelzer, Vater dreier kleiner Töchter, sah, wie seine Frau Sheri den Mädchen dabei half, ihre Crocs mit Knöpfen und Accessoires zu verzieren, die sich im Haus so fanden, kam ihm eine Idee. Vielleicht ließ sich daraus etwas machen. Also ging er mit Sheri los, kaufte in Bastelläden Kleinteile wie Friedenssymbole, Lachgesichter, Herzchen und Glitzersteine und klebte sie auf Manschettenknöpfe. Diese befestigte er dann an den Crocs seiner Kinder und schickte sie damit in die Schule. (Wenn Sie nicht wissen, was Crocs sind: Das lässt sich schnell ändern. Es sind die überall erhältlichen Allzweck-Freizeitschuhe, die aussehen wie Gartenschuhe und 2003 ganz groß in Mode kamen. Mit viel Fantasie erinnern sie an Krokodile, was ihren Namen erklärt.)

Als die Mädchen anfingen, ihr aufgepepptes Schuhwerk außer Haus zu tragen, trudelten bald die ersten Bestellungen ein. Schon bald belegte Jibbitz – wie sie die selbst gebastelten Verzierungen und auch ihr Unternehmen nannten – den ganzen Keller ihres Hauses mit Beschlag. Die Schmelzers taten das einzig Folgerichtige und stellten eine Website ins Netz. Nur zwei Wochen später wurden sie mit Anfragen nach Jibbitz in allen Formen und Größen überschwemmt. Bald interessierte sich auch der Einzelhandel dafür und es gingen Bestellungen über mehrere hundert Stück ein. Innerhalb von zwölf Monaten wurden Jibbitz in mehr als 3.000 Geschäften verkauft und die Schmelzers waren mit ihrer Firma aus dem Keller in ein großes Lagerhaus umgezogen. Schließlich erreichte der Wirbel um Jibbitz auch den Crocs-Erfinder und ein knappes Jahr nach Fertigung der ersten Jibbitz schlossen Sheri und Rich einen Vertrag, der ihnen atemberaubende 20 Millionen Dollar einbringen konnte. 20 Millionen für Kunststoffklimperzeug, um Löcher zu verdecken!

Das ist die Kurzfassung der Geschichte. Sie betont sämtliche Höhepunkte der imposanten Erfolgsstory der Familie. Zu schön, um wahr zu sein?

Und hat Sie dabei nicht vielleicht der Gedanke beschlichen, dass da *Glück* im Spiel war? Die Versuchung ist groß, diese Geschichte als Beispiel für Glück oder Zufall zu betrachten. Aber Sie wissen ja – ich glaube nicht an Glück. Überlegen wir doch mal, welche Wagnisse die Familie auf dem Weg zum Erfolg eingehen musste. Das erste war, in Dutzende von Plastikteilchen und Manschettenknöpfe zu investieren. (Dann mussten sich die Kinder trauen, die Schuhe in die Schule anzuziehen in der Hoffnung, dass die anderen sie cool finden würden – und nicht doof.) Rich, der Ernährer der Familie, war in der Computerbranche tätig und kämpfte darum, seine junge Software-Firma zum Laufen zu bringen. Unternehmergeist besaß er also – aber auch für Schuhschmuck? Stellen Sie sich vor, wie viel Mut dazu gehört, Zeit von seinem „ernsthaften Job" abzuzwacken, um mit Kleber und Kleinkram an Gummischuhen zu hantieren? Als er seinen Kollegen mitteilte, dass er künftig mehr Zeit zu Hause mit seiner Familie und ihren heiß geliebten Schuhen mit Zierklipsen verbringen werde, haben sich diese sicherlich gefragt: Was *treibt* der Kerl da? Was *denkt* er sich eigentlich dabei?

Das nächste Wagnis für Rich und Sheri bestand in der Aufnahme einer Hypothek, um das Unternehmen zu vergrößern. Außerdem stellten sie ihre Eltern an, die an dem provisorischen Fließband arbeiteten, das sie im Keller installiert hatten. Oma und Opa klebten sogar am Wochenende stundenlang allen möglichen Schnickschnack auf Manschettenknöpfe. Doch die Wagnisse wurden noch größer und furchteinflößender. Als ihr Haus aus allen Nähten platzte, zogen sie in ein über 1.000 Quadratmeter großes Büro mit Lagerhalle um. Die Produktion lagerten sie nach Asien aus. Und das größte Wagnis von allen kam mit dem Angebot von Crocs, für zehn Millionen Dollar eine Tochtergesellschaft zu gründen – um zehn weitere Millionen zu erhalten, *wenn* sie ihre Ertragsziele erreichte. Glücksspiel?

Keinesfalls. Ein Wagnis, um zu gewinnen. Die Schmelzers nahmen zwar Kredit auf – unter anderem eine Hypothek auf ihr Haus –, doch es war die richtige Art von Schulden aus den richtigen Gründen. Einer der beeindruckendsten Aspekte dieser Geschichte ist, dass sie zeigt, wie man auf ein Produktphänomen aufspringen kann. Sie beweist, dass man aus einem Hobby ein Unternehmen aufbauen kann, ohne dass man dazu das Rad neu erfinden muss. Viele glauben, dass man etwas Geniales und Komplexes erfinden muss, um erfolgreich zu sein. Das stimmt nicht. Wer meint, dass er unbedingt in die Fußstapfen eines Genies oder prominenten Unternehmensgründers treten muss, der irrt sich. (Und der hat auch meine Botschaft nicht verstanden.) Ich will, dass Sie Sie selbst werden. Die Schmelzers haben lediglich ein vorhandenes Produkt, von dem sie begeistert waren – die lustigen Crocs nämlich – hergenommen und sie durch ein einfaches Accessoire verschönert.

Dafür muss man kein Genie sein.

Was Schulden mit Wohlstand zu tun haben

Es gibt einen großen Unterschied zwischen der Art von Schulden, wie sie Shanel drücken, und der Art, wie sie die Gründer von Jibbitz auf sich genommen haben. Shanel kann nicht in sich selbst investieren, weil sie alle um sich herum subventioniert. Die Schmelzers dagegen investieren täglich in ihre Träume – auf die Gefahr hin, anderen Geld zu schulden. Im schlimmsten Fall könnten sie ihr Haus verlieren und noch mehr Rechnungen zu zahlen haben. Aber das könnte Shanel auch passieren – auch ohne dass sie etwas gewagt hat. In Wirklichkeit kommt Shanel schon jetzt mit ihren Rechnungen nicht mehr zu Rande.

Was viele Menschen vergessen oder gar nicht erst merken, ist, dass Schulden ein notwendiger Schritt zum finanziellen Erfolg sind. Ich will das noch einmal wiederholen: **Schulden können Sie auf den Weg in den Wohlstand bringen, wenn Sie sie klug einsetzen.** Sie müssen nicht schuldenfrei sein, um 1) ein Vermögen aufzubauen oder 2) reich zu werden. Vielmehr ist es fast *unmöglich*, reich zu werden, ohne Schulden zu haben – zu denen übrigens auch Kredite gehören.

> **Die Wahrheit über Schulden:** Sie müssen **Schulden machen**, um reich zu werden. Sie müssen **Schulden nutzen**, um reich zu werden.

Ich weiß, dass dies der landläufigen Meinung widerspricht, doch ich will das erklären.

Millionäre und Milliardäre sind auf dem Papier reicher als auf dem Konto. Ihnen gehören Häuser, Mietobjekte, Aktien und Anleihen, Unternehmen, Marken, Patente, Rechte und andere Vermögenswerte, die sie nicht aus der Tasche ziehen können, um im Supermarkt Lebensmittel zu kaufen oder am Samstagabend auszugehen. Sie haben auch Schulden – mitunter gar nicht wenige – in Form von Hypotheken, Zweithypotheken, Überziehungskrediten, gewerblichen Darlehen oder Fördermitteln für die Ausbildung, die sie nach und nach brav zurückzahlen. Sie lassen die Finger von hoch verzinsten Kreditkartenverbindlichkeiten oder Darlehen, die sie von vornherein nicht fristgerecht tilgen können. Wer Geld aufwendet, das er eigentlich nicht hat, um Gebühren und Kosten für Sollsalden zu bezahlen, die einfach nicht kleiner werden, der schöpft Wasser aus einem Boot, dass schneller sinkt, als er schöpfen kann. Irgendwann wird er mitsamt seinem Boot untergehen. Das mag vielen von Ihnen vielleicht sogar klar sein (oder zumindest aus Erfahrung verständlich). Was Sie aber nicht wissen, ist, wie Sie das sinkende Schiff verlassen und gute Schulden aufnehmen sollen. Und genau das macht Sie reich.

Im Vorkapitel haben Sie erfahren, dass es unterschiedliche Arten von Schulden gibt und warum nicht alle aufgenommenen Schulden gleich sind. Leider stimmt bei vielen Menschen der Saldo nicht. Im letzten Jahr schuldeten die Amerikaner erstmals in der Geschichte mehr Geld, als sie verdienten. Die Schulden der Haushalte überstiegen die Einkommen um mehr als acht Prozent und die Verbraucherverschuldung liegt bei rekordhohen 2,17 Billionen US-Dollar. Vor allem Eigenheimbesitzer nahmen 2005 gewaltige 431 Milliarden US-Dollar auf, um die steigenden Lebenshaltungskosten zu bewältigen (unter anderem Zahlungen für neue Autos, Urlaube und Plasmafernseher – nicht für zukunftsträchtige Unternehmen wie Jibbitz).

Realitäts-Check: Setzen Sie sich hin und rechnen Sie Ihre Kreditkartensalden zusammen (vorerst ohne Berücksichtigung von Hypotheken). Ergeben sie mehr als 9.000 Dollar, sind Sie in guter Gesellschaft. Das trifft auf die jede amerikanische Durchschnittsfamilie zu. Die gute Nachricht: Sie können in die noch bessere Gesellschaft der Reichen aufrücken, indem Sie etwas sehr Vernünftiges tun: Beziehen Sie Missionen und Pläne in Ihre Überlegungen ein.

Schulden mit Mission und Plan

Ein weiterer maßgeblicher Unterschied zwischen Shanel und den Schmelzers liegt in ihrem Umgang mit Schulden. Die Schmelzers haben den festen Plan, die aufgenommenen Mittel durch den Erfolg ihres Unternehmens zurückzuzahlen. Wenn die Umsätze mit der Zeit steigen, gibt ihnen das mehr Spielraum, Kredite und Überziehungen zu tilgen. Doch was bleibt Shanel, um ihre Schulden loszuwerden? Sie hat das Geld weitgehend ausgegeben – und sitzt nun auf den Verbindlichkeiten. Diese haben wenig bis keinen Wert und können nicht genutzt werden, um in ihre Zukunft zu investieren. Reich geworden sind andere (zum Beispiel ihre Hypothekenbank, ihr Autofinanzierer, die Kreditkartenunternehmen und so weiter), *nicht* sie. Sie hat sich selbst belogen, weil sie dachte, dass sich ihre harte Arbeit und ihr Einsatz auszahlen werden. So wird es nicht kommen – nicht, wenn sie nicht schneller vorankommt. Ihr Eigenheim gehört ihr nicht und sie hat keine Strategie, um ihre Schulden in diesem Leben zurückzuzahlen. Um es ganz unverblümt zu sagen: Sie hat lediglich den „Plan", sich zu Tode zu schuften (zum Vorteil anderer) und unglücklich zu bleiben. Sie kommt schon jetzt kaum zurecht. Deshalb hat sie auch so viel Angst davor, zu kündigen. Deshalb ist es für sei ein so großes Wagnis, zuzugeben, wie groß ihr Interesse am Rechtswesen ist, und eine entsprechende Ausbildung zu machen.

Viele der Fragen, die an mich gerichtet werden, betreffen Kreditkarten, die heutzutage eine der besorgniserregendsten Formen von Schulden mit sich bringen. Sie bereiten vielen Menschen Kopfschmerzen und schlaflose Nächte. Auf Shanels Liste ihrer Probleme rangieren die Salden ihrer Kreditkarten nach der Hypothek an zweiter Stelle. Damit Sie verstehen, was es bedeutet, eine Mission beziehungsweise einen Plan zu haben, um durch gute Schulden zu Vermögen zu kommen, sollten Sie sich die folgenden Fragen stellen: Wofür verwenden Sie Ihre Kreditkarte?

Um sich Freizeitkleidung zu kaufen? Das zählt nicht als Mission oder Plan. Oder nehmen Sie sie, um sich ein Outfit zu kaufen, das Ihnen helfen soll, ein erfolgreiches Vorstellungsgespräch zu führen? *Das* wäre eine Mission und ein Plan.

Ich hatte gar keine Möglichkeit, Kreditkartenschulden zu machen. Wie auch? Ich musste erst mal Bargeld heranschaffen, bevor an Kredit überhaupt zu denken war. Ich war noch keine 13 Jahre alt, als ich mein erstes Unternehmen gründete. Damals war ich nach dem Gesetz noch zu jung, um eine Kreditkarte zu beantragen. Ich konnte noch nicht mal nur mit meiner eigenen Unterschrift ein Bankkonto eröffnen. Als ich schließlich die Kriterien erfüllte, um eine Kreditkarte zu bekommen, hatte ich bereits gelernt, wie ein Wagniskapitalgeber zu denken. Wissen Sie, wie solche Leute mit Dollars und Cents umgehen? Wie eine Entenmutter, die ihre Küken zählt, hüten sie Geld, als wäre es ein lebendiges, atmendes Wesen. Für andere ist Geld dagegen leblos. Es ist sogar weitgehend bedeutungslos. Und die Möglichkeit zur elektronischen Abwicklung von Bankgeschäften hat solchen Transaktionen den letzten Rest von Emotionalität entzogen. Haben. Klick. Haben. Klick. Haben. Haben. **Soll**. Papiergeld ist überholt. Ich musste zunächst lachen, als neulich jemand die vorherrschende Einstellung zum Thema Geld folgendermaßen auf den Punkt brachte: „Wenn ich der Bank 15.000 Dollar schulde, ist das mein Problem. Wenn ich ihr 50.000 Dollar schulde, ist es *ihr* Problem!"

Doch das Lachen verging mir schnell. Die Menschen haben keine Ahnung, wie viel Zinsen und Gebühren sie diese Einstellung kostet. Sie haben auch keine Ahnung, wie lang es dauern kann, so hohe Summen abzuzahlen. Sie glauben, es reicht, wenn sie jeden Monat den Mindestbetrag einzahlen. Klettern die Sollsalden dann immer höher, verwandelt sich Panik in Passivität. Die Menschen verlieren aus den Augen, was die Zahl unter dem Strich wirklich bedeutet, und in der Regel schieben sie anderen dafür die Schuld zu. *Wie bin ich bloß so tief in die roten Zahlen gerutscht? Wann ist das passiert?* Und an diesem Punkt steigen sie aus. Sie steigen aus, weil sie mit der Größenordnung nicht umgehen können. Also schauen sie weg und stecken den Kopf in den Sand. Jetzt ist es „das Problem der Bank".

Wenn jeder denken würde wie ein Wagniskapitalgeber, gäbe es keine Kreditkartenschulden. Das Erste, was solche Leute lernen, ist, dass jeder Kauf einen bestimmten Zweck verfolgen muss – eine Mission, einen Plan –, ob bar oder auf Kredit. Stellen Sie sich vor, Sie würden das bei jedem Einkauf beherzigen! Wetten, dass Sie dann nie „schlechte" Schulden machen würden?

Lassen Sie uns das einmal durchspielen. Stellen Sie sich vor, Sie gehen in ein Autohaus. Ihr Auto ist zwar erst zwei Jahre alt, aber Ihnen schwebt ein neueres, sportlicheres Modell vor, das gerade herausgekommen ist. Der Wagen gefällt Ihnen richtig gut und Sie sehen sich schon damit herumfahren. Sie überlegen sich, wie Sie diesen Traum verwirklichen könnten – indem Sie Ihr vorhandenes Fahrzeug in Zahlung geben und über den Rest einen neuen Kredit aufnehmen, der ein ganzes Stück mehr kosten wird. Er wird jeden Monat ein noch größeres Loch in die Kasse reißen, doch was soll's? Auf diese Weise könnten Sie zumindest mit einem schicken Flitzer herumkurven. Und schon gewinnen die Gefühle die Oberhand. Wie Sie das alles bezahlen wollen, überlegen Sie sich dann später.

Doch halt! Wir wollten ja den Missions-Test anwenden. Welches Ziel verfolgen Sie mit diesem Kauf? Das Einzige, was mir dazu einfällt, ist gar kein richtiges Ziel. Sie wollen Eindruck machen, wenn Sie durch die Gegend fahren, und Sie legen Wert auf die neuesten technischen Spielereien. Wie sieht Ihr Zahlplan für dieses Ziel aus? Mehr Schulden machen, die wenig oder gar keinen Wert für die Zukunft haben. Schulden, auf denen Sie sitzen bleiben.

Wenn Sie auf solchen Schulden sitzen – auf Verbindlichkeiten, die wenig oder keinen Wert für die Zukunft haben –, dann müssen Sie sich erst mal um **Bares** kümmern, bevor Sie an **Kredit** denken.

Sie wissen ja: Es ist leichter, den Cashflow zu steigern, als Verbraucherkredite zurückzuzahlen.

Ein Plan ist das nicht. Sie lügen sich selbst in die Tasche, wenn Sie sich etwas anderes einreden. Zugegeben, wir alle haben solche Schulden, auf denen wir sitzen bleiben. Deshalb müssen wir ab und zu auf Dinge verzichten, die uns zwar glücklicher machen, die wir aber nicht wirklich zum Leben brauchen. Vielleicht möchten Sie ab und zu mal in einem tollen Restaurant essen. Vielleicht wollen Sie auch nicht auf Ihre wöchentlichen iPod-Downloads oder monatlichen Besuche im Kosmetikstudio verzichten. Aber Sie müssen sich ja nicht gleich alles verkneifen. Sie sollten nur von jetzt an stets Ihre Missionen und Ziele im Hinterkopf behalten. Ich glaube, dass wir alle intuitiv wissen, was lebensnotwendig ist und was Luxus. Das sagt uns unser gesunder Menschenverstand – selbst wenn wir nicht immer auf ihn hören. Halten Sie sich an Ihr Bauchgefühl.

Die „richtige" Art von Kredit

Ich wurde nicht nur sehr früh der Denkweise von Wagniskapitalgebern ausgesetzt, sondern außerdem durch den Umstand geprägt, dass ich aus einem sozial schwachen Umfeld kam, in dem das Geld nie reichte, obwohl meine Mutter drei Jobs hatte. Geld bedeutete Sicherheit. Jeder Dollar versprach eine Wahlmöglichkeit. Je mehr Möglichkeiten wir hatten, desto größer war die Sicherheit. Das ist es, was ich bis heute am Geld schätze. Und darum muss man sich kümmern. Ob es in Form von Krediten fließt oder bar aus dem Automaten, Geld ist Geld.

Ich will Ihnen noch eine Geschichte über Schulden erzählen. Darin geht es um die nächste Lüge, nach der Schulden grundsätzlich schlecht sind und nur arme Menschen auf Kredit kaufen müssen, weil sie knapp bei Kasse sind.

Vielleicht ist Ihnen ja bereits aufgefallen, dass ich gerne Anzüge trage. Ich *liebe* teure Anzüge. Ich trage praktisch jeden Tag Anzüge. Im Laufe der Jahre, als ich immer häufiger in der Öffentlichkeit auftrat, traten Designer an mich heran und baten mich, ihre Anzüge zu tragen. Erst fühlte ich mich geschmeichelt und eine Zeit lang machte es mir Spaß, für die Marken anderer zu werben, die mir gerade zusagten. Eines Tages dann, als mich jemand fragte, von welchem Designer der Anzug stammte, den ich trug, dämmerte es mir. „Warum können das nicht meine Anzüge sein?" Warum sollte ich die Anzüge anderer tragen, wenn ich doch meine eigenen fertigen und daran verdienen konnte? Das war doch die Idee! Schließlich war ich nicht der Einzige, der gern Anzüge trug. Da draußen gab es viele Menschen wie mich, die für ihre Alltagskleidung eine Menge Geld ausgaben. Also wendete ich mich an einen Bekannten aus der Modebranche, der brillante Entwürfe machte und ein begnadeter Schneider mit über 13 Jahren Erfahrung war. Ich fragte ihn, ob ich nicht in sein Unternehmen investieren könne. Ich bot ihm eine Anschubfinanzierung und genug Geld, um im Einzelhandel eine komplette Produktlinie zu lancieren. Als wir über die Logistik sprachen – darüber, wie wir einen Hersteller auftreiben würden, um die Anzüge zu produzieren, und wie wir sie an den Einzelhandel verkaufen würden –, waren wir beide schon ganz aufgeregt. Wir hatten einen Deal. Ich war ins Anzuggeschäft eingestiegen.

Jetzt frage ich Sie, wie wir wohl für die Stoffe und die Herstellung unserer Anzüge bezahlen? Ziehen wir 100-Dollar-Scheine aus der Tasche oder stellen Schecks über hohe Summen aus? Wohl kaum. Vielmehr haben wir eine große Kreditlinie bei dem Unternehmen, das unsere Stoffe produziert. Dadurch können wir unsere Anzüge fertigen lassen und bezahlen die Herstellungskosten erst dann voll, wenn der Verkauf bereits angelaufen ist. Wenn wir das Geld dann nicht herbringen (also die Anzüge nicht verkaufen können), müssen wir die ausstehenden Beträge zurückzahlen – zuzüglich eventuell anfallender Vertragsstrafen wegen der Nichteinhaltung bestimmter Klauseln. Der Vertrag mit unserem Lieferanten gibt an, wann dieser sein Geld bekommt. Wir müssen die Anzüge bezahlen, ob wir sie weiterverkaufen oder nicht. Doch in der Regel ist so ein Vertrag so gestaltet, dass wir erst genügend Anzüge verkaufen können, bis wir zurückzahlen müssen, was wir der Stofffabrik schulden. Und am Ende verdienen wir mehr, als wir für die Anzüge bezahlen müssen. Das ist unser Gewinn.

So funktioniert das in der Geschäftswelt. Dort dreht sich alles um Kredite und Schulden. Man macht kurzfristig Schulden, um langfristig Gewinn zu machen. Nicht anders ist das in der Druckindustrie. So druckt etwa einen Zeitschrift für eine Million Dollar Exemplare – die komplett kreditfinanziert werden von einer Druckerei, die die gesamte physische Arbeit am Produkt ausführt. Dann werden die Zeitschriften mit Gewinn verkauft und der Kredit zurückgezahlt. Das ist, als wollten Sie eine

Zeitschrift mit 300 Seiten produzieren und würden mit einer CD in einen Kinko's [1] gehen, die all die Seiten druckfertig enthält. Sie brauchen Hilfe, um Ihre Inhalte farbig auf Hochglanzseiten zu drucken, diese zu binden und die fertigen Zeitschriften für den Versand zu verpacken. Die Kosten? Die sind enorm. Sie wissen aber, dass Sie sie locker aus Ihrem Umsatz bezahlen und trotzdem noch genügend Geld verdienen können. Sie müssen mit Kinko's eine Vereinbarung treffen, damit Sie Ihre Hefte herstellen und in den Verkauf bringen und *dann* erst Ihre Rechnung bezahlen können.

Stellen Sie sich doch mal kurz vor, dass Sie der nächste Donald Trump werden wollen. Sie träumen davon, die Welt um ein paar neue Luxus-herbergen zu bereichern, doch dafür brauchen Sie mehr als nur ein paar Dollar. Viel mehr. Sie brauchen *Millionen*. Machbar? Nun, das Gleiche brauchte Steve Wynn, als er die Idee zu seinen Casino-Land-schaften in Las Vegas hatte – eine Summe in der Größenordnung von 700 Millionen Dollar. Imperien baut man nicht mit Bargeld auf, sondern auf *Kredit*.

Jetzt fragen Sie sich vielleicht, ob Sie losgehen und Ihre Geschäftsidee mithilfe Ihrer Visa- oder MasterCard verwirklichen sollten. Schließlich habe ich doch gesagt, dass Imperien auf Kredit aufgebaut werden. Und ein paar Seiten zuvor habe ich gesagt, dass man mit Schulden Vermögen bildet. Doch immer langsam mit den jungen Pferden! Sie sollen Wagnis-se eingehen, um Erfolg zu haben, aber dabei nicht leichtsinnig und un-realistisch werden. Viele Menschen möchten gern von mir hören, dass es in Ordnung sei, Kreditkarten einzusetzen, um zu investieren. Wie ich im Vorkapitel schon gesagt habe, ist die Versuchung manchmal groß, eine Kreditlinie von 5.000 Dollar auszuschöpfen, um das Geld in die Gründung eines Unternehmens zu stecken oder davon zu leben, während man sich geschäftlich etabliert. Ob das aber so eine gute Idee ist?

1) FedEx Kinko's ist eine US-amerikanische Kette, die professionelle Dokument-Management-Services wie Druck, Copy und Bindung anbietet, A. d. Ü.

Erstens sollten Sie schlechte Schulden loswerden. Zweitens sollten Sie darauf achten, *aus welchem Grund* Sie Kredite und Darlehen aufnehmen. Und drittens sollten Sie das niemals ohne Mission und Plan tun. Vorsicht: Was ich jetzt sage, deckt sich womöglich mit dem, was Sie häufig aus Geldmanagementkreisen hören. Für mich spielt es keine Rolle, wie viele Kreditkarten Sie haben. Weniger Karten vermitteln Ihnen vielleicht die *Illusion*, dass Sie Ihre Schulden besser im Griff haben, doch das ist alles relativ. Gestehen Sie sich auf jeden Fall ehrlich ein, wie viel Sie sich zumuten können. Und vergessen Sie nicht:

Realitäts-Check, die Zweite: Läuft alles wie geplant? Niemals. Geredet wird aber nur über Leute, die den großen Wurf landen. Deshalb überlege ich mir so genau, wie viele Kreditmittel ich für mein neues Anzuggeschäft einsetze.

Reduzieren Sie sich nicht auf eine einzige Karte. Es ist besser, drei oder vier Karten zu verwalten, als Ihre gesamte Kaufkraft auf eine Karte zu setzen, die Sie dann für alles verwenden müssen. Ich möchte, dass Sie Ihre Kreditkartenschulden loswerden, *obwohl* Sie viele Kreditkarten besitzen. Ich möchte, dass Sie *trotz* dieser Zahl lernen, mit Ihren Schulden umzugehen.

Wiederum gilt, dass es da draußen viele Ressourcen gibt, die Sie nutzen können, um Ihre Verbraucherkredite Schritt für Schritt in den Griff zu bekommen. (Hinweise dazu finden Sie im Ressourcenverzeichnis auf meiner Website.) Denken Sie immer daran: Während Sie Ihrer Schulden

Herr werden, dürften Sie das größere Gesamtbild nicht aus den Augen verlieren. Sie müssen über die Bücher und Seminare hinausblicken. Sie wissen ja: Sie brauchen eine Mission und einen Plan.

Wie Sie Missionen und Pläne in die Tat umsetzen

Missionen und Pläne sind erst der Anfang. Ein Rezept für eine Hühnerpastete ist nur dann interessant, wenn Sie es auch nachkochen. Die Zutaten allein werden Ihr Leben nicht verändern. Sie wollen zubereitet werden, sie verlangen nach einem Koch. Ihre schlechten Schulden verwandeln sich erst in gute, wenn Sie sie mit einer Mission und einem Ziel verknüpfen – wenn Sie anfangen zu kochen. Erfolg wird Ihnen nur beschieden sein, wenn Sie sich eine Mission und ein Ziel setzen und Ihr Gericht dann auch in den Ofen schieben! Das meine ich mit dem größeren Gesamtbild.

Die ersten „Zutaten", die ich je mit einer Mission verknüpft habe, bezogen sich auf die Idee, Talkshows zu moderieren. Der Haken an der Sache: Ich hatte kein Rezept, weil ich keine Ahnung davon hatte, was es bedeutete, Moderator zu sein. Ich wusste ja nicht mal, wie man sich einen Kurzauftritt verschaffte. Damals war ich 15 und lebte in Las Vegas. Ich hatte eine Idee für eine Radiosendung für Teenager. Also schnappte ich mir die Gelben Seiten und rief Radiosender an, um ein paar Fragen zu stellen. Schließlich erfuhr ich, dass ich mich an die Programmdirektoren wenden musste. Denen präsentierte ich prompt meine Idee für „Teenscope: die 911 und 411 Reality-Teen-Talkshow". Langer Rede kurzer Sinn: Es hagelte Absagen. Aus ganz Las Vegas. Weil mir das jemand empfohlen hatte, ging ich sogar hin und produzierte eine Pilotsendung, um eine Kostprobe davon zu geben, wie die Sendung aussehen sollte,

188

die mir vorschwebte. Ich hoffe, *damit* würde ich irgendwo landen. Doch dazu kam es jedoch nicht. Keiner interessierte sich für mein Konzept. So mancher hätte an diesem Punkt aufgegeben und sich als Versager gefühlt. Doch ich dachte: „Ich rede mit den falschen Leuten." Meine Kontakte fanden jeden erdenklichen Grund unter der Sonne, um mir eine Abfuhr zu erteilen. Daraus folgerte ich, dass ich die falschen Gespräche führte. Es ging nicht um mich und meine Sendung. Es ging um sie. Da beschloss ich, mir Sendezeit zu kaufen und meine Sendung selbst zu produzieren – wieder ein Bereich, von dem ich absolut gar nichts verstand. Also stürzte ich mich voller Eifer in den praktischen Erwerb des nötigen Wissens und lernte, was zu tun war. Ich sprach mit Vertriebsleitern und warb um Werbekunden. Ich wollte, dass meine Sendung so gut wurde, dass sie jemand kaufen würde. (Wohlgemerkt habe ich nicht mit Kreditkarten nach Produzenten geworfen, um meine Sendung zu finanzieren. Ich hatte immer noch keine! Ich war dazu gezwungen, mir etwas einfallen zu lassen – und ich verlor nie das große Gesamtbild aus den Augen). Ich stellte eine Pressemappe zusammen, suchte nach Sponsoren, trat der städtischen Handelskammer bei (deren Vorstand ich später angehören sollte), übte mich im Netzwerken und machte mich mit möglichst vielen Leuten bekannt, die mir weiterhelfen konnten. Das ging nicht in 48 Stunden. Es dauerte *Monate*, fast ein Jahr. Doch ich wollte es und es gehörte zu meiner Mission. Der Weg dahin war spannend. Ich hatte ein Ziel. Und ich war zuversichtlich, dass ich mein Schiff am Ende in den Hafen segeln würde.

Volltreffer! Die Autofirma Saturn erschien auf der Bildfläche und bot mir an, meine Sendung komplett zu sponsern, wenn ich live von verschiedenen Saturn-Filialen im Stadtgebiet von Las Vegas aus senden würde. Das Unternehmen wollte, dass Eltern ihren halbwüchsigen Kindern Saturns kauften. Die Beziehung gereichte beiden Partnern zum

Vorteil. Für mich war das ein magischer Moment. Die interaktive Tee-nie-Talkshow Teenscope Youth AM/FM war geboren. Danach nahm ich größere Projekte im Radio und darüber hinaus in Angriff. Was, wenn ich nun nicht so hartnäckig und entschlossen geblieben wäre? Was, wenn ich aufgegeben hätte? Vielleicht wäre ich dann nicht da, wo ich heute bin.

Inzwischen wissen Sie schon, wie wenig ich von dem Klischee halte, dass man zur rechten Zeit am richtigen Ort sein muss. Man muss ständig *überall* sein und anderen zeigen, dass man da ist. Es geht ums Tun und nicht ums Reden oder ums Denken. Genau deshalb reite ich so darauf herum, dass Sie aus der Gesprächsphase in die Umsetzungs-phase übergehen müssen. Sie müssen sich die Dinge schon zuerst im Kopf zurechtlegen, aber dann müssen Sie sie auch *tun*. Nur durch Aktivität entkommen Sie schlechten Schulden. Nur Aktivität eröffnet Ihnen die Gelegenheit, gute Schulden zu machen, die sich reichlich auszahlen werden.

Nur durch Aktivität werden Sie wieder und wieder Erfolg haben.

$

Denken macht müde. Wer zu viel grübelt, wird schläfrig, noch bevor er überhaupt aufgestanden ist. Angst und Stress lähmen. Ich nenne dass die „Analyseparalyse". Vielleicht denken Sie ja zu viel. Sie sitzen den ganzen Tag da und denken – unter der Last Ihrer Schulden –, um dann ... nichts zu unternehmen.

Handeln Sie auch. Und warten Sie ab, was passiert.

Werden Sie zum knallharten Realisten

Ich bin ein solcher. *Handeln* ist leichter gesagt als getan. Wenn es so einfach wäre, würde ich kaum erleben, dass dieselben Leute zum zweiten und dritten Mal auftauchen, um mich sprechen zu hören. Sie würden meine Botschaft verstehen und umgehend umsetzen und bräuchten keine weitere Hilfe oder Inspiration durch mich. Wie kommt das? Nun, die Ursache ist auch der Grund für dieses Kapitel: Schulden. Von allen Dingen, die unsere Ängste nähren und unsere Gedanken beherrschen, stehen Schulden an oberster Stelle. Das haben wir an Shanel gesehen. Ihre Schulden und „Verpflichtungen" nahmen in ihrem Kopf und Geist viel Raum ein. Schulden nehmen uns den Mut, die Dinge anders zu sehen, ein Wagnis einzugehen.

Ich werde meine Kreditkartenschulden nie los.

Mein Haus wird immer der Bank gehören.

*Ich werde nie die Stelle oder den Beruf wechseln … **weil ich Schulden habe.***

*Ich werde nie für mich arbeiten … **weil ich Schulden habe.***

*Ich werde nie frei sein … **weil ich Schulden habe.***

Kommt Ihnen das bekannt vor? Nun, Sie haben ganz recht. Sie werden das alles wirklich nie schaffen, wenn Sie keine radikale Veränderung vornehmen. Sie müssen *trotz* Ihrer Schulden Wagnisse eingehen, wenn sich jemals etwas ändern soll und Sie auf der Gewinnerseite stehen wollen.

Ich warne Sie!

Niemand kann von Geburt an laufen. Erst wurden Sie herumgetragen, anschließend haben Sie krabbeln, stehen und laufen gelernt … und irgendwann das erste Fahrrad mit Stützrädern bestiegen. Später kam dann das erste motorisierte Zweirad und schließlich der Autoführerschein. Damals erschien Ihnen die Freiheit grenzenlos. Niemand konnte Sie mehr bremsen – und das sollte auch heute niemand tun. Es ist erstaunlich, was man alles fertigbringt, wenn man noch nicht weiß, was man alles *nicht* kann. Verhaltensforscher sagen uns, dass wir mit zwei Urängsten geboren werden: der Angst vor lauten Geräuschen und der Angst vor dem Fallen. Das ist alles. Woher kommt aber dann die Angst vor dem Scheitern? Die Angst davor, Fehler zu machen? Die Angst vor Zurückweisung? Und die Angst, die wir gerade kennengelernt haben – die Angst vor Schulden? Das, meine Freunde, sind Ängste, die uns die Gesellschaft eingeimpft hat. Im Grunde sind all diese anderen Ängste also Lügen. Ganz schön verrückt, was?

Das erklärt, warum wir Ängste haben, die wir nicht haben sollten – etwa die Angst davor, ein Wagnis einzugehen. Wenn wir einen Einfall haben, sagt unsere innere Stimme manchmal prompt: „Das hat noch nie jemand gemacht, also wird es vermutlich schiefgehen. Wenn es eine gute Idee wäre, hätte es ja wohl schon irgendjemand ausprobiert." Oder: „Ich kann es mir nicht leisten, diese Idee zu testen. Das Geld ist jetzt schon knapp. Ich kann nicht noch mehr Schulden machen." Solche Gedanken kosten uns Energie und blockieren uns. Und wir bleiben im Teufelskreis schlechter Schulden und trüber Gedanken gefangen.

Überlegen Sie sich Folgendes: Wenn eine Idee tatsächlich nicht funktioniert, heißt das dann, dass *Sie* ein Versager sind? Nein. Es heißt schlicht und ergreifend, dass die Idee nicht eingeschlagen hat. Sie können daraus lernen. Sich weiterentwickeln. Die nächste Idee ausprobieren. Nichts anderes habe ich gemacht, als ich endlich den Zuschlag für meine Radiosendung in Vegas hatte. Nichts anderes habe ich Shanel empfohlen. Ihre Tätigkeit als Versicherungsvertreterin brachte sie nicht weiter. Für jemand anderen mochte das das richtige Leben sein,

aber nicht für sie. Deshalb war es an der Zeit, „die Nächste, bitte!"
zu rufen.

Sie wissen ja – wer nicht wagt, der nicht gewinnt. Schlagen Sie doch
mal im Wörterbuch unter *Misserfolg* nach. Irgendwo zwischen den vielen falschen Definitionen versteckt sich auch die richtige: *Unterlassung*,
Versäumnis.

Auf der anderen Seite der Ängste wartet die Erfüllung all Ihrer Wünsche.

Shanels Plan und ihre Strategie

Kommen wir noch einmal auf Shanel zurück. Sie fragen sich vermutlich,
wie es ihr ergangen ist. Hat sie gekündigt und noch eine Ausbildung
gemacht?

Na, na, nicht so hastig. Shanel ist ja noch in der Planungsphase. Während ihr Bauch ihr sagt, was sie tun *sollte*, stößt sie immer noch auf
Widerstand gegen die nötigen Handlungen. Als ich ein paar Wochen
nach unserem ersten Gespräch nach ihren Fortschritten fragte, wirkte
sie verwirrt und unmotiviert. Also stellte ich ihr weitere Fragen. Es war
Zeit für die zweite Runde.

„Was bedeutet dir Erfolg?"

Darauf wusste sie keine Antwort und sagte etwas wie *am Ende des
Tages zufrieden sein, als hätte man seinen Beitrag geleistet, denke ich.
Und sich nicht ständig ums Geld Gedanken machen.* Das reichte mir
nicht. Darin kamen nicht ihre Ideale und Leidenschaften zum Ausdruck.
Es war zu pauschal und zu vage. Sie hatte kein Ziel. Kein Wunder, dass
sie keine positive Einstellung entwickeln konnte.

Für manche dreht sich Erfolg ganz allein ums Geld. Wer eine Million im
Jahr verdienen kann, ist „reich". Für andere besteht Erfolg darin, den

idealen Beruf zu haben oder glücklich verheiratet zu sein oder ein vollkommenes Leben zu leben. Wer sich „vollkommen" fühlt – was auch immer das im Einzelfall bedeuten mag –, der ist erfolgreich. Die Menschen haben noch andere Definitionen für Erfolg gefunden, doch eines trifft auf jeden Fall zu: Erfolg muss definiert werden und ein Ziel muss gesetzt werden, damit es erreicht werden kann. Jeder möchte gern glücklich sein. Das versteht sich von selbst. Doch wenn das Ihre Definition von Erfolg ist, wie machen Sie daran konkrete Ziele fest? Diese Definition ist zu weit gefasst. Zu unbestimmt. Tut mir leid, aber sie ist einfach schwammig. Das Gleiche gilt für „Erfolg" als Ziel in einem Vakuum. Erfolg sollte, wie wir jetzt wissen, als Lebenshaltung betrachtet werden – wie Glück.

„Deine Schulden werden ohne entsprechenden Plan kaum von allein verschwinden, oder?", fragte ich Shanel. Sie nickte zögernd. „Nun, und der Erfolg wird sich ohne Plan auch nicht von selbst einstellen. Was du tun musst, ist, deine Einstellung gründlich zu überdenken."

Das war eine wichtige Lektion, die Shanel lernen musste. Sie hatte keine klare Definition von Erfolg, die ihren Bedürfnissen, Wünschen und Träumen entsprach. Sie hatte weder eine klare Mission, noch einen Plan zum Erreichen dieses Erfolgs.

Ich riet ihr, sich das Erreichen eines Ziels als Abstecher zur nächsten Tankstelle vorzustellen, wenn das Benzin langsam knapp wird. „Wie kannst du auf kürzestem Weg zur Tankstelle kommen, wenn du keine klare Route im Kopf hast? In dieser Situation würdest du ja auch nicht einfach durch die Gegend fahren und hoffen, dass du Glück hast und plötzlich von selbst hinfindest. Du würdest herausfinden, wo die Tankstelle ist, noch bevor du dich ins Auto setzt und den Motor startest."

Nicht anders ist es im wirklichen Leben. Wieso sollten Sie kostbare Tage verstreichen lassen und Energie und andere Ressourcen verschwenden, solange Sie nicht genau wissen, wofür?

Die drei Fragen

1. Was fällt Ihnen leichter als anderen?
2. Was könnten Sie jahrelang machen, selbst wenn Sie kein Geld dafür bekämen?
3. Wie können Sie sich nützlich machen – wie können Sie anderen und Ihrer Gemeinde etwas zurückgeben?

So banal sich diese Frage anhören mag, viele Menschen – auch Shanel – leben so und fragen sich, warum sie nie ganz zufrieden sind. Und aus demselben Grund quälen sie sich ihr Leben lang mit der falschen Sorte Schulden. Ich drängte Shanel, ernsthaft darüber nachzudenken, was sie wirklich glücklich machen würde. Ich sagte ihr, sie solle sich selbst als Juristin vorstellen. Ich sagte, sie solle sich vorstellen, im Haus ihrer Träume zu leben und in der Lage zu sein, jeden Monat sämtliche Rechnungen zu begleichen und trotzdem noch reichlich Geld übrig zu haben. Sobald sie sich dies vorstellen könnte, könnte sie ihr Ziel festlegen und eine Route skizzieren, die die Schritte enthielt, die sie dorthin bringen würden. Ich schrieb ihr meinen Drei-Fragen-Test auf, dem ich sie schon bei unserem ersten Gespräch unterzogen hatte, und ließ sie ihn noch einmal machen. Nur, um ganz sicherzugehen.

„Keine Angst, du musst nicht gleich *alle* Ziele auf einmal festlegen", beruhigte ich sie. „Für heute reicht das erste. Die übrigen erkennst du dann schon, wenn du erst losgelegt hast. Du schmiedest dir dein Schicksal nicht selbst. Du *entdeckst* es."

Unser Endziel – die Erfüllung unserer Träume – erscheint uns oft unerreichbar. Doch wer schaut schon gern hundert Kilometer weiter, wenn die nächsten paar Kilometer schwierig genug wirken? Macht sich ein Medizinstudent im ersten Semester Gedanken um Operationen am offenen Herzen? Sicher nicht. Aus diesem Grund ist es besser, das Ziel in kleineren Schritten anzugehen, die man einen nach dem anderen zurücklegt. Für Shanel, die nach der Beantwortung der drei Fragen immer noch Juristin werden wollte, bestand der erste solche Schritt darin, sich einen Kalender zu holen, das Einschreibungsverfahren zu planen und schließlich zu kündigen. Währenddessen würde sie, solange sie noch Geld verdiente, in erster Linie ihre Kreditkartenschulden abtragen und vielleicht ihr Haus verkaufen.

Der Gedanke an diese Veränderungen war beängstigend. Doch ich wusste, dass ihre Zielstrebigkeit die Angst bald überwinden würde, denn danach sehnte sich Shanel im Grunde. Ich bin mir sicher, dass sie erreichen wird, was sie sich wünscht, wenn sie nur bei der Stange bleibt und weitermacht.

Ihre Vorstellung von Erfolg ist vielleicht, kleinen Kindern Lesen und Schreiben beizubringen oder eine Fußballmannschaft zur nationalen Meisterschaft zu führen. Vielleicht stellen Sie sich Erfolg aber auch so vor, dass Sie ein millionenschweres Unternehmen besitzen oder sich ins Topmanagement eines Großkonzerns hocharbeiten. Wie auch immer Sie Erfolg für sich definieren, er muss Ihr Lebensziel werden.

Lassen Sie sich von Ihren Leidenschaften mitreißen. Kommen Sie mit Ihren Schulden zurande und Sie werden dieses Problem am Ende lösen. Lassen Sie nicht zu, dass Lügen und Ängste die Wahrheit verdrängen. Vergessen Sie nie, dass Schulden kein Schicksal sind. Sie sind kein Zweck zum Mittel, sondern Mittel zum Zweck – wenn sie mit einer Mission, einem Plan und dem entsprechenden Handeln einhergehen.

Für mich das Steak, bitte

Eine meiner Lieblingsanekdoten, die ich bei Vorträgen gerne erzähle, beginnt mit der Frage, wie viele der Anwesenden Hundehalter sind. Viele Hände gehen in die Höhe. Auf die Frage, wie viele der Anwesenden Hunde mögen, gehen wiederum viele Hände in die Höhe. Dann stelle ich die folgende Frage: *Mögen Hunde Knochen?* Ich halte dem Publikum das Mikrofon hin und warte auf ein schallendes JA. Ist es erfolgt, liefere ich die Pointe nach: *Nein, Hunde mögen keine Knochen. Sie mögen lieber Steaks. Sie nehmen die Knochen nur, weil sie nichts anderes kriegen!*

Womit geben Sie sich in Ihrem Leben zufrieden?

Wenn ich Sie wäre, ich würde mich für das Steak entscheiden.

Wer eine Idee hat, besitzt auch immer die Macht, sie zu verwirklichen. Plagen muss er sich aber dennoch.

– Richard Bach

6

Die Lüge von Google und Gates

Lüge: Ich muss supergescheit sein und etwas Weltbewegendes erfinden, um reich zu werden.

Wahrheit: Mit Intelligenz, Verstand und Erfindergeist allein kommen Sie nicht weit. Große Erfolge entstehen aus der Befriedigung kleiner Nischen.

Geschichten wie die von Microsoft, Apple oder Google sind einesteils spannend, andernteils aber auch bedrückend. Sie machen es schwer, daran zu glauben, dass man auch ohne spektakuläre Erfindungen, die praktisch jeden Tag überall auf der Welt nachgefragt werden und Jahr um Jahr Updates erfordern, Erfolg haben kann. Und das gilt nicht nur für Technologie und Computer, sondern für „Erfindungen" aller Art – einschließlich solcher wie Harry Potter, die Phat-Farm- und Def-Jam-Imperien und die Stars der Lebensmittelbranche wie McDonald's, Coca-Cola und Heinz.

Sicher wäre es nett, in die Fußstapfen von Bill Gates, Russell Simmons, J. K. Rowling oder der Google-Gründer Larry Page und Sergey Brin zu treten. Doch wir wollen uns nichts vormachen: Diese Kuchen sind schon verteilt und es gibt Millionen anderer da draußen, die es geschafft haben, ohne diesen Weg einzuschlagen. Also keine Panik. Wie ich schon sagte, es war nie so einfach wie heute, Informationen zu beschaffen, sich weiterzubilden, mit traditionellen Regeln zu brechen, ein Kleinunternehmen zu gründen und die eigene Erfolgsleiter hochzuklettern. Traditionelle Wege zum Reichtum sind überholt. Heutzutage ist es zum Beispiel keine Erfolgsgarantie mehr, von einer Eliteschule zu kommen und einen akademischen Abschluss zu haben. (So wurde Gates, der zwei Jahre vor der Abschlussprüfung die Harvard-Universität verlassen hat, von der Zeitschrift *Time* als eine der einflussreichsten Persönlichkeiten des 20. Jahrhunderts bezeichnet.) Das Gleiche gilt (so leid es mir tut, Herr Gates) auch für die Erfindung eines Geräts, auf das die Welt gewartet hat. Wer zu groß denkt, lässt sich davon mitunter einschüchtern und lähmen. Vielleicht verlieren Sie den Mut und bekommen Angst, weil Sie denken: „Das schaffe ich nie. Das ist einfach zu viel Arbeit. Ich bin viel zu weit im Rückstand. Und ein anderer könnte schneller sein."

Realitäts-Check: Erfolg misst sich längst nicht mehr danach, ob man auf irgendeinem Gebiet die Nummer 1 oder die Nummer 2 ist. Es geht darum, eine Nische zu finden und etwas Neues zu entwickeln oder ein vorhandenes Produkt oder eine Dienstleistung zu verbessern (darum, die sprichwörtliche „bessere Mausefalle" zu bauen – ein Klischee, das den Nagel auf den Kopf trifft!).

So hoch wie Microsoft oder Google müssen Sie gar nicht hinaus. Sie brauchen nicht der nächste Medien- oder Unterhaltungsmagnat zu werden – ein zweiter Sean „Diddy" Combs oder Rupert Murdoch. Übrigens haben auch diese beiden einst klein angefangen und sich Schritt für Schritt hochgearbeitet. Sie sind nicht über Nacht dorthin gekommen, wo sie heute stehen. Kennen Sie Shigeru Miyamoto? Ich gebe Ihnen einen kleinen Tipp: Er hat vor Jahrzehnten eine Nische entdeckt, als er sich die jetzigen Ikonen Mario und Donkey Kong ausdachte. Heute ist er der gefeierte Vater des modernen Videospiels und arbeitet an seinem neuesten Markterfolg – dem Wii-System von Nintendo. Als kleiner Junge hat Miyamoto gern gezeichnet, Bilder gemalt und die Gegend rund um sein Elternhaus erkundet. Dass seine kreativen Interessen, zu denen auch eine Faszination für die Entdeckung versteckter Höhlen, Seen und anderer natürlicher Gegebenheiten gehörte, die populäre Legende von Zelda hervorbrachten, ist nicht weiter verwunderlich. Doch natürlich musste er dafür seine Interessen und Begabungen nutzen. Genau das tat er, als er 1977 ein Treffen mit dem Chef von Nintendo in Japan arrangierte. Er wurde als künstlerischer Mitarbeiter eingestellt und in der Planungsabteilung ausgebildet. Der Rest ist Geschichte.

Als zwei ganz normale Typen Mitte 20 beschlossen, den Menschen eine Möglichkeit zu geben, weltweit im Internet Originalvideos zu sehen und zu tauschen (nämlich YouTube), hätten sie nie zu träumen gewagt, dass diese Nischenidee über 70 Millionen begeisterte Zuschauer pro Tag finden würde, die die Inhalte aufsaugen, und in nicht einmal zwei Jahren 1,65 Milliarden US-Dollar wert sein würde. Das war der Schritt von Minifilmchen auf den Massenmarkt.

Die Nischen von heute sind die großen Erfolge von morgen. Sie müssen lediglich klein anfangen und dann in winzigen Schritten vorangehen.

Und der erste Schritt dazu ist nur, sich eine Einstellung anzueignen, die diese dreiste Lüge entlarvt und die Wahrheit enthüllt.

Die Lüge von Google und Gates

Mit Intelligenz, Verstand und Erfindergeist allein kommen Sie nicht weit. Große Erfolge entstehen aus der Befriedigung kleiner Nischen. Keine Idee ist so dumm, dass man nicht Millionen von Menschen davon überzeugen kann.

Ganz ohne Doktortitel

Man kann an und mit allem Geld verdienen. Oft merken wir gar nicht, wie einfach Ideen oder Konzepte sind.

Realitäts-Check: Nur solche Ideen bringen Geld, die auch umgesetzt werden.

Calvin Coolidge hatte ganz recht: Nichts ist so häufig wie erfolglose Menschen, die Talent haben. Das verkannte Genie ist beinahe ein geflügeltes Wort und die Welt ist voller abgehalfterter Gelehrter.

Schauen Sie sich doch nur einmal um. Jedes Ding, das wir berühren, bewundern oder verwenden, hat irgendjemand erfunden – und vermutlich haben Sie es gekauft. Beim Unternehmertum dreht sich alles um das Gesetz von Angebot und Nachfrage. Sie erkennen, dass Nachfrage besteht, und schließen die Lücke durch ein entsprechendes Angebot. Dabei muss es sich nicht unbedingt um etwas Greifbares handeln oder um eine fundierte Weisheit, die auf jahrelanger Schulbildung basiert wie bei Berufsgruppen wie Anwälten, Ärzten, Wissenschaftlern, Ingenieuren, Doktoren und ähnlichen. Es kann auf Ihren Fachkenntnissen beruhen, die Sie in einer Branche erworben haben, in der Sie schon lange tätig sind. (Die beiden Schlüsselbegriffe sind hier Fachkenntnisse und Erfahrung.) Es kann irgendeine Erfindung sein, die Sie in Ihrem Keller selbst gebastelt haben oder ein geheimes Familienrezept, das Sie zubereiten und hübsch verpackt auf den Markt bringen. Auch auf dem Verkauf von Wasser sind schon erfolgreiche Unternehmen aufgebaut worden. Und es gibt jede Menge Leute, die zwar die Ideen haben, aber denen entscheidende Kenntnisse fehlen, um diese alleine umzusetzen. Solche Menschen suchen sich Partner oder Mitarbeiter, um ihre Ideen zu verwirklichen – und ihre Erfolgschancen zu verbessern. Jeder Unternehmer betritt auf seinem Werdegang unbekanntes Terrain – und dann braucht er andere.

Zugestanden, manchmal ist eine gründlichere Ausbildung erforderlich, um Ihre Ideen auszuarbeiten oder vollständig umzusetzen. Das stelle ich nicht in Abrede. Ich bin ja gar nicht gegen eine formelle Ausbildung. Ich vertrete den Standpunkt, dass Bildung sehr wichtig ist, ob sie nun formell oder informell erworben wurde. Doch mit einem Abschluss allein ist noch kein Geld verdient – Geld verdienen SIE mit Ihren cleveren Einfällen und damit, wie gut Sie diese ausführen. SIE müssen Ihre Bildung und Ihre Abschlüsse hernehmen und etwas daraus machen. Dabei entwickelt sich jeder anders. Sie können zum Beispiel eine Idee ins Rollen bringen und sich selbst weiterbilden, wie Sie es für richtig halten – vor allem, wenn Sie wissen, dass Ihr Plan aufgeht. Heutzutage wird Bildung von den einschlägigen Institutionen nach Bedarf flexibler vermittelt. Sie müssen sich daher nicht mehrere Semester lang in eine traditionelle Lernumgebung zurückziehen und sich dadurch von der Konzentration auf Ihre Ideen ablenken lassen. Andererseits verlangen manche beruflichen Werdegänge formelle Ausbildungen. Wenn Ihre Leidenschaften und Begabungen darauf hinauslaufen, dass Sie Anwalt oder Architekt werden sollten, sollten Sie eine solche Ausbildung lieber rasch hinter sich bringen, als ewig daran herumzulaborieren. Das kommt auch billiger und ermöglicht es Ihnen, eher die verschiedenen Optionen zu nutzen, die dieser Abschluss mit sich bringt – eventuell auch die Gründung Ihres eigenen Unternehmens.

Die geborenen Unternehmer

Gibt es Unternehmergene? Kommt man mit diesen – oder ohne sie – zur Welt?

Wenn es irgendwo auf der Welt geborene Unternehmer gibt, dann wohl in den Entwicklungsländern. Bedenken Sie: Wenn Sie in ein Umfeld hineingeboren werden, in dem Sie erfinderisch sein müssen, um Ihr Überleben zu sichern – um sich mit dem Lebensnotwendigen zu versorgen wie Nahrung, Wasser und einem Dach über dem Kopf –, dann wird automatisch Unternehmergeist geweckt. Die Menschen, die in die Vereinigten Staaten einwandern, haben in der Regel eine „Ich kann alles"-Mentalität. Warum? Weil sie in ein Land kommen, dass im Vergleich unbegrenzte Möglichkeiten bietet und, wenn überhaupt, dann nur sehr wenige Hindernisse. Sicherlich würde nicht jeder, der in den USA lebt, sagen, dass sein Leben supertoll und problemlos ist, doch die Kämpfe, die viele Einwanderer in ihren Heimatländern auszufechten haben, verblassen, wenn Sie endlich in die „Großartigen Staaten" kommen – wenn auch ohne Geld, ohne Kredit, mit wenig Erfahrung und ohne Job.

Ich glaube fest, dass jeder Mensch das Zeug zum Unternehmer hat. Das ist in unseren Zellen kodiert, weil die Menschen seit Jahrtausenden auf diesem Planeten um ihr Überleben kämpfen. Denken Sie an unsere Vorfahren, die Höhlenmenschen, die jeden Tag mit lebensbedrohlichen Situationen konfrontiert waren. Sie hatten nicht den Luxus, den wir heute genießen. Diejenigen, die sich am weitesten vom besiedelten Gebiet weg wagten, waren die besonders risikobereiten Unternehmer. Und sie strebten nach denselben Dingen, nach denen Unternehmer bis heute streben – nach Abenteuern, nach Neuem, nach Autonomie und vielleicht nach einem besseren Leben.

Was aber die Einwanderer mit ihrer besonderen Mentalität von all jenen unterscheidet, die mit Vorsprung ins Spiel gegangen sind, ist ihre Einstellung. Es gibt da eine alte Geschichte über eine Schuhfabrik, die Ende des 19. Jahrhunderts zwei Vertreter nach Afrika schickte, um das dortige Marktpotenzial zu bewerten. Der erste schrieb nach Hause: „Hier trägt kein Mensch Schuhe… als Markt vollkommen uninteressant." Bald darauf traf die Nachricht des anderen ein: „Hier trägt niemand Schuhe… ein fantastischer Markt." Erkennen Sie den Unterschied in der Sichtweise? Der zweite Vertreter wittert eine Goldgrube – Möglichkeiten in Hülle und Fülle – und denkt dabei nicht nur aufgeregt daran, Schuhe zu verkaufen, sondern auch daran, den Einheimischen zu zeigen, wie und warum man sie trägt. Außerdem ist er froh, dass seine Firma ihn hergeschickt hat. Der erste Repräsentant hält sich für geschlagen. Die einzige Möglichkeit, die er sieht, ist eine Kehrtwende. Und er ist unglücklich darüber, dass ausgerechnet er nach Afrika geschickt wurde.

Zwei verschiedene Einstellungen. Ein Markt. Und welcher der beiden wird am Ende Geld verdienen?

Manchmal ist leicht zu übersehen, was für einen anderen auf der Hand liegt. Als Amerikaner hören wir oft nicht auf unseren angeborenen Unternehmergeist, weil uns so viel in die Wiege gelegt wurde und wir von noch viel mehr umgeben sind. Manche von uns glauben vielleicht, Mangel erlebt zu haben, doch die meisten werden nicht auf der Straße geboren. Und wir müssen auch nicht an einer schmutzigen oder unbefestigten Straßenecke um Essen betteln oder kilometerweit laufen, um frisches Wasser zu holen. Ich wünschte, jeder Amerikaner würde seine innere Fuchs-und-Hase-Mentalität so anerkennen und begrüßen wie die Einwanderer. Der Hase rennt dem Fuchs davon, weil es um sein Leben geht. Für den Fuchs dagegen geht es nur ums Abendessen. Nun frage ich Sie: Wie hungrig sind Sie? Laufen Sie um Ihr Abendessen? Oder laufen Sie um Ihr Leben?

Als ich letztes Jahr auf St. Thomas war, traf ich einen Mann mit einem Esel, der als Frau verkleidet war – mit Make-up und spärlicher Bekleidung. Die Touristen waren begeistert und der Kerl machte Tag für Tag ordentlich Gewinn. Jedes Mal, wenn jemand kam, um sich mit dem Esel fotografieren zu lassen, nahm er höflich etwas Geld entgegen. Wer ärmere Länder besucht, wird vermutlich feststellen, dass die Menschen mit allem Möglichen handeln, um sich und ihre Familien irgendwie über die Runden zu bringen. Das sind echte Unternehmer. Stellen Sie sich nur vor, wie weit sie es bringen könnten, wenn sie die Möglichkeiten hätten, die uns hier in den Staaten geboten werden.

Als Ablade Odoi-Atsem 1984 aus Ghana in die Vereinigten Staaten auswanderte, trug er die Sehnsucht in sich, Unternehmer zu werden und irgendwann seine eigene Firma zu gründen. Die nächsten 15 Jahre arbeitete er in der Baubranche und erwarb dort Erfahrungen im

Projektmanagement und in der Kostenkontrolle. 1998 gründete er dann Odoi Associates, Inc. Während seiner ersten Jahre in den Vereinigten Staaten eignete er sich Kenntnisse in Bautechnik an und besuchte Postgraduiertenkurse in Finanzwirtschaft und internationaler Betriebswirtschaft, um so möglichst viele der Fähigkeiten zu erwerben, die er brauchte, um ein erfolgreiches Unternehmen zu führen. Er wollte ein Unternehmen gründen, das sämtliche Baudienstleistungen aus einer Hand anbieten konnte, mit besonderem Schwerpunkt auf Qualität und Kundenfreundlichkeit. Das war in jeder Hinsicht mit der Entwicklung einer besseren Mausefalle vergleichbar. Odoi-Atsem räumt ein, dass er seine private Kreditkarte bis zum Limit strapazieren musste, um sich selbstständig zu machen. Seinen Erfolg schreibt er zum großen Teil dem Umstand zu, dass er die richtigen Mitarbeiter und Partner ausgewählt hat. Sie alle brachten weitere entscheidende Fähigkeiten und Kenntnisse mit. Das sollten Sie sich merken. Wenn Sie Know-how oder Kompetenzen brauchen, um Ihre Ideen noch besser auszuführen, sollten Sie nicht zögern, diese von anderen zu beziehen. Am Anfang muss man zunächst meist auf die eigenen Fähigkeiten vertrauen und sich um alles selber kümmern. Später dann muss man anderen aufgeschlossen begegnen, die den eigenen Horizont erweitern, den Kundenkreis vergrößern und den Umsatz steigern können. Die Erfahrung anderer wird Ihnen auch helfen, Trends und anstehende Veränderungen bei Technologien oder in der Branche früh zu erkennen und sich besser anzupassen und zeitgemäß weiterzuentwickeln.

Heute ist Odoi-Atsems Firma eine treibende Kraft in der Branche. Sie hat sich auf Regierungsaufträge spezialisiert. Als diese Zeilen geschrieben werden, ist Odoi Associates ein 8,3 Millionen US-Dollar schweres Unternehmen, das auf globale Expansion im privatwirtschaftlichen Sektor ausgerichtet ist. Im letzten Jahr rangierte es auf der Liste der wachstumsdynamischsten Unternehmen der Zeitschrift *Entrepreneur*, den „Hot 500", auf Platz 96.

> Es gibt eine Unzahl von Zeitschriften für Unternehmer auf der Suche nach Ideen und Anregungen mit Schritt-für-Schritt-Anleitungen zu vielen Einzelpunkten. Achten Sie doch mal auf *Entrepreneur, Inc., Wired, SmartMoney, Fast Company, Business 2.0, Fortune* und andere Titel, die Ihr Interesse erregen, wenn Sie das nächste Mal an einem Kiosk vorbeikommen. 2006 brachte der Kleinunternehmerverband Small Business Administration unter www.mindyourownbusiness.org „Mind Your Own Business" heraus, das Jungunternehmern von der Gründungsidee bis zum ersten Umsatz führen sollte. Wenn Sie sich selbst nicht mehr in die Kategorie „jung" einordnen würden (weil Sie kein Teenager mehr sind), versuchen Sie es doch mal mit der Website www.sba.gov. Schauen Sie sich auch nach Fachzeitschriften um, die den Bereich abdecken, in dem Sie besonders gut sind. Manche davon kennen Sie vielleicht gar nicht – etwa *Marie Claires Idees, Fine Woodworking, Paper Crafts* oder *Knitter's*. Wenn Sie an Ihrem Kiosk nicht das Gewünschte finden, probieren Sie es doch bei Amazon.com. Dort können Sie nach ganz bestimmten Themen suchen. Am Kiosk und online unter www.prominentmagazine.com erhalten Sie meine Zeitschrift *Prominent*. Sie steckt voller Ideen und Anregungen, die Sie auf den richtigen Weg bringen.

Und jetzt frage ich Sie, ob wir Odoi-Atsems Erfolg auf Glück oder Beziehungen zurückführen können? Nein. Auf Berühmtheit? Wohl kaum.

Auf Reichtum? Fehlanzeige. Auf Schuldenfreiheit? Auch nicht. Odoi-Atsem hatte Unternehmergeist – und den Antrieb, die Tatkraft und den Ehrgeiz, seinen Traum zu verwirklichen.

Der lange Schwanz

Was das Konzept der Nische bedeutet, ist vielleicht nicht jedem auf Anhieb klar. Lassen Sie mich daher unmissverständlich erläutern, was das heißt. Technisch ist eine Nische eine kleine, klar definierte Gruppe potenzieller Kunden. Sammler seltener Münzen oder Spielzeuge stellen einen solchen Nischenmarkt dar. Anhänger wettbewerbsorientierter Freizeitsportarten wie Marathonlauf oder Triathlon sind eine solche Nischengruppe. Menschen, die davon leben, Häuser umzugestalten, stehen für eine Nische. Einfach formuliert ist eine Nische etwas, was Sie gut kennen und das Sie begeistert. Und wenn Sie einen Bedarf an einem Produkt oder einer Dienstleistung in dieser Nische befriedigen, dann sind Sie ein Nischenanbieter. Früher einmal hat auch eBay einen Nischenmarkt bedient – für Menschen, die Spaß daran hatten, Gebrauchtwaren zu versteigern. Auch Match.com war ein Nischenunternehmen und wandte sich an Kunden, die Kontakte suchten und Hilfe brauchten. Selbst Hip-Hop-Plattenfirmen galten einst als Nischenunternehmen. Sie halfen Gleichgesinnten, ein Leben und eine Kultur zu zelebrieren, wie sie sie kannten. Dass die Fähigkeit zum Entdecken einer Nische stark davon abhängt, wie gut man sein Publikum und dessen Bedürfnisse kennt, ist keine Überraschung. Es kommt im Grunde darauf an, wie lang Ihre Frackschöße sind.

Im Jahr 2006 brachte Fachautor Chris Anderson sein Buch *The Long Tail: Why the Future of Business Is Selling Less of More* [1] heraus. Dieses Buch ist eine provokative Abhandlung über die Macht der Nischen und

---

1) A.d.Ü.: dt. Erschienen: *The Long Tail – Der lange Schwanz: Nischenprodukte statt Massenmarkt – Das Geschäft der Zukunft*, Hanser Wirtschaft, 2007.

darüber, dass wir in einer Welt leben, in der Bestseller und Kassen-schlager nicht mehr das sind, was sie einmal waren. So schalten zum Beispiel nicht mehr alle dieselben Fernsehsendungen ein oder lesen die gleichen Bücher. Wir kaufen nicht mehr die gleichen DVDs, CDs, Spielsachen oder Haushaltswaren. Was dafür verantwortlich ist? Die unendlichen Möglichkeiten, die uns das Internet mit seinen zahllosen Verkäufern und Inhalten bietet. Früher war die Zahl der Regale in konventionellen Läden begrenzt. Jetzt können wir uns mit einem Dop-pelklick in jedes Geschäft und auf jeden Markt begeben. Das Ergebnis ist laut Anderson die „Aufsplitterung des Mainstream in zahllose un-terschiedliche kulturelle Splitter", wodurch „unzählige Nischen" ge-schaffen werden, die Marktchancen für all jene bieten, die ihre Netz breiter ausgeworfen haben und weniger auf potenzielle Blockbuster achten.

Ich will Ihnen erklären, was mit dem Konzept vom Schwanz gemeint ist. Stellen Sie sich eine glockenförmige Kurve vor. Der mittlere Bereich bildet die Bestseller und Markthits ab – jede Menge Eintagsfliegen an jedem beliebigen Punkt. Wenn Sie aus der Mitte abrücken, läuft die Kurve seitlich in zwei Schwänze aus. Dort befinden sich diese vielen Millionen Splitter. Dort treffen zahllose Ideen auf zahllose Menschen, die parat stehen und nur auf das richtige Produkt oder die richtige Dienstleistung warten. Und weil die Zahl dieser perfekten Paarungen unbegrenzt ist, ergeben sich mit jedem Bestseller Chancen in Hülle und Fülle – die Chancen, weitere Artikel an eine geringere Zahl von Men-schen zu verkaufen. Für den Unternehmer, der gerade nicht mit einer spektakulären Idee aufwarten kann oder Zeit braucht, bis diese ein-schlägt, ist das eine gute Nachricht. Mit langen Kurvenausläufern, auf denen er eine Nische findet, die gerade groß genug ist, um im Geschäft zu bleiben, ist er besser bedient. Mit der Zeit kann er dann bis in die

Mitte vorrücken und hat die Chance, dass sich seine Idee zum Bestseller auf dem breiten Markt entwickelt.

Vielleicht ist das aber auch gar nicht nötig. Sie können ohne Weiteres auch in Randbereichen gute Geschäfte machen, in dem Sie etwa eine bestimmte Nische mit mehreren verwandten Produkten versorgen. So haben es eBay-Millionäre gemacht. Das Online-Auktionshaus ermöglicht es jedermann auf der ganzen Welt nahezu jede beliebige Ware zu verkaufen. Es ist quasi eine Dachkonstruktion über unzähligen Nischenmärkten und bietet das ideale Forum zur Knüpfung von Kontakten zwischen Käufern und Verkäufern aller erdenklichen Artikel. Manch einer hat sogar ein erfolgreiches Unternehmen darauf aufgebaut, indem der solchen Käufern einfach geholfen hat, Verkäufer zu erreichen. Das war zum Beispiel bei Amy Mayer und Ellen Navarro der Fall. Die beiden 25-Jährigen hatten in Chicago einen eBay-Drop-off-Store namens Express Drop gegründet. Die Nische? Sie verkaufen Artikel in Kommission für Einzelpersonen und Einzelhändler des gehobenen Marktsegments. 2006 machten sie damit über 1,4 Millionen US-Dollar Gewinn. Der 31-jährige Dan Glaser baute auf seiner Leidenschaft für Modelleisenbahnen auf (seine Nische) und begann damit, Eisenbahnen und Zubehör über eBay zu verkaufen – mit einem Volumen von 2,5 Millionen US-Dollar im Jahr. Seine unternehmerischen Kurvenausläufer sind lang. Die Zahl der Menschen, die seine Begeisterung für Modelleisenbahnen teilen, ist zwar gering und verhältnismäßig begrenzt, doch dieselben Kunden kommen immer wieder, um ihre Sammlungen aufzustocken. Der 28-jährige James Anderson verkaufte 2006 über die Website so viel iPod-Zubehör und Zaubereiartikel wie Schwerter, Kelche, Runen und Zauberstäbe, dass er 2 Millionen US-Dollar einnahm. iPod-Accessoires mögen mittlerweile zum Mainstream zählen, doch Schwerter und Kelche? Offenbar gehören dieser Nische genügend Menschen an, und auch diese kommen immer wieder. Dadurch, dass Anderson an eine bescheidene Zahl von Kunden zahllose seltsame Dinge verkauft, ergibt sich unter dem Strich eine ähnliche Situation wie beim Verkauf eines einzigen Warentyps an eine Menge Menschen.

Natürlich wird nicht alles online ge- und verkauft. Auch in der realen Offline-Welt gibt es viele Nischen, die gefüllt werden können. Nehmen Sie beispielsweise Tina Wells. Mit 26 Jahren ist sie gegenwärtig Chefin der Buzz Marketing Group, einer Firma mit Sitz in New York, die seit elf Jahren für andere Unternehmen Marktforschung bei jüngeren Generationen betreibt. Begonnen hat sie mit 16, als sie für die Teeniezeitschrift *New Girl Times* erste Berichte über Produkte von Unternehmen verfasste, die auf junge Konsumenten abgestellt waren. Tina nutzte ihre Begeisterung für Mode und die Pop-Kultur und erkannte eine Kluft zwischen den Wünschen der Teenager und den irregeleiteten Produkten und Dienstleistungen vieler Unternehmen. Als sie damit anfing, Berichte und Vorschläge direkt an die betroffenen Unternehmen zu schicken, war die Reaktion überwältigend positiv. Offenbar schloss sie eine klaffende Lücke. Ihre Firma setzt heute über 3,3 Millionen US-Dollar im Jahr um und genießt bei Kunden wie Nike, Dickies, Sony BMG, *Essence*, American Eagle und NBC Universal höchstes Ansehen. Sie ist für mich der Inbegriff eines erfolgreichen, gefeierten Menschen, der seine Fähigkeiten und Leidenschaften täglich in bare Münze umsetzt.

Eine weitere Frau, die eine Nische für sich entdeckt hat, ist Monica Higgins, die Gründerin von Renovation Planners im kalifornischen Culver City. Ihre Geschichte beweist, dass sich auch in Ihrer kleinen Gemeinde Nischen finden lassen, die dann auf andere Orte übertragen werden können. 2006 stellte sie fest, dass Eigenheimbesitzer in ihrer Gegend dringend Hilfe bei der Umgestaltung ihrer Immobilien benötigten. Sie wusste aus Erfahrung, dass das viel Geld kostete und häufig schwierig und mit Ängsten befrachtet war. Also gründete sie ein Unternehmen, um die Teams von Ausstattern, Architekten, Subunternehmern und Technikern zu koordinieren und Renovierungen von der Idee bis zur Fertigstellung zu begleiten. Monica Higgins hat nachweislich wenig Ahnung von technischen Dingen. Sie ist weder Ingenieurin noch Architektin. Doch sie beherrscht es mustergültig, detailgenau zu managen und dafür zu sorgen, dass alles reibungslos abläuft. Sie bietet Immobilieneignern mehr als gespartes Geld. Sie nennt sich selbst voller Begeisterung „Hire-it-done"-Hauseigentümerin, die den Menschen hilft, die „Remodelitis"™ zu überwinden. (Diese griffige Bezeichnung ließ sie übrigens als Marke schützen.) Was Monica Higgins bietet, ist Seelenruhe und ein effizienteres System für Menschen im Renovierungsprozess. Indem sie alle beteiligten Akteure koordiniert, die Auftragnehmer überwacht und die Gesamtstrategie im Auge behält, hilft ihre Firma ihren Kunden, ihr Endziel schneller zu erreichen und kostspielige Änderungen während oder gar nach Abschluss des Projekts zu vermeiden.

Als alleinige Eigentümerin hat sie mit 20.000 US-Dollar angefangen und leitet jetzt ein 250.000 US-Dollar schweres Unternehmen, das auf Expansion setzt und bald schon Kunden außerhalb Südkaliforniens anwerben könnte. Ihr Unternehmen hat auch bei HDTV und dem Heimwerkersender DIY Network Aufmerksamkeit erregt. Ihr Erfolg ist ein großartiges Beispiel dafür, wie man auf der eigenen Leidenschaft und Begabung fürs Projektmanagement ein lukratives und gefragtes Unternehmen aufbauen kann.

Wenn Sie gut organisieren können und gern Teams, Projekte und Ziele koordinieren, sollten Sie sich fragen, in welchen Nischen, die Sie in Ihrem Umfeld, Ihrem Wohnort oder der ganzen Welt erkennen, genau diese Managementfähigkeiten gefragt sind. Keine Angst, Sie wissen ja, dass Sie dafür nicht das ganze technische Know-how besitzen müssen.

Gute Manager verfügen häufig über viel soziale Kompetenz. Die genialen Techniker dagegen haben oft kommunikative Schwächen und brauchen mitunter die Hilfe eines versierten Managers, um ihre Fähigkeiten optimal zu nutzen und einzusetzen. Stellen Sie sich vor, Sie stünden am Ruder eines großen Unternehmens, das ein Kompetenzspektrum aus ganz verschiedenen „Abteilungen" zusammenstellt, damit eine bestimmte Aufgabe erledigt wird ... und Sie sind dabei für die Auswahl und Koordinierung der wichtigsten Elemente verantwortlich. Eine interessante Überlegung.

An Träumen allein verdient man nichts. Es ist die Verwirklichung dieser Träume – die umgesetzten Ideen –, die den Weg zur ersten Million ebnet.

Urheberrechte, Patente und Marken

Diese drei Begriffe liegen vielen Menschen schwer im Magen, weil solche Wahrzeichen für geistiges Eigentum nach gängiger Meinung schwer zu beschaffen sind und viel Geld kosten. Doch das stimmt nicht. Ausführlichere Informationen darüber, ob Sie eventuell einen Patentantrag stellen oder ein Urheberrecht oder eine Marke eintragen lassen sollten, sprengen den Rahmen dieses Buches. Ich möchte Ihnen aber zumindest nicht vorenthalten, dass Sie dies in aller Regel tun können, ohne dass Sie erst eine Bank überfallen müssen. Eine Patentanmeldung kostet manchmal nur 100 US-Dollar, die Eintragung einer Marke um die 300 US-Dollar und der Schutz durch ein Copyright lediglich 45 US-

Dollar. Teurer ist da schon der Berater, der Ihnen bei der Entscheidung hilft, welche Art des Schutzes für Ihre Idee am besten geeignet ist, und der Sie durch das Antragsverfahren führt. Insbesondere die Anmeldung eines Patents ist nicht ganz einfach und kann einige Zeit in Anspruch nehmen (von Monaten bis Jahren). Je komplexer die Erfindung, desto schwieriger kann die Erfüllung der Anmeldevoraussetzungen werden. Doch Sie möchten ja nicht Ihr gesamtes Investitionskapital auf das Anmeldeverfahren verwenden. Es soll doch noch genüg übrig bleiben, um Ihr Produkt herzustellen und auf den Markt zu bringen. In diesem Fall sollten Sie sich vielleicht dafür entscheiden, mit der Patentanmeldung zu warten, bis das Produkt fertig ist.

Ob Sie Ihr Produkt vor oder nach Beginn des Anmeldeverfahrens fertig stellen, bleibt Ihnen überlassen. Wenn Ihre Idee komplex und mechanischer Natur ist, sind Sie möglicherweise gut beraten, Ihren Prototyp so weit wie möglich zu entwickeln. Bedenken Sie dabei, dass Veränderungen erforderlich sein könnten, um die Verletzung anderer Patentrechte zu vermeiden. Das ist ein weiterer Grund, aus dem Sie das Antragsverfahren ins Rollen bringen sollten, damit Sie bereit sind, diese Abwandlungen vorzunehmen.

Sobald Ihre Idee ganz ausgegoren ist, feststeht, dass es dafür einen Markt gibt, und der Entschluss gefallen ist, sie zu lancieren, empfehle ich Ihnen einen Besuch im U.S. Patent and Trademark Office unter www.uspto.gov. Das ist ein guter Ausgangspunkt. In Bezug auf Urheberrechte wenden Sie sich bitte an das U. S. Copyright Office unter www.copyright.gov. [1] Obwohl es keine gute Idee ist, einen Schnellschuss zu wagen und Anträge zu stellen, bevor Ihre Idee voll ausgearbeitet ist – sozusagen schon beim Kommando „Auf die Plätze…" loszulaufen –, liefern solche Eintragungen aber doch eine gewisse Motivation. Sobald Sie das Verfahren zum Erwerb der Rechtsinhaberschaft an einer Idee

---

1) In Deutschland: Deutsches Patent- und Markenamt (DPMA) www.dpma.de.

eingeleitet haben, ob als Copyright, Patent oder Marke, werden Sie feststellen, dass sich auf wundersame Weise die zur erfolgreichen Umsetzung erforderliche Energie und Inspiration einstellt. An diesem Punkt investieren Sie nicht mehr nur in sich selbst.

Die Kabinenstrategie

Wenn Sie eine Fliege an der Wand einer Umkleidekabine vor einem wichtigen Spiel wären, würden Sie überrascht hören, wie viele aufbauende und motivierende Worte gesprochen werden – über die eigentliche taktische Strategie hinaus. Ein guter Trainer weiß, wie entscheidend die Einstellung sein kann – in manchen Situationen sogar wichtiger als Talent oder Können. Aus diesem Grund muss der Schwerpunkt jeder guten Strategie auf der Einstellung liegen. Doch wie gelangen wir zur richtigen Einstellung? Gibt es dafür eine Zauberformel? Schließlich ist das leichter gesagt als getan.

Am Anfang dieses Kapitels habe ich Ihnen gesagt, dass Sie die Google- und-Gates-Lüge aktiv zurückweisen und stattdessen eine Mentalität entwickeln müssen, die Sie und Ihre Ideen fördert – wie unbedeutend sie Ihnen auch vorkommen mögen. Sie wissen ja schon, dass ich nicht den normalen Bildungsweg durchlaufen habe. Ich habe mich nicht durch Gedanken ans Scheitern herunterziehen lassen und ich hatte keine Angst vor kalkulierten Risiken. Meine positive Einstellung sorgte dafür, dass ich auf mein Ziel konzentriert blieb und von Anfang an den nötigen Elan hatte. Sie half mir auch, die Menschen zu ignorieren, die mir erzählten, dass ich es nicht schaffen könnte oder früher oder später scheitern würde. Wenn ich gefragt werde, wie man sich eine solche Einstellung aneignet und ganz uneigennützig weiterentwickelt, gebe ich immer sechs Tipps zur Charakterbildung, wie ich es nenne. Sie stellen die Energie dar, die Sie laufend in die Arbeit an sich selbst und ihrer positiven Haltung stecken müssen. Manche der Ratschläge werden Ihnen bekannt vorkommen, weil ich schon im ersten Kapitel darauf angespielt habe. Dass Ihre Einstellung Ihr Steuerzentrum ist, ist kein Scherz. Ich wünsche, ich könnte mir den Satz „Ihre Einstellung ist das Kontrollzentrum über Ihr Leben" patentieren lassen, so wahr ist er.

1. Glaube:

Unablässiges Vertrauen in sich selbst und Ihre Träume ist die Grundvoraussetzung. In der Bibel steht, dass Paulus sagte: „Es ist aber der Glaube eine feste Zuversicht auf das, was man hofft, und ein Nichtzweifeln an dem, was man nicht sieht."[1] Wie können Sie von anderen erwarten, an Ihre Träume zu glauben oder Ihre Pläne zu verfolgen, wenn Sie selbst nicht daran glauben? Rufen Sie sich ins Gedächtnis, was ich zuvor schon über Selbstbestätigung gesagt habe. Wenn Sie einen Plan entwickeln und sich daran halten, wird sich das Universum darauf einstellen und Ihnen dabei helfen, Ihre Träume zu verwirklichen. Ob Sie es nun Karma nennen oder anders, es dürfte wohl keinem von uns jemand einfallen, der Erfolg gehabt hätte, ohne an seinen Traum zu glauben.

2. Mut:

Nehmen Sie die Angst bei der Hand und lassen Sie sich davon leiten, selbst wenn Sie dafür unkonventionell denken und Ihre Komfortzone verlassen müssen. Wenn Ihnen jemand sagt, er habe Erfolg gehabt, ohne Dinge tun zu müssen, die ihm Angst einjagten, dann lügt er. Ihre unerschütterliche Leistungsbereitschaft im Angesicht von Ängsten oder Schwierigkeiten ist ein wertvoller Aktivposten. Wer erfolgreich sein will,

1) A.d.Ü.: Lutherbibel Standardausgabe mit Apokryphen, Deutsche Bibelgesellschaft Stuttgart, 1985.

216

muss manchmal aus der Reihe tanzen. Durch seine Handlungen und sein Verhalten wird er sich von der übrigen Gesellschaft unterscheiden, um sich über große Teile dieser Gesellschaft zu erheben. Eine exponierte Stellung kann Angst machen, weshalb man Mut braucht, um Erfolg zu haben. Lassen Sie mich eins klarstellen: Mut zu haben bedeutet keinesfalls, dass man einfach keine Angst hat. Mut hat mit Überzeugung zu tun und mit dem Vertrauen, unbeirrt an Ihren Zielen festzuhalten, was andere auch sagen, um Sie davon abzubringen. Was Sie brauchen, ist unverbrüchliche Bodenhaftung auf der Straße zum Erfolg und die Bereitschaft, auf der Strecke Anpassungen vorzunehmen. Ihre Vorgehensweise und Ihre Strategien im Zuge des Lernens und der Reaktion auf die Signale, die Ihre Instinkte aussenden, immer wieder zu verändern, ist eine ganz natürliche Sache. Mut wird Ihnen dabei helfen, die richtigen Entscheidungen zu treffen. Hören Sie auf Ihr Bauchgefühl.

3. Entschlossenheit:

Bleiben Sie auf Kurs, was sich Ihnen auch in den Weg stellt. Verhalten Sie sich bei jedem Schritt lösungsorientiert. Auch wenn Sie den Mut haben, am Ball zu bleiben, wenn es hart auf hart kommt, müssen Sie außerdem noch die Entschlossenheit zeigen, Ihrem Ziel treu zu bleiben. Entschlossenheit bedeutet, dass Sie – was immer das Leben auch für Sie in petto hat – weitermachen, bis Sie Ihr Ziel erreichen. Es gibt da eine alte Redensart: Sie müssen für je zehn Prozent Inspiration mit 90 Prozent harter Arbeit rechnen. Es treten jeden Tag Probleme auf, ernstere und weniger ernste. Erkennen Sie diese Probleme und ordnen Sie sie nach ihrer Bedeutung. Entwickeln Sie Methoden, Probleme zu umschiffen, durchzustehen oder zu überwinden. Unermüdliche

Entschlossenheit wird dafür sorgen, dass Sie Ihre Ziele und Ihre Vision im Blick behalten und tragfähige Lösungen suchen, wenn Ihnen Knüppel zwischen die Beine geworfen werden.

4. Weisheit:

Eignen Sie sich das nötige Wissen an, um auf Ihrem gewählten Fachgebiet erfolgreich zu sein. Dazu kann alles Mögliche erforderlich sein, von formaler Schulbildung bis zu allgemeiner Lebenserfahrung und persönlichen Recherchen. Der typische Erfolgsmensch ist selten dumm oder unvernünftig. Sie sollten wissen, dass Weisheit nicht immer eine Begleiterscheinung des Alters ist und auch nicht naturgegeben. Meistenteils ist Weisheit die Erkenntnis, was wahr und richtig ist. Und diese Erkenntnis gewinnt man durch Lernen. Das heißt, dass jedermann Weisheit erwerben kann.

Eine Möglichkeit dazu – nämlich das Auftreiben möglichst vieler Informationen über alle Aspekte Ihres gewählten Berufs –, habe ich bereits beschrieben. Wenn Sie beispielsweise Immobilienmakler werden möchten, sollten Sie Kontakt zu anderen Immobilienmaklern suchen, die bereits erfolgreich im Geschäft sind und wissen, was Sie tun müssen, um eine Zulassung zu erhalten. Interessieren Sie sich für Technik, sollten Sie die Bekanntschaft eines – oder mehrerer – Menschen suchen, die in einem technischen Bereich tätig sind. Apropos – es gibt in jedem Bereich so viele verschiedene berufliche Möglichkeiten, dass Sie sich keinesfalls auf die Offensichtlichste beschränken sollten. Nehmen Sie zum Beispiel die Unterhaltungsbranche. Was fällt Ihnen spontan als Erstes ein, wenn Sie über Berufe in dieser Sparte nachdenken? Lassen Sie mich raten: Schauspieler, Drehbuchautor, Regisseur, Produzent. Doch diese Berufsgruppen stellen nur die Spitze des Eisbergs dar. Vielleicht sind Sie ja für eine kreative Karriere ungeeignet, dafür aber genau der Richtige für Verwaltungsaufgaben, weil Sie so gut mit Menschen umgehen und Dinge erledigen können. Wenn Sie so viel wie möglich in Erfahrung bringen und dieses Wissen vernünftig einsetzen, werden Sie die Weisheit besitzen, Ihren eigenen Erfolgsplan zu entwerfen.

Auch Geduld ist eine Weisheit. Oh ja, für mich ist Geduld immer noch eine Tugend, die sich häufig auf unerwartete Weise auszahlt. Manchmal erfolgt eine Reaktion nicht sofort und eine mögliche Lösung für ein Problem lässt auf sich warten. Doch das muss keine Sackgasse sein. Das heißt nicht, dass Sie nicht mehr weiterkommen können. Es bedeutet schlicht, dass Ihr Weg eine Biegung macht, was durchaus zu erwarten ist und neue Erkenntnisse bringen und Sie zum nächsten Ziel führen kann. Gegenwind ist der beste Lehrmeister.

5. Konzentration:

Bleiben Sie zielorientiert und zweckbezogen. Die meisten erfolgreichen Zeitgenossen könnten in verschiedenen Bereichen Herausragendes leisten. Doch weil das Leben kurz und der Weg zum Erfolg steinig ist, muss man sich von Anfang bis Ende auf ein Ziel konzentrieren. Das bedeutet, dass man sich eine Aktivität oder ein Interessensgebiet herauspickt, auf dessen Grundlage man dann einen Plan macht. Ziehen Sie ruhig mehrere potenzielle Vorhaben in Erwägung und analysieren Sie die Vor- und Nachteile jeder Option, bevor Sie eine Entscheidung treffen, auf die Sie sich dann voll konzentrieren. Es ist Ihre einzigartige Mischung von Fähigkeiten, die Ihnen Erfolg bringen wird, und Sie fördern Ihre natürlichen Stärken, indem Sie Ihre inneren Ressourcen ständig weiterentwickeln.

Konzentration bedeutet auch, dass Sie andere Chancen, die sich ergeben, auf der Grundlage abwägen, inwieweit Sie diese von Ihrem wichtigsten Ziel ablenken könnten. Manchmal bringen Sie neue Gelegenheiten Ihrem ursprünglichen Ziel näher, ein andermal führen sie Sie auf Abwege. Russell Simmons widmete sich über zehn Jahre lang der Musik, bevor er sich auch mit Mode und Comedy befasste. Vielleicht wäre seine Plattenfirma Def Jam gescheitert, wenn er sich früher mit anderen Dingen beschäftigt hätte.

> Erwarten Sie nicht, dass Zauberei oder Glück dafür sorgen werden, dass Sie auf Erfolgskurs bleiben. Schluss mit dem Hokuspokus. Konzentrieren Sie sich!

Sie müssen sich auf Ihre Bestimmung und auf Ihre Ziele konzentrieren. Sie müssen im Auge behalten, wo Sie hinwollen und welcher Lohn Ihnen winkt. Wenn Sie es wirklich schaffen wollen, dann müssen Sie stets auf Ihr Ziel ausgerichtet bleiben.

Machen Sie sich klar, dass Misserfolge Teil des Erfolgs sind und dass die Konzentration Ihnen helfen wird, zielorientiert zu bleiben, wenn es Rückschläge gibt. Und glauben Sie mir, diese werden mit ziemlicher Sicherheit eintreten – häufig, wenn Sie es am wenigsten erwarten. Dr. Roger Shank, der gemeinsam mit Maria Bartiromo die Sendung *The Business of Innovation* des Fernsehsenders CNBC moderiert, hat das unübertrefflich formuliert: „Misserfolg ist der Schlüssel. Sie müssen immer wieder scheitern. Wer glaubt, dass die genialen Erfindungen unserer Welt von

Menschen stammen, die einmal einen Geistesblitz hatten, der irrt sich: Sie hatten 100 Einfälle, doch 99 davon führten zu nichts." Was man daraus lernen kann? Wer erfinderisch tätig sein will, muss sich mit Fehlschlägen abfinden. Lassen Sie sich davon nicht aus der Bahn werfen. Dieses Konzept begriff ich erst richtig, als ich als Teenager versuchte, meine Radiosendung in Vegas auf die Beine zu stellen. Damals erkannte ich, dass die Menschen neun Mal Nein sagen, bevor sie sich ein einziges Ja abringen. Manche Menschen sind so negativ, dass sie einfach viele Male Nein sagen *müssen*, bevor ihnen eine positive Antwort von den Lippen kommt. Das ist schlichtweg und bedauerlicherweise ihre Natur. Manchmal kommt die Zurückweisung auch nicht von einer Person oder in Form einer konkreten Absage, sondern ergibt sich aus dem Umfeld, der Konjunkturentwicklung oder einer kulturellen Kraft, die wir nicht steuern können. So war es, als ich meine ersten Gehversuche im Immobiliengeschäft unternahm. Doch ich analysierte und formierte meine Optionen neu und konnte am Ende gleich mehrere positive Ergebnisse verbuchen.

6. Integrität:

Integrität beschreibt, wie Sie sich verhalten, wenn niemand zusieht. Halten Sie sich an einen Kodex von Werten und Moral, der Ihnen unter Ihresgleichen und in der Familie mehr Unterstützung sichert. Diese letzte Charaktereigenschaft ist heiß umstritten. Manche behaupten, man könne auch ohne Integrität Erfolg haben. Andere wieder meinen, Integrität sei im Geschäftsleben sogar hinderlich. Meiner Ansicht nach sind kurzfristige Erfolge auch ohne Integrität möglich. Doch wenn Sie weit kommen und sich in Ihrem persönlichen Umfeld Unterstützung sichern wollen, so geht das nicht ohne Integrität.

Erfolgreichen Menschen, die schwere Schlappen erleiden, fehlt oft der erforderliche Wertekodex, um sich die Unterstützung anderer zu sichern und den Absturz zu vermeiden. Wer sich nichts vorzuwerfen hat und im Geschäftsleben immer fair war, muss sich weniger Gedanken darum machen, dass er angegriffen oder fallen gelassen werden könnte, wenn die Zeiten schwierig sind. Vor allem aber findet man mehr Unterstützung für die eigenen Ziele, wenn man integer ist. Wie es Charles de Gaulle so eloquent formulierte: „Im Angesicht der Krise kann ein Mann mit Charakter auf sich zählen. Er drückt einer Handlung seinen Stempel auf, übernimmt die Verantwortung dafür und macht sie sich zu eigen." Denken Sie auch an meinen Rat, sich mit Positivem zu umgeben. Meiden Sie Menschen, die Sie herunterziehen und Ihr Gefühl für Sicherheit und Integrität stören. Halten Sie sich fern von Menschen, die ihren Teil einer Vereinbarung nicht mehr einhalten wollen. Sie können es sich nicht leisten, Zeit mit Menschen zu verschwenden, die ihre Abmachungen nicht erfüllen, nachlassen und Ihnen keine Achtung entgegenbringen. Wenn Sie ein solides, florierendes Unternehmen aufbauen wollen, müssen Sie bereit sein, sich von Menschen zu trennen, die ihren Teil nicht beitragen – genauso wie von Ideen, die Sie verwerfen.

In diesem Zusammenhang muss ich Sie warnen. Als Unternehmer ziehen Sie automatisch Betrüger und Diebe an – Menschen, die wenig Integrität besitzen, doch begnadete Schwindler sind. Letztes Jahr hat eine meiner vertrautesten und höchstbezahlten Mitarbeiterinnen meinem Partner und mir durch ein ausgeklügeltes System im Immobiliengeschäft Millionen unterschlagen. Als sie die Firma verließ, ließ sie Akten mitgehen, um ihre Tat zu verschleiern, und hatte dafür alle nötigen Vorkehrungen getroffen. Mehr als der finanzielle Verlust schmerzte mich der persönliche Betrug. Sie hatte unsere Freundschaft gesucht und wir hatten sie für einen ehrlichen, integren Menschen gehalten.

Daraus habe ich gelernt, dass man genau hinschauen sollte, wem man vertraut. Überlegen Sie sich gut, wen Sie einstellen. Wenn Sie laufend an sich selbst arbeiten, verbessert das Ihre Menschenkenntnis. Sie werden ferner feststellen, dass es sich dadurch leichter lebt und dass andere Ihre Ideen und Pläne besser aufnehmen. Wer Charakter hat, tut sich leichter als jemand, der bösartig, faul oder schwachherzig ist. Nebenbei bemerkt: Begegnen Sie jedem neuen Bekannten und jeder Gruppe mit Skepsis, wenn Ihnen im Austausch gegen eine „größere Einlage" hohe Geldsummen in Aussicht gestellt werden. Ich bin zwar selbst nie einem Schwindler aufgesessen, doch ich weiß, dass es sie gibt. Bevor Sie Geld annehmen, sollten Sie sich auf jeden Fall auf einschlägigen Webseiten gegen Betrug wie Better Business Bureau (www.bbb.org) informieren und, wie schon gesagt, Ihrem Bauchgefühl trauen. Der Bauch ist ein gutes Realitätsbarometer. Werfen Sie außerdem einen Blick auf www.LooksTooGoodToBeTrue.com. Dort finden Sie schnell Hinweise auf die gängigsten Maschen der Trickbetrüger und Tipps, wie Sie sie vermeiden.

Die Jugendwirtschaft

Ich empfehle Ihnen, Produkte für Kinder in Betracht zu ziehen. Der auf Kinder ausgerichtete Markt platzt aus allen Nähten. Wer sich darauf verlegt, die wachsenden Bedürfnisse von Kindern zu befriedigen, dem winken enorme Gewinne. Technisch mögen Kinder eine Marktnische darstellen, doch die Beträge, die von ihnen, in ihrem Umfeld und für sie ausgegeben werden, eröffnen eine Marktchance, die zu groß ist, um ignoriert zu werden.

> **Realitäts-Check:** Amerikanische Familien geben im Jahr
> rund 115 Milliarden US-Dollar für die Ernährung, Kleidung,
> Körperpflege und Unterhaltung von Kindern und für deren Lek-
> türe aus. Experten sagen voraus, dass diese Zahl bis 2010 auf 143 Milliar-
> den US-Dollar ansteigen sollte. Berücksichtigt man, dass die Kaufkraft der
> Kinder selbst mittlerweile acht Milliarden US-Dollar übersteigt, dann ist es
> schlichtweg ein schlechtes Geschäft, sie unberücksichtigt zu lassen.

Nehmen wir an, die tolle Idee, die Sie haben, bezieht sich auf ein Spielzeug. Sie können aber nicht einfach in einen Spielzeugladen gehen und
dem Verkäufer dort den Mund wässrig machen. Zum Erwerb der nötigen
Vorkenntnissen gehört, viele Spielwarengeschäfte zu besuchen und
festzustellen, was gut läuft (und was nicht). Sprechen Sie mit Eltern
und Kindern und erwägen Sie den Beitritt zu Organisationen wie dem
Branchenverband Toy Industry Association (www.toy-tia.org), um sich
darüber schlau zu machen, was sich Kinder wünschen und was Eltern
gerne kaufen – auch wenn Sie glauben, dass Sie das schon wissen. Ihr
nächster Schritt ist dann die Anfertigung eines Prototyps, um dessen
Marktfähigkeit zu testen. Käufer möchten eine Idee nicht nur hören –
sie wollen das Spielzeug in Aktion sehen und vorab den Spaßfaktor
erfahren.

Für den blühenden Markt für Kinder gibt es zwei Gründe. Zum einen
hat das Modell der Familie mit zwei Verdienern die Art und Weise verändert, wie Eltern Arbeit und Familienleben unter einen Hut bringen.
Moderne Eltern wollen ihren Kindern jeden möglichen Vorteil sichern.

Produkte und Dienstleistungen, die Kinder begeistern und zu Aktivitäten anregen und möglicherweise den Nebeneffekt haben, dass sie etwas Neues oder Schwieriges dazulernen, stehen hoch im Kurs. Aber auch die Macht der Kinder selbst als Verbraucher ist nicht zu unterschätzen. Sie sind schon in frühestem Alter auf Webseiten unterwegs. Schätzungsweise 13,4 Prozent der Vorschulkinder informieren sich bereits online über Produkte.

Aber Kinder bringen Eltern auch auf Ideen. Man kann nie wissen: Vielleicht stammt ja auch Ihr nächster toller Einfall von einem Siebenjährigen oder einem Kind zwischen 8 und 14 Jahren. Auf jeden Fall – ob Sie nun alleinerziehend oder verheiratet sind – gilt, dass Sie der wichtigste Faktor sind, der das Wachstum und die Entwicklung Ihres Kindes beeinflusst. Ihre Zuneigung und Ihre Unterstützung können Ihrem Kind auf dem Weg zu großem Erfolg verhelfen. Sie können Ihrem Kind beibringen, sich durchzubeißen und die Probleme zu lösen, die ihm unweigerlich begegnen werden.

Vielleicht können Sie Ihrem Kind weder Geld noch gute Beziehungen mit auf den Weg geben, doch Sie können ihm die Werte vermitteln, nach denen es sich richten kann: Stolz, Achtung, ehrliche Arbeit, Vorbereitung, Inspiration, den Wunsch, etwas zurückzugeben und die Stärke, niemals aufzugeben.

Wenn mich Eltern fragen, wie sie kleine Kinder so erziehen sollen, dass sie besser für die Zukunft gerüstet sind, habe ich fünf taktische Leitsätze für sie:

1. Säen Sie in Ihrem Zuhause die Saat des Erfolgs. Ihr Heim sollte ein Ort sein, an dem Ideen und Anregungen gern gesehen werden und zahlreich sind. Sagen Sie zu Ihrem Kind: „Du kannst alles werden und tun, was du möchtest und willst." Lassen Sie Ihr Kind in dem Bewusstsein aufwachsen, dass ihm in seinem Tun keine Grenzen gesetzt sind und dass einfach alles möglich ist.

2. Ermutigen Sie Ihr Kind und geben Sie ihm Selbstbestätigung. Die Gespräche bei Ihnen zu Hause sollten häufig das Wort „kann" enthalten. Eliminieren Sie jeden Hinweis auf Hoffnungslosigkeit. Erinnern Sie Ihr Kind täglich daran, dass es zu Großem geboren ist. Wenn Sie mit Ihren Kindern über die Berufswahl sprechen, betonen Sie, dass sie von ihren Interessen und Werten ausgehen sollten. Sagen Sie ihnen, dass man seine Meinung ändern kann, wenn man dazulernt und seine Kompetenzen entwickelt. Je mehr Einflüssen sie ausgesetzt sind, desto größer die Chance, dass sie den Job finden, der ihnen wirklich Freude macht. Sie sollten ihre Zukunft nicht unter Zeitdruck oder in düsterem Licht betrachten. Das Leben ist zu kurz, um den beruflichen und sonstigen Werdegang nicht mit echter Abenteuerlust anzugehen.

3. Zeigen Sie Ihren Kindern, wie wertvoll engagierte Arbeit und offen gezeigte Zuneigung sind. Küssen Sie sie morgens, wenn Sie zur Arbeit gehen. Küssen Sie sie abends, wenn Sie nach einem harten Tag nach Hause kommen. Ob Sie Geld haben oder nicht, seien Sie ein Küchen- und Finanzgenie und ein Supervater oder eine Supermutter. Zeigen Sie Ihren Kindern, wie man aus einem Sack Kartoffeln, einer Dose Bohnen, einem Päckchen Hackfleisch und einem Laib Brot eine ganze Woche lang leckere Gerichte zaubert. Erledigen Sie die kleinen Dinge mit liebevoller Sorgfalt – egal, wie knapp Ihre Mittel sind.

4. Leiten Sie Ihre Kinder zu Unabhängigkeit und Selbstständigkeit an und fördern Sie eine solche Einstellung. Gehen Sie mit Ihren Kindern in All-you-can-eat-Lokale und lassen Sie sie Kunststoffdosen und

Plastiktüten mitbringen, um die Reste mit nach Hause zu nehmen. Bringen Sie Ihnen bei, dass man „immer einen Reserveplan in petto haben muss". Lehren Sie sie, dass Jammern nicht hilft, weil es nichts ändert.

5. Halten Sie Ihre Kinder dazu an, zu arbeiten und Geld zu verdienen. Glauben Sie an Ihre Kinder und lassen Sie sie vom süßen Geschmack des Erfolgs kosten. Gewöhnen Sie Ihren Kindern die Glücksspielmentalität ab. Lehren Sie sie, Geld zu verdienen, um sich Hobbys und Artikel für den persönlichen Bedarf leisten zu können. Lassen Sie sie geschäftliche Vorhaben auf die Beine stellen, für Nachbarn arbeiten, Babysitten oder Rasen mähen. Ermutigen Sie sie dazu, kreativ zu werden und etwas zu produzieren, das sich verkaufen lässt. Lassen Sie sie die aufregende Erfahrung machen, etwas selbst zu entwerfen und zu verkaufen. Diese Erfahrung wird ihnen helfen, ihre Leidenschaften, Begabungen und Aufgaben im Leben wahrzunehmen. Möglicherweise erkennen sie erst dadurch ihr wahres Selbst und finden heraus, welche Arbeit ihnen wirklich Spaß macht.

Helfen Sie Ihren Kindern, frühzeitig gute Mentoren und Lehrer zu finden. Es gibt überall gute Menschen, die Ihnen dabei helfen, Ihre Kinder großzuziehen. Halten Sie die Augen offen, bis Sie sie finden. Hören Sie nicht auf, um Hilfe zu bitten. Das ist kein Betteln – es ist eine Investition in die Zukunft Ihres Kindes. Es gibt viele gute Menschen auf dieser Welt. Finden Sie sie und sorgen Sie dafür, dass Ihr Kind sich in ihrem Umfeld bewegt.

Sie wissen ja, große Karrieren und erfolgreiche Lebensgeschichten beginnen oft mit kleinen Ideen und winzigen Schritten. Lassen Sie zu, dass Ihr Kind experimentiert. Bleiben Sie in jeder Hinsicht aufgeschlossen

und bereit, mit Ihren Kindern zu arbeiten. Erwachsenen gelingt auch nicht gleich beim ersten oder zweiten oder dritten Versuch der große Wurf. Bei Kindern ist das nicht anders. Wenn Sie aber gar nicht erst lernen, zu werfen, dann schaffen sie es nie. Mit seinem ersten geschäftlichen Unternehmen verdient Ihr Kind vielleicht nur fünf Dollar.
Doch das sind vermutlich die wichtigsten fünf Dollar, die es je im Leben bekommt.

Erfindungen und gute Absichten sind nicht genug

Ich enttäusche Sie ungern, aber eigentlich sollte Sie das nicht überraschen: Brillante Erfindungen und gute Absichten reichen nicht aus, um Sie reich zu machen. Was noch fehlt? Kommen Sie, das sollten Sie doch inzwischen selber wissen: AKTION natürlich. Vielleicht der beste Einstieg in dieses Thema ist – vor allem, wenn Sie noch nicht wissen, was Sie eigentlich unternehmen wollen –, sich hinzusetzen und einen Geschäftsplan auszuarbeiten. Erinnern Sie sich noch an die Missionen und Ziele, über die ich im fünften Kapitel gesprochen habe? Nun, um Ihre Missionen und Ziele in die Tat umzusetzen, gibt es keinen besseren Weg, als ihnen in einem Geschäftsplan Gestalt zu verleihen. Ob Sie bei der Erstellung Ihres Geschäftsplans größten Aufwand betreiben oder ihn lediglich grob aufskizzieren – ich halte ihn auf jeden Fall für ausgesprochen sinnvoll. Das gilt für Unternehmer, die sich damit ganz offiziell an Investoren wenden möchten genauso wie für Menschen, die lediglich Ideen ausarbeiten möchten und irgendeinen künftigen „Starttermin" im Hinterkopf haben. Dieser Termin kann der Tag sein, an dem Sie mit dem allmählichen Übergang von Ihrem jetzigen Job in die Selbstständigkeit beginnen oder das Datum, an dem Sie Ihren jetzigen Arbeitgeber verlassen, um Ihre eigene Firma zu gründen.

Nur wenige Kleinunternehmer machen sich die Mühe, einen formellen Geschäftsplan zu erstellen. Sie investieren nur selten Zeit in die Analyse ihrer geschäftlichen Ziele und der besten Wege zu ihrer Umsetzung. Als aufstrebender Jungunternehmer fragen Sie sich vielleicht, warum es so wichtig sein soll, einen Plan schriftlich zu fixieren. Sie meinen womöglich, dass Sie das zu viel Zeit kostet – Zeit, die Sie gewinnbringender in den eigentlichen Geschäftsbetrieb stecken. Ich will ehrlich sein: Planung erfordert schon einen erheblichen Zeitaufwand. Doch die in Planung investierte Zeit zahlt sich durch gesteigerte Effizienz und bessere Produkte und Dienstleistungen mehrfach aus. Der Planungsprozess zwingt Sie, Ihr gesamtes Vorhaben objektiv und kritisch zu betrachten.

Geschäftspläne können wahre Wunder bewirken. Sie sind teils Wegeskizze, teils Marketinginstrument. Sie geben Ihnen betriebswirtschaftliche Orientierung und liefern gleichzeitig die Mittel, Ihre Ideen Menschen zu kommunizieren, die eine Investition in Ihr Unternehmen in Betracht ziehen könnten – ob Freunde oder Investoren im Allgemeinen.

Um Ihrem Plan Ausdruck und Form zu verleihen, gibt es eine ganze Reihe geeigneter Softwareprogramme. Auf meiner Website finden Sie dazu verschiedene Hinweise, denen Sie nachgehen können. Der zusätzliche Vorteil der Erstellung eines Geschäftsplans besteht darin, dass er Ihnen hilft, die unterschiedlichen Aspekte des geschäftlichen Betriebs und ihre Wechselbeziehungen zu verstehen. Der Plan führt Sie durch den Prozess der Wettbewerbsanalyse, er verschafft Ihnen ein authentisches Gespür für Ihren Markt, zeigt Ihnen, wer Ihre Kunden sind, und macht Ihre Idee zu Geld. Sie entwickeln realistische Ziele und Verfahren, um die in jedem Funktionsbereich des Plans dargelegten Strategien umzusetzen.

Zu diesem Zweck möchte ich Ihnen als Grundlage meine *Great 8 Start-up Essentials* mit auf den Weg geben.

1. Eine Idee:

Sie sollte ausgearbeitet werden, weil Sie Ihre Hausaufgaben gemacht und einen potenziellen Markt identifiziert haben.

2. Ein Geschäftsplan:

Nehmen Sie diesen Punkt ernst, auch wenn Sie keinen beispielhaften Plan erstellen, der druckreife Formen annimmt, und auch wenn Sie abgesehen von eigenen Ersparnissen und zugänglichen Mitteln kein Kapitel beschaffen wollen. Sie brauchen einen solchen Plan, um die Vision zu konkretisieren, die Sie für Ihre Idee haben, und auch für sich selbst.

3. Grundkenntnisse in Buchführung und Rechnungswesen:

Weil Sie in Ihrer Anfangszeit als Unternehmer verschiedene Funktionen vermutlich zunächst selbst ausüben werden, sollten Sie sich mit ein paar mathematischen Grundlagen vertraut machen, um die Finanzen Ihres Unternehmens im Griff zu behalten. Lassen Sie sich davon nicht abschrecken. Auch dazu gibt es *kostenlos* viel Material im Internet, mit dessen Hilfe Sie sich Begriffe wie Breakeven-Analyse oder andere gängige Fachtermini aus der Rechnungslegung von Unternehmen erschließen können, um diesen Dingen gewachsen zu sein.

4. Ich, ich und ich:

Nur wenige Unternehmen verfügen vom ersten Moment über die volle Personalausstattung. Sie werden Ihren Mitarbeiterstamm (der anfangs vielleicht nur Sie allein umfasst) aufstocken, wenn Sie sich das leisten können und wenn Sie Kompetenzen benötigen, die Sie von anderen beziehen müssen. Bei der Einstellung von Mitarbeitern sollten Sie unbedingt darauf achten, motivierte Leute zu finden, die das dynamische Umfeld in einem kleinen Start-up-Unternehmen zu schätzen wissen und gute Leistungen bringen. Eine große und kostengünstige Hilfe können etwa Studenten sein, die über bestimmte Fachkenntnisse und Arbeitserfahrungen verfügen und als Praktikanten beschäftigt werden können.

5. Zeitmanagement:

Jetzt kommt ein weiterer Ratschlag von der Sorte „leichter gesagt als getan". Manche von uns organisieren ihre Zeit besser als andere. Zu welcher Kategorie Sie auch gehören, es ist auf jeden Fall hilfreich, Aufgaben grafisch darzustellen und zu erledigende Punkte täglich, wöchentlich und monatlich abzuhaken. Führen Sie Buch über Planung und Betrieb. Diese Hilfsmittel werden Sie davor bewahren, Dinge zu übersehen und Ihnen rettende Informationen liefern, wenn Ihr Gedächtnis Sie im Stich lässt. Zum Beispiel sollten Sie sich jeden Tag hinsetzen, Ihren operativen Kalender konsultieren und prüfen, was Sie am betreffenden Tag schon erledigt haben und was noch aussteht. Gewöhnen Sie sich an, anstehende Aufgaben regelmäßig zu kontrollieren. Planen Sie jeden Abend 15 bis 20 Minuten extra ein, um sich um unerledigte Angelegenheiten zu kümmern oder um Aufgaben, die unerwartet viel Zeit in Anspruch nehmen.

6. Rechtsfragen:

Ein Unternehmer muss gut über die Regeln und Vorschriften Bescheid wissen, die auf kommunaler und regionaler Ebene für Kleinunternehmen gelten. Dazu gehört auch die Auswahl der geeigneten Rechtsform für eine Geschäftstätigkeit, die Unternehmensgründung, die Erfüllung von Auflagen und die Einreichung von Steuererklärungen – privat und geschäftlich. Das klingt komplizierter, als es ist. Um ein Unternehmen zu gründen, müssen Sie einfach ein paar Formulare ausfüllen und bei der zuständigen Behörde einreichen und eine Gebühr bezahlen. Dabei helfen Ihnen spezialisierte Unternehmen oder Steuerberater. Sobald Ihre Firma gegründet ist, können Sie in ihrem Namen ein Bankkonto eröffnen, über das Sie Ihre Geschäfte laufen lassen. Um die in Ihrem Staat geltenden Regeln besser zu verstehen und sich Zugang zu Ressourcen zu verschaffen, die auf die spezifischen in Ihrem Staat geltenden Regelungen für Unternehmen zugeschnitten sind, empfehle ich Ihnen, staatliche Webseiten aufzusuchen (etwa www.yourstate.gov). Leben Sie in einem Ballungsraum, finden Sie auch auf der Homepage Ihrer Stadt nützliche Informationen. Oder Sie schauen, ob Sie auf der Homepage der nächstgelegenen Großstadt Online-Informationen für Unternehmer finden. So brauchen Sie vielleicht einen Gewerbeschein, auch wenn Sie nur in kleinem Rahmen von zu Hause aus tätig sind. Der kostet in der Regel nicht viel und vielleicht können Sie in der ersten Zeit auch Ausnahmeregelungen geltend machen.

7. Klienten und Kunden:

Diese unschätzbaren Kostbarkeiten klopfen vermutlich von allein an Ihre Tür, wenn Sie geschickt Marketing und Werbung betrieben haben. Geschickt muss dabei nicht teuer sein. Viele Marketingstrategien sind dieser Tage für wenig Geld zu haben – sowohl über das Internet als auch in Form traditioneller Werbemethoden (wie Flyer, Mundpropaganda, gemeindliche Veranstaltungen und die Gelben Seiten). Bewerben Sie Ihr Unternehmen auf einer Website, die Sie mithilfe des Pakets, das normalerweise mit der Einrichtung eines Domain-Namens verbunden ist, selbst gestalten können. Wenn Sie sich etwa bei Yahoo! Business ein Konto einrichten, können Sie sich kostenfrei eine Software herunterladen, die Sie Schritt für Schritt durch die Erstellung einer Website unter Verwendung des von Ihnen gewählten Domain-Namens führt. Sie können auch e-Mail-Konten einrichten und haben Zugang zu einer Fülle digitaler Werkzeuge, um Ihre Site auszugestalten. Wenn möglich, sollten Sie auf Ihrer Site Inhalte integrieren, sodass Sie Ihr Gewerbe auch online betreiben können. Ihre Site kann am Anfang minimal ausgestattet sein. Wenn Ihr Unternehmen wächst, möchten Sie vielleicht das Layout und Design verbessern, um sich Wettbewerbsvorteile zu sichern.

8. Support-System:

Wenn Sie den Schritt in die Selbstständigkeit tun, sind Sie voller Elan und Begeisterung. Vermutlich verspüren Sie auch etwas Nervosität, Sorge, Furcht, Beklommenheit, Zurückhaltung, Angst, Panik, Schrecken… Muss ich noch mehr sagen? Aus diesem Grund ist es so wichtig, ein solides Support-System zur Hand zu haben, damit Sie Ihre größten Ängste abladen können und Ihr Selbstvertrauen unversehrt bleibt. Diese Rolle können häufig Familienmitglieder oder Freunde übernehmen. Doch Vorsicht! Vielleicht möchte Sie der eine oder andere ja sabotieren. Vielleicht fürchtet er Ihren Erfolg und wird tun, was er kann, um Sie aus der Bahn zu werfen. Bauen Sie Ihr Support-System nach und nach aus. Sondern Sie, wenn nötig, Menschen aus, die Ihnen übel wollen. Sorgen Sie für Selbstbestätigung. Als ich vor Kurzem vor einer schwerwiegenden Entscheidung stand, sagte mir jemand: „Sei einfach du selbst." Da wurde mir auf einmal alles klar. Jetzt nutze ich das als Bestätigung, um mir vor Augen zu führen, dass ich alles habe, was ich brauche, um erfolgreich zu sein, wenn ich nur auf mich selbst höre, positiv eingestellt bin und meinem Bauchgefühl vertraue. Wissen Sie noch, dass ich an anderer Stelle gesagt habe, es sei unrealistisch, davon auszugehen, dass Sie nicht auf unbekanntes Terrain geraten würden, auf dem Sie die Hilfe anderer benötigen? Genau dafür müssen Sie einen Kreis von Vertrauten aufbauen. Dann können Sie sich gegenseitig dabei unterstützen, neue, innovative Wege der Problemlösung zu beschreiten. Sie werden sich wundern, was Sie davon alles haben werden. Der Austausch von Informationen wird Ihre Begeisterung steigern, zur Entwicklung neuer Fähigkeiten beitragen und Sie in Ihrer Entschlossenheit zum Erfolg bestärken.

Nachdem Jared Diamond den Bestseller *Guns, Germs, and Steel*[1] geschrieben hatte, der 1999 erstmals erschien und ihm den Pulitzer Prize eintrug, veröffentlichte er ein weiteres Buch mit dem Titel *Collapse: How Societies Choose to Fail or Succeed*[2]. In *Guns, Germs, and Steel* erläutert Diamond die geografischen und ökologischen Gründe für das Aufblühen bestimmter Gesellschaften, in *Collapse* zieht er dieselben Faktoren heran, um zu untersuchen, woran alte Kulturen scheiterten – allen voran berühmte prähistorische und moderne Zivilisationen wie die Anasazi im Südwesten Amerikas, die Bewohner der Osterinseln oder die Wikingersiedlungen Grönlands. Aber auch neuzeitliche Entwicklungen wie in Ruanda lässt er nicht außen vor. Beide Bücher haben eine enorme Wirkung. Sie sind ebenso fesselnd wie verwirrend. Sie beleuchten aus unterschiedlicher Perspektive, wie Gesellschaften immer

1) A.d.Ü.: dt. erschienen: Arm und Reich. Die Schicksale menschlicher Gesellschaften, Fischer Taschenbuch Verlag, Frankfurt, 2000.
2) A.d.Ü.: dt. erschienen: Kollaps: Warum Gesellschaften überleben oder untergehen, Fischer Taschenbuch Verlag, Frankfurt, 2006.

wieder umweltbedingten und wirtschaftlichen Katastrophen zum Opfer fallen, aber auch einer ausgeprägten Unfähigkeit, auf ein drohendes Verhängnis zu reagieren oder sich darauf vorzubereiten. Mir gefällt, wie Diamond das Verb „wählen" verwendet. Indem er sagt, dass Gesellschaften zwischen Misserfolg und Erfolg *wählen*, weist er ihnen Verantwortung zu. Und es stimmt: Wir entscheiden uns in unserem Leben für Erfolg oder für Misserfolg. Und wir sind ganz alleine für unsere Misserfolge verantwortlich.

Es erstaunt mich immer wieder, wie jemand eine Katastrophe kommen sehen und untätig bleiben kann. Doch dann wird mir wieder bewusst, dass dies im Geschäftsleben laufend passiert, vor allem bei Unternehmern.

So denke nicht nur ich allein. Der Business-Autor Keith McFarland etwa hat genau über dieses Thema geschrieben. 2005 verfasste er einen Artikel für *BusinessWeek*, der eine Parallele zog zwischen Diamonds Aussage und dem Thema in *Collapse* und der Situation von Start-ups. Und er sprach mir aus der Seele. Laut McFarland scheitern junge Unternehmen aus denselben Gründen wie ganze Gesellschaften. Wenn es hart auf hart kommt, machen sie Fehler. McFarland griff insbesondere vier häufige Fehler heraus, die passieren können: 1) Probleme werden nicht im Voraus erkannt; 2) wenn Probleme auftreten, wird nicht umgehend reagiert; 3) es fehlt die Fähigkeit zu rationalem Verhalten; 4) es werden sogenannte „verheerende Werte" hochgehalten.

Die ersten beiden Gründe bedürfen keiner weiteren Erläuterung. Irrationales Verhalten umfasst alles, was nicht dazu beiträgt, Sie aus einer Klemme zu retten. Als irrational wäre zum Beispiel die Entlassung des Mitarbeiters einzustufen, der am meisten Umsatz bringt, um Kosten zu sparen. Ein Beispiel für die Übernahme „verheerender Werte" wäre, stur an überholten Vorstellungen festzuhalten (etwa, dass der Chef immer recht hat) oder das Team an der Entwicklung eigener Strategien zu hindern oder, wie McFarland es formulierte, „wesentlich zur Strategie [des Unternehmens] beizutragen". Ein Unternehmen (und eine Gesellschaft umso mehr) muss sich entwickeln und an das eigene Wachstum anpassen. Was im Anfangsstadium der Entwicklung funktioniert, ist in späteren Phasen vielleicht nicht mehr effektiv – oder gar subversiv.

Es ist ganz natürlich für einen Unternehmer, optimistisch zu sein. Wir denken nicht gern über potenzielle Probleme nach. Noch viel weniger wollen wir diese einplanen. Vielleicht sind wir ja in der Lage, einen Ausweg aus einer besonders heiklen Situation zu finden – doch was, wenn es wirklich dick kommt? Dann zeigt sich, wer Erfolg hat und wer aufgeben muss, wenn der Flächenbrand kommt und das Wasser fehlt, um die Flammen zu löschen.

Die gute Nachricht (das, was Sie hieraus lernen können) ist, dass wir uns aussuchen können, wie wir denken. Wir können *wählen*, ob wir einem sich abzeichnenden Problem Aufmerksamkeit schenken wollen oder nicht. Wir können *wählen*, ob wir auf Katalysatoren, Signale, Zeichen und Ähnliches achten wollen oder nicht. Und wir können *wählen*, ob wir Probleme gleich anpacken wollen, wenn sie sich stellen. Im folgenden Kapitel gebe ich Ihnen Tipps zur Lösung von Problemen. Für den Moment sollen Sie nur begreifen, dass Ihr Erfolg davon abhängt, welche Entscheidungen Sie treffen. Mehr nicht. Alles, was ich Ihnen bisher erzählt habe, ist nur eine andere Formulierung für diese einfache, schlichte Wahrheit. Und damit wären wir wieder bei dem Grund, aus dem ich so auf Planung beharre. Wie lautet noch die Redensart? Wer an der Planung scheitert, der plant sein Scheitern.

Herausforderungen sind dazu da, daran zu wachsen und uns auf Dinge vorzubereiten, für die wir noch nicht gerüstet sind. Wenn wir Herausforderungen mit Selbstvertrauen angehen, bereit sind, dazuzulernen und Änderungen vorzunehmen und, wenn nötig, loszulassen, dann fordern wir damit ein, dass der Schalter umgelegt wird, der uns mit Energie versorgt.

– Iyanla Vanzant

7

Die Wall-Street-Lüge

Lüge: Ich muss Börsenprofi sein oder an der Wall Street arbeiten, um reich zu werden.

Wahrheit: Investmenterträge kommen nicht direkt von der Wall Street. Sie kommen aus Ihnen selbst und basieren auf Ihrem Wissen und Ihren Vorlieben.

Nicht jedes Bild erzählt auch eine Geschichte – vor allem nicht das Bild vom Reichtum. Wenn Sie sehen, wie jemand in Designerkleidung mit einer Platinarmbanduhr aus einer Luxuslimousine steigt, denken Sie unwillkürlich: „Mensch, muss der reich sein." Nach der äußeren Erscheinung zu urteilen – und *sich davon täuschen zu lassen* – ist menschlich. Sie haben schon richtig gehört: sich täuschen zu lassen. Sie wären überrascht, wenn Sie wüssten, wie viele gut angezogene und mit Statussymbolen ausgestattete Menschen durch Konsumkredite hoch verschuldet sind und kein Vermögen haben, dessen Wert sich mit der Zeit *mehrt* – wie Immobilien oder Aktien. Warren Buffett ist einer der reichsten Menschen der Welt und bekannt für seine bescheidene, anspruchslose Lebensweise. Er wohnt noch immer in dem Haus in Omaha, Nebraska, das er 1958 für 31.500 US-Dollar erwarb. Er hat kein Handy, keinen Computer auf dem Schreibtisch, speist häufig bei Dairy Queen und fährt ein Auto (einen Cadillac GTS), das ihm auch gehört.

Abgesehen davon ist es einer der größten Irrtümer, dass nur reich werden kann, wer an der Börse oder in Immobilien investiert. Immer wieder hören wir von „reichen" Leuten, die mehrere Häuser besitzen und ihre persönlichen Makler oder „Vermögensverwalter" an der Wall Street haben. Diese beiden Arten der Geldanlage beherrschen die Vorstellungen vieler Menschen – vor allem, wenn sie glauben, dass sie nicht über die nötigen Fähigkeiten, die nötige Intelligenz oder das nötige Kleingeld verfügen, um an der Börse oder in Immobilien zu investieren. Ich will Ihnen das Gegenteil beweisen.

Die Wahrheit hinter der Wall-Street-Lüge ist recht simpel: In Wirklichkeit investieren Sie Ihr Geld nicht in die Wall Street, sondern in sich selbst – in Ihr Wissen. Sie können Geld verdienen, indem Sie alte Colaflaschen sammeln und Sie können Geld verdienen, indem Sie Coca-Cola-Aktien kaufen. Sie können Geld verdienen, indem Sie Spielsachen und Puppen kaufen und Sie können Aktien von Unternehmen erwerben, die solche Produkte verkaufen. Sie können Geld verdienen, indem Sie Immobilien kaufen und Sie können Geld verdienen, indem Sie in Immobilienfonds investieren (also in börsennotierte REITS). Sie können Geld verdienen, indem Sie in ein Unternehmen investieren oder indem Sie in Form von Aktien Unternehmen an der Börse kaufen. Das macht keinen Unterschied. Im Grunde ist es doch so: Wenn Sie auf das setzen, was Sie kennen (und mögen, wie ich vermute), sollten Sie damit über kurz oder lang ordentliche Erträge erwirtschaften, wenn Sie erleben, wie Ihre Investition im Wert steigt.

$

> Die Wall-Street-Wahrheit: Investmenterträge kommen in Wirklichkeit nicht von der Wall Street. Sie kommen aus Ihnen selbst auf der Grundlage dessen, was Sie wissen und schätzen.

Mehr Durchblick an der Börse: Investieren Sie in Dinge, die Sie kennen

Die Wall Street hatte immer eine Aura von Prestige, Wohlstand und Status. Sie verströmt die Atmosphäre eines exklusiven Clubs. Der Name *Wall Street* – Mauerstraße – könnte nicht besser passen. Der Schwerpunkt liegt dabei aber mehr auf der Mauer, die nur wenige durchdringen können, als auf der Straße, die jeder entlangspazieren kann. In der Tat dreht sich in der Finanzwelt vieles um die Wall Street und die Transaktionen an den Börsen. Doch sich zu sehr auf die „Street" zu konzentrieren, ist Zeit- und Energieverschwendung, wenn Sie den Weg zum Erfolg suchen. Die Börse hat nichts mit Leistung zu tun – zumindest nicht im herkömmlichen Sinne.

Ich fordere Sie auf, ein Fenster in die Mauer zu schlagen – sich Durchblick zu verschaffen, um zu erkennen, was wirklich vorgeht: Menschen investieren ihr Geld in Dinge, von denen sie etwas verstehen und die sie schätzen. Die meisten Menschen, die an der Wall Street handeln, haben eine Vorliebe für die Aktien bestimmter Unternehmen und häufig investieren sie in Unternehmen, die ihnen vertraut sind. Das aber kann

jeder, auf jedem Niveau – nicht nur mit Zetteln auf dem offiziellen Bör-
senparkett.

Viele Menschen sammeln und investieren in so billige Dinge wie Base-
ballkarten, Münzen, Autos, Möbel, Edelsteine, Gemälde, Comics, Anti-
quitäten, Beany Babies, Barbiepuppen, Puppenhäuser, etc. Ich habe
eine Freundin, die seit Jahren Puppen sammelt und sich heute einer
Sammlung brüsten kann, die eine sechsstellige Summe erzielen könnte.
Ein kurzer Ausflug zu eBay oder jedem anderen Online-Auktionshaus

Realitäts-Check: Die gleiche Logik, nach der ein Wall-
Street-Investor beim Kauf von Aktien vorgeht, setzt jeder ein,
der in irgendeinen Gegenstand mit potenziellem künftigen Wert investiert.
Wenn Sie sich ein Haus kaufen wollen, beschaffen Sie sich vorher ja auch
verschiedene Informationen. Sie überlegen sich, wie viel Sie dafür anlegen
müssen, was Sie sich leisten können, in welchem Zustand das Haus ist,
und so weiter. Wenn Sie ein Auto kaufen, informieren Sie sich vorher, um
ein möglichst gutes Geschäft zu machen (zumindest tun das die meisten
von uns). Zugegeben, der Wert eines Autos steigt in der Regel nicht mit der
Zeit, doch wir wollen sichergehen, dass es einen guten Wiederverkaufswert
hat. Wenn Sie Gegenstände aus der Zeit des amerikanischen Bürgerkriegs
sammeln und ein neues Stück entdecken, um das Sie Ihre Sammlung
bereichern möchten, prüfen Sie ja auch, ob es echt ist und ob es das Geld
wert ist, das Sie heute dafür ausgeben. Kaufen Sie nie aus einem Impuls
heraus, ohne die nötige Vorarbeit zu leisten. Wer *investieren* will, muss
bestimmte Regeln einhalten: Lassen Sie sich Zeit, bevor Sie zugreifen. Was
keine besondere Bedeutung hat, ist auch keine Investition.

verrät Ihnen, was Geld bringen könnte. Tatsächlich wette ich, dass der Wert vieler „hausgemachter" Investitionen den Anlagen an der Wall Street oder in Immobilien durchaus Konkurrenz machen kann.

Wenn wir über den Kauf gängiger Alltagsartikel nachdenken, durchlaufen wir meist ein bestimmtes gedankliches Muster. Wir informieren uns und dann hören wir auf unseren Bauch. Das ist gesunder Menschenverstand. Wenn Sie alles in Erfahrung gebracht haben, was Sie wissen wollen, wissen Sie sehr viel mehr, als wenn Sie den Kauf allein auf Hörensagen oder auf Empfehlung Ihres besten Freundes getätigt hätten. Am Ende müssen Sie dann auf Ihren Instinkt vertrauen. Und da alle Investitionen mit einem gewissen Risiko verbunden sind, ist klar, dass man sich um Vieles wohler fühlt, wenn man in Dinge investiert, mit denen man sich auskennt – und zwar möglichst gut.
Kommen wir nun auf die Wall Street zurück und sehen zu, ob wir nicht das eine oder andere Fenster in die Mauer schlagen können. Ich möchte Sie so weit bringen, dass Sie den Begriff *Investition* als etwas begreifen, das bei Ihnen beginnt und vielleicht mit der Börse als solcher gar nichts zu tun hat. Wenn Sie in sich selbst investieren und Dinge in Ehren halten, die Sie kennen und lieben, können Sie damit enormen Gewinn machen, der Ihnen eine reichere Zukunft sichert.

Worin sollte ich denn nun investieren?

Viele Menschen stellen mir diese Frage und ich weiß, dass sie eine Antwort suchen, die über das Mantra „in das, was Sie kennen" hinausgeht. Ich fordere sie dennoch auf, sich zunächst einmal zu überlegen, womit sie sich auskennen und wofür sie sich interessieren. Davon sollten sie ausgehen. Manche möchten aber ganz konkret wissen, welche

Anlagen garantiert Gewinn bringen, ob sie sich nun damit auskennen oder nicht. Erwarten Sie von mir nicht, dass ich Ihnen hier genaue Angaben mache. Wenn ich Ihnen riete, Gold oder Öl zu kaufen, was würde dann wohl passieren? Bis Sie diese Zeilen lesen, sind das vielleicht längst keine lohnenden Anlagen mehr. Doch lassen Sie mich so viel sagen: Sparen Sie nicht, sondern investieren Sie. Das mag dem gesunden Menschenverstand scheinbar widersprechen, doch Sie werden bald verstehen, was ich damit meine.

Sparen Sie nicht, investieren Sie

Erinnern Sie sich noch an meine Empfehlungen zu Ersparnissen aus dem fünften Kapitel? Ihr Vermögen besteht in der Differenz aus Ihren Vermögenswerten (dem *Haben*) und Ihren Verbindlichkeiten (dem *Soll*). Wenn Ihre Vermögenswerte Ihre Verbindlichkeiten übersteigen, kann ich nur gratulieren: Sie sind im Plus. Nun sollen Sie nicht mehr nur beiseite legen, was Sie jeden Monat nach Abzug Ihrer Tilgungsleistungen (und anderer Verpflichtungen) erübrigen können, sondern sich außerdem überlegen, wie Sie mithilfe dieser Ersparnisse Ihr Vermögen möglichst kräftig steigern können. Mit „sparen Sie nicht, investieren Sie" meine ich, dass Sie sich nach finanziellen Vehikeln umsehen sollten, die Ihre Ersparnisse bewahren *und* arbeiten lassen, damit sie Zinsen abwerfen, oder die es Ihnen ermöglichen, in irgendeiner Form eine Wertsteigerung zu erzielen. Dafür gibt es eine ganze Palette von Beispielen, von hochverzinslichen Sparkonten, Anleihen und Einlagenzertifikaten bis hin zu Aktien, Investmentfonds, Währungen, Edelmetallen, Immobilien und anderen. Anders formuliert: Verstecken Sie Ihr Bargeld nicht in der Matratze, im Kleiderschrank oder in der Schmuckschatulle Ihrer Mutter. Machen Sie Ernst. Werden Sie reich: Lassen Sie Ihr Geld für sich arbeiten!

Zunächst sollten Sie die Macht des Zinseszinseffekts verstehen. Das ist das wichtigste Finanzinstrument, das Sie einsetzen, und wurde von Warren Buffett als achtes Weltwunder bezeichnet. Im Grunde geht es dabei darum, wie man mit Geld mehr Geld verdient – also wie sich Geld von alleine vermehrt. Das ist, als würden Sie zwei Kaninchen in ein Zimmer sperren und bei der Rückkehr feststellen, dass es inzwischen 20 sind. Je länger Sie fernbleiben, desto mehr Kaninchen werden es. Lassen Sie mich das in die richtige Perspektive setzen.

Nehmen wir an, Sie sind 30 Jahre alt und möchten gern eine Million Dollar erwirtschaftet haben, wenn Sie 65 werden. Dazu haben Sie 35 Jahre beziehungsweise 420 Monate Zeit. Eine Million geteilt durch 420 ergibt 2.381 US-Dollar pro Monat, die Sie sparen müssen. Darin ist der Zeitwert des Geldes aber nicht berücksichtigt. Nur wenige können jeden Monat so viel erübrigen und irgendwo wegschließen. Aus diesem Grund müssen wir uns der Magie des *Zinseszinseffektes* bedienen, um unsere Ziellinie schneller zu erreichen. Sehen Sie, Zinsen werden nicht nur auf das Kapital gezahlt, sondern auch auf die Zinsen. Statt dauernd Geld ins Sparschwein zu stecken, sollten Sie es lieber zu einem bestimmten Zinssatz für einen festgelegten Zeitraum anlegen (sodass Zinsen auflaufen können). Beispiel: Sie investieren 1.000 US-Dollar und erwirtschaften einen Jahresertrag von zehn Prozent. Nach dem ersten Jahr beträgt der Wert Ihrer Anlage 1.100 US-Dollar. Sie haben also mehr Geld zum Anlegen zur Verfügung und können noch höhere Erträge erzielen. Im zweiten Jahr beträgt Ihr Ertrag zehn Prozent auf die 100 gewonnenen US-Dollar *und* auf Ihre ursprünglichen 1.000 Dollar. Damit haben Sie schon 1.210 US-Dollar – und so weiter. Das setzt sich fort. Wenn Sie also Ihr Anlagekapital für zehn Prozent pro Jahr investieren und wachsen lassen, haben Sie 50 Jahre später 117.391 US-Dollar – ohne dass Sie irgendetwas dazutun müssen. Nun stellen Sie sich vor, wie viel schneller und kräftiger sich diese Summe erhöhen würde, wenn Sie sie nicht nur durch die Zinszahlungen wachsen lassen würden, sondern auch noch den Grundstock, das Anlagekapital, weiter vergrößern. Wenn Sie 40 Jahre lang nur 25 US-Dollar die Woche sparen, dann bekommen Sie selbst bei der Hälfte dieser Rendite – mickrigen fünf Prozent – immerhin über 165.000 US-Dollar zusammen. Das, meine Freunde, ist die Macht des Zinseszinseffekts. Über längere Zeiträume können zehn Prozent eine Menge Geld bringen. Das Gleiche gilt für fünf Prozent, was Sie möglicherweise auf ein höher rentierliches Sparguthaben erhalten. Oder sieben Prozent, was eine ausgesprochen konservative Zahl für den durchschnittlichen Ertrag auf dem Aktienmarkt darstellt (historisch liegen die Aktienmarkterträge im Schnitt bei zehn Prozent pro Jahr). Oder 15 bis 20 Prozent, was manche gewieften Aktienhändler schaffen, die sich an der Wall Street auskennen und Trading-Trends verfolgen. Zeit ist in diesem Zusammenhang möglicherweise der wichtigste Faktor. Je mehr Sie davon haben, desto weniger Geld brauchen Sie, um Ihr Ziel zu erreichen. Bei zehn Prozent muss ein 20-Jähriger nur 135 US-Dollar im Monat oder 4,50 US-Dollar am Tag auf die hohe Kante legen, um mit 65 Millionär zu sein. Wenn Sie warten, bis Sie 40 sind, müssen Sie dafür schon 892 US-Dollar im Monat oder fast 30 US-Dollar am Tag auf die Seite bringen.

Ich weise darauf hin, dass ich mich nicht näher über den gegenwärtigen oder künftigen Wert des Geldes oder über seinen Zeitwert auslassen werde. Das ist ein Thema für ein eigenes Buch. Fangen Sie doch zunächst an, indem Sie sich auf www.kiplinger.com oder www.smart-money.com ausrechnen lassen, wie viele Jahre Sie bei einem bestimmten Anlagebetrag brauchen, bis Sie bei X Prozent Zinsen X US-Dollar beisammen haben. Das ist eine einfache Gleichung, die den Anlagebetrag einbezieht, den zur Verfügung stehenden Zeitraum und die gezahlten Zinsen. Der Rechner spuckt Ihnen das Ergebnis aus. Damit können Sie dann losgehen und sich das passende Anlagevehikel suchen, um Ihr Ziel zu erreichen. Ein jedes davon ist mit eigenen Risiken und potenziellen Erträgen verbunden.

Viele Anlageformen bieten außerdem noch Vorteile wie Steuervergünstigungen oder Schutzmechanismen, um Kapitalertragssteuern zu vermeiden, die wir dem Staat schulden, wenn wir Anlagegewinne realisieren. Uncle Sam beteiligt sich immer gern an Gewinnen, auch wenn er nichts dazu beigetragen hat, sie zu erwirtschaften. Mittlerweile gibt es jedoch ein paar Finanzvehikel, die den Betrag, den Sie für Ihre harte Investmentarbeit ans Finanzamt weitergeben müssen, begrenzen können. Das gilt insbesondere für Vehikel wie Roth IRAs (IRA steht für Investment Retirement Account; von diesen Sparplänen gibt es gleich mehrere Varianten). Wenn Sie für eine Firma arbeiten, die 401(k)- oder 403(b)-Pläne [1] anbietet, mit denen Sie sparen und Steuervorteile genießen können, sollten Sie möglichst viel in solche Pläne einzahlen. Wenn Ihre Firma Ihre Beiträge noch aufstockt, ist das fast so gut wie geschenktes Geld. Steigt Ihr Gehalt, können Sie einen höheren Teil Ihres Einkommens investieren, um Ihre Ersparnisse zu vergrößern. Durch Online-Banking ist es heute ganz einfach, mehr über die verschiedenen Arten von Anlagekonten zu erfahren, ohne dass man sich mit einem Berater treffen oder seine Bank aufsuchen muss. Schauen Sie sich Seiten wie www.fool.com oder www.money.cnn.com an. Das sind gute Ausgangspunkte, um mehr darüber zu lernen, wie man Geld für sich arbeiten lassen kann.

Wenn Sie Geld übrig haben, sind Anleihen Finanzinstrumente, die Sie in Betracht ziehen sollten. Sie stellen im Grunde Darlehen an die Regierung oder an Unternehmen dar und werfen in der Regel zweimal jährlich Zinsen ab. Rohstoffe wie Öl, Erdgas, Gold, Silber, Kaffee,

1) In den USA übliche betriebliche Altersvorsorge

246

Früchte, Getreide oder Fleisch sind eine weitere Option. Wenn die Inflation anzieht, sinkt unsere Kaufkraft, was die Kurse von Aktien und
Rentenpapieren belastet. Die Preise von Rohstoffen und Immobilien
steigen dann oft. Ein gutes Gespür für Geschäfts- und Konjunkturzyk-
len im Jahresverlauf ist in Bezug auf den Aktienmarkt entscheidend.
Doch keine Angst. Um das nötige Wissen zu erwerben, müssen Sie kein
wirtschaftswissenschaftliches Studium absolvieren. Sie wären erstaunt,
wenn Sie wüssten, was man sich so alles anlesen kann, wenn man sich
die Zeit dafür nimmt. Viele bekannte Wirtschaftsautoren behandeln
dieses und viele andere verwandte Themen in spannenden, unterhalt-
samen Artikeln und Online-Blogs. Suchen Sie sich einfach die heraus,
die Sie gerne lesen – und machen Sie sich Notizen. In Wirklichkeit gibt
es inzwischen so viele Online-Autoren zu wirtschaftlichen Fragen, dass
Sie problemlos einen Finanzexperten finden müssten, der Ihnen von
den Interessen, vom Alter und vom Lebensstil her entspricht (das merken Sie, wenn das, was er schreibt, Sie „anspricht" – das ist etwas ganz
anderes, als sich mit trockenem Lernstoff zu befrachten). Achten Sie
aber darauf, dass Sie solide Ratschläge und Informationen aus einer
vertrauenswürdigen, bekannten Quelle beziehen. Das schließt zwar
nicht aus, dass Sie nicht doch manchmal fragwürdige Informationen
erhalten – vor allem in einem so spekulativen Bereich wie der Prognose
des Konjunkturklimas –, doch mehr können Sie nicht tun.
Was nun das Internet und den Zugang zu Ressourcen angeht, so war
es niemals so einfach, sich über die Börse zu informieren und ein Tra-
ding-Konto zu führen, wie heute mit kostengünstigen Brokern wie Scot-
trade, Ameritrade, Sharebuilder.com oder eTrade. Mir ist klar, dass das
viele immer noch große Überwindung kostet, doch ich empfehle Ihnen
ausdrücklich, sich mit Aktien zu befassen, die Ihren Vorlieben und Interessen entsprechen. Wenn Sie täglich Coca-Cola trinken oder gern

Musik von iTunes herunterladen, dann wären die Aktien mit dem Kürzel KO für Coca-Cola oder AAPL für Apple vielleicht geeignete Titel für Sie, um zu recherchieren und die Kursentwicklung zu verfolgen. (KO ist das Tickersymbol für Coke und AAPL das Tickersymbol für Apple, eine Aktie, die an der NASDAQ gehandelt wird.) Wenn Sie sich auch die modischen Crocs-Schuhe in allen möglichen Farben gekauft haben, dann sind Sie bei Weitem nicht der einzige, der dem Kurs der betreffenden Aktie zum Höhenflug verholfen hat. Die Crocs-Aktie ist so in die Höhe geschossen wie noch keine andere Aktie aus dem modernen Schuhsektor. Denken Sie immer daran, dass Sie nie in die Wall Street selbst investieren, *selbst wenn Sie eine Aktie kaufen*. Sie investieren stets in etwas, das Sie kennen und mögen.

Die Zahl der Webseiten, die Ihnen helfen wollen, clever mit Aktien zu handeln und die Wall Street zu verstehen, ist wahrhaft erstaunlich. In den letzten fünf Jahren allein hat eine enorme Migration von Instrumenten zum Finanz-Research ins Internet stattgefunden, die vordem den Profis vorbehalten waren. Jetzt stehen viele davon Menschen wie mir und Ihnen kostenfrei zur Verfügung, sodass wir selbst zu Profis werden können. Sie müssen lediglich etwas Zeit und Mühe aufwenden, um sich mit diesen Hilfsmitteln und mit dem Markt vertraut zu machen. Für den Anfang schauen Sie sich doch mal die Folgenden an: www.seekingalpha.com, http://moneycentral.msn.com, www.morning-star.com, http://finance.yahoo.com oder http://finance.google.com. Sie brauchen dabei nicht mit großen Summen einzusteigen – investieren Sie, was Sie erübrigen können. Und schalten Sie immer mal wieder CNBC ein, um sich auf dem Laufenden zu halten.

Hier noch ein Vorschlag zum Ausbau Ihres Netzwerks: Gründen Sie doch einen Investmentklub. Trommeln Sie ein paar Freunde oder Verwandte zusammen und bündeln Sie Ihr Geld, um als Gruppe am Markt

248

zu investieren. Das bringt Spaß und zwingt zum Austausch von Ideen und Gedanken zu Unternehmen, was Ihre Kompetenz als Trader und Ihr Wissen nur vergrößern kann. Die National Association of Investors Corporation (www.betterinvesting.org) verfügt über sämtliche Informationen, die Sie brauchen, um Ihren Investmentklub auf die Beine zu stellen. Aber auch im Internet gibt es entsprechende Ressourcen. (Versuchen Sie es doch mal auf den oben angegebenen Seiten.)

Als Notlösung – wenn einzelne Aktien einfach nicht Ihr Ding sind und Ihnen die Zeit fehlt, um Ihre bevorzugten Unternehmen zu analysieren und zu verfolgen – sollten Sie an Investmentfonds denken. Investmentfonds investieren in Gruppen von Aktien. Ihr Geld wird mit dem anderer Anleger zusammengelegt und von einem Fondsmanager verwaltet. Sie können sich aussuchen, in welchen Fonds Sie investieren, doch auf die Auswahl der einzelnen Aktien (oder auch Anleihen), aus denen dieser Fonds besteht, haben Sie keinen Einfluss. Wenn Sie in einen Investmentfonds investieren, kaufen Sie Anteile an diesem Fonds und werden zu einem seiner Anteilsinhaber. Die Auswahl an Fonds ist riesig. Sie finden sie auf jeder Trading-Website. Mitarbeiter von Maklerhäusern können Ihnen ebenfalls helfen, sich unter den vielen Investmentfonds zurechtzufinden.

Tipp: Online-Banken und -Maklerhäuser bieten in Bezug auf Zinsen, Gebühren und Kosten häufig bessere Konditionen als konventionelle Unternehmen der Old Economy.

Einlagenzertifikate

Wer ein erfolgreicher Aktienhändler werden will, braucht Übung und muss bereit sein, hin und wieder (oder auch häufiger) Schwankungen in Kauf zu nehmen. Abgesehen von Aktien und Anleihen sollten Sie meiner Ansicht nach auch Einlagenzertifikate (Certificates of Deposit oder CDs) in Betracht ziehen als gute Möglichkeit, übriges Geld zu parken und gleich Zinsen zu kassieren. Solche Vehikel zum Geldsparen sind zwar kein schneller Weg zum großen Geld, doch sie können Ihnen helfen, mehr zu sparen, und bieten höhere Zinsen als herkömmliche Sparkonten. Außerdem sind neue CDs auf den Markt gekommen, die es Ihnen ermöglichen, statt monatlich oder vierteljährlich *wöchentlich* Zinsen einzunehmen. Bis Sie für einen kräftigen Einkommensstrom gesorgt haben und keine wöchentlichen Auszahlungen mehr benötigen, kann das ein guter Weg sein. Die Zinsen sind zwar nicht so hoch wie bei Sechs- oder Zwölfmonats-CDs, doch es ist immerhin ein Anfang. Eine aufschlussreiche Website für die Entscheidung für eine Bank und zum Vergleich von Zinssätzen, Mindestanlagebeträgen und Laufzeiten ist www.Bankrate.com. Während ich diese Zeilen schreibe, bietet die Interstate Bank ein CD mit wöchentlichen Zinszahlungen bei einer Mindestanlage von 1.000 US-Dollar und einem Zinssatz von zwei Prozent.

Machen Sie Ernst mit Immobilien

Ob Sie bereits ein Eigenheim besitzen oder nicht, dies ist in jedem Fall ein bedeutsamer Schritt. Ich bin davon überzeugt, dass Immobilienbesitz eine enorme Wirkung hat. Ich selbst besitze Immobilien nicht nur zur eigenen Nutzung und als Kapitalanlage, sondern, wie Sie ja mittlerweile wissen, ich bin auch Eigentümer von Immobilienunternehmen, die mein Nettovermögen jedes Jahr exponentiell anwachsen lassen. Die Argumente, die für Immobilien sprechen, sind unwiderlegbar. Ein Bericht, den der US-amerikanische Immobilienmaklerverband Anfang 2007 herausgegeben hat – in einer Zeit, in der der Immobilienmarkt, wie Sie sicher noch wissen, bereits kräftig nachgab – besagt, dass die Verkäufer im Regelfall mit ihren Eigenheimen in den vorausgegangenen fünf Jahren immer noch ordentliche Wertsteigerungen erzielten. Die mittlere Preissteigerung über fünf Jahre lag bei 41,8 Prozent. Generell reagieren Immobilien nicht so volatil wie die Aktienmärkte und wenn Immobilien gegenüber anderen Anlageformen einen Vorteil haben, dann ist es die Hebelwirkung, die Ihre Immobilienerträge mehr als verdreifachen kann – selbst noch, wenn die laufenden Erträge für Tilgungszahlungen dicke ausreichen.

Hinzu kommt, dass nach Angabe des Spezialisten für strategischen Vermögensaufbau Michael Masterson ein durchschnittlicher Besitzer eines Vermögens von 6,8 Millionen US-Dollar einen Hauptwohnsitz im Wert von 545.000 US-Dollar sein Eigen nennt. Wie ist das möglich? Nun, auch wer ein vergleichsweise billiges Eigenheim besitzt, beschleunigt damit die Vermögensbildung. Er zahlt weniger Steuern und das Geld, das er in sein Haus steckt – für Strom, Gas und Wasser, Wartung, Modernisierungen, Einrichtung und dergleichen mehr – trägt zu seinem Wertsteigerungspotenzial bei. Gleichzeitig ist die Immobilie ein komfortables Heim für die Familie. Irgendwo müssen Sie ja schließlich wohnen. Das können ebenso gut die eigenen vier Wände sein, wenn man dadurch noch die mit Immobilieneigentum verbundenen Vorteile mitnehmen kann. Und stellen Sie sich vor: Wenn Sie an Mastersons Statistik ein bisschen herumspielen, dann könnten Sie mit einem Haus für 80.000 US-Dollar ein Nettovermögen von einer Million US-Dollar erzielen. Das klingt doch interessant, oder?

Ein paar Vorbehalte gelten jedoch in Bezug auf Immobilien. So müssen Sie sich darauf einstellen, die mit Immobilienbesitz verbundenen Pflichten zu übernehmen. Diese Verantwortung lastet auf Ihren Schultern, sobald Sie unter die Hausbesitzer gehen. Und wenn Sie an einen Kredit gebunden sind, bei dem bis zur Endfälligkeit nur Zins- und keine Tilgungsleistungen gezahlt werden, sind Sie im Grunde nicht mehr als ein Mieter. Sie mieten Ihr Haus von der Bank, die Ihnen Ihr Geld aus der Tasche zieht und verhindert, dass Sie Eigenkapital aufbauen. In den letzten zehn Jahren hat es bei den Finanzinstituten abenteuerliche Auswüchse gegeben. Sie haben unwahrscheinlich günstige Hypothekenarrangements angeboten, die es ihren Kunden ermöglicht haben, ihre Immobilien „kreativ zu finanzieren". Inzwischen drängt die Regierung auf neue Gesetze, um solch räuberischen Kreditvergabepraktiken ein Ende zu setzen. Während ich diese Zeilen schreibe, steigen die Ausfälle bei Hypothekendarlehen und die Zahl der Zwangsversteigerungen nimmt zu, da viele Kreditnehmer über die Nachteile variabel verzinslicher Hypotheken stolpern. Sobald sich ihre monatlichen Raten erhöhen, die mitunter abrupt explodieren können, wundert sich mancher, was da aus seiner ursprünglichen Vereinbarung geworden ist. Der eine oder andere steht vielleicht auf der Verliererseite, bekommt kein Fremdkapital mehr und sieht nur noch den Ausweg, die Immobilie mit Verlust zu veräußern.

Nehmen wir an, Sie haben ein Haus für 300.000 US-Dollar auf Kredit gekauft und zahlen nur Zinsen. Zwei Jahre später hat der Markt nachgegeben und Ihr Domizil ist jetzt nur noch 250.000 US-Dollar wert – 50.000 US-Dollar weniger als Ihr Kaufpreis. Wenn Sie langfristig geplant haben, können Sie die (hoffentlich) vorübergehende Marktdelle aussitzen und abwarten, bis Ihr Haus wieder im Wert steigt. Doch was, wenn die Entwicklungen in anderen Lebensbereichen nicht nach Plan verlaufen? Was, wenn Sie wie meine Freundin Shanel knapp bei Kasse sind und Geld zur Verfolgung anderer Ziele brauchen oder – im schlimmsten Fall – ganz einfach dafür, um Ihren Lebensunterhalt zu decken? Aus Ihrem Haus können Sie kein Kapital ziehen, weil keins vorhanden ist. Sie können es noch nicht einmal verkaufen, weil das Geld nicht reicht, um Ihre Bankschulden zu tilgen. Dafür brauchen Sie den Fehlbetrag von 50.000 US-Dollar zuzüglich der Maklergebühren (sechs Prozent) zuzüglich aller mit der Transaktion verbundenen Kosten. Wenn Sie Ihr Haus also mit Verlust verkaufen, stehen Sie noch höher in der Kreide, was Ihre Möglichkeiten zur Verfolgung anderer Ziele einschränkt.

Sie sehen also, warum ich kein großer Fan von solchen raffinierten Schlupflöchern bin, die Finanzinstitute bieten, um Menschen dazu zu bringen, heute auf der gepunkteten Linie zu unterschreiben, um sich morgen zu wünschen, dass sie es lieber nicht getan hätten. Für die meisten Amerikaner steht ein Eigenheim ganz oben auf der Liste der Träume, die sie verwirklichen möchten. Immobilienbesitz wird oft als der klarste, einfachste und beste einzige Weg in den Wohlstand propagiert. Wenn man das größere Gesamtbild betrachtet und das Potenzial berücksichtigt, unglaubliche Gewinne zu erzielen und im Grunde durch weitere Immobilientransaktionen dauerhaft für kumulatives Wachstum zu sorgen, stimmt das auch.

Ein Problem gibt es dabei allerdings: Viele Leute glauben offenbar, dass Immobilienbesitz zu plötzlichem und nachhaltigem Wohlstand führt und daher um jeden Preis oberste Priorität genießen sollte. Wer ein Eigenheim besitzt, hat automatisch Mittel für andere finanziellen Ziele zur Verfügung wie die Ausbildung eines Kindes, die Rückzahlung von Schulden oder die Finanzierung eines Unternehmens – oder etwa nicht? Nun, wie viele von Ihnen im letzten Jahr den Medienberichten entnehmen konnten, trifft das nicht in jedem Fall zu. Mittlerweile kämpfen Millionen von Amerikanern darum, ihre Hypothekenraten und andere Rechnungen zu bezahlen. Ihre Immobilien sind ein enormer Klotz am Bein, der sie langsam aber sicher total lähmt. Sie versinken im Treibsand einer akuten kurzfristigen Finanzkrise. Die Hilfe, die auf lange Sicht eintreffen wird, kommt für sie zu spät. In Bezug auf Immobilien ist langfristiges Denken meist das Geheimnis.

Immobilienbesitz sollte auf jedermanns Radarschirm als Ziel auftauchen. Der Traum vom eigenen Heim sollte aber zur richtigen Zeit realisiert werden. Der richtige Zeitpunkt ist dann gekommen, wenn Sie auf Hypothekenangebote ohne Tilgungsleistungen verzichten können, mindestens zehn Prozent des Kapitals selbst aufbringen können und sich von ihren monatlichen Hypothekenraten nicht in die Enge getrieben fühlen. Mir wäre es lieber, Sie würden Ersparnisse anlegen und einen 401(k)-Plan oder IRA besparen, bevor Sie sich irgendwann für eine eigene Immobilie interessieren. Bis dahin sollten Sie sich gründlich über den Immobilienmarkt informieren und auf dem Laufenden halten. Machen Sie sich mit den Gründen für einen Kauf oder Verkauf vertraut, ob Sie in Immobilien investieren, um Sie selbst zu nutzen, als Kapitalanlage oder um laufende Einkünfte zu erzielen. Immobilien sind eine eigene Branche, über die es Seminare, Bücher und Programme zum Selbststudium gibt. Sie müssen in diesem Bereich genauso fundiertes Wissen erwerben, als würden Sie ein Unternehmen gründen. Wenn Sie sich mit Immobilien nicht auskennen, sind Sie entweder noch nicht bereit, um in diese Kategorie zu investieren, oder Sie arbeiten nicht hart genug an sich selbst. Wer sich informiert, bevor er investiert, kann die verfügbaren Optionen besser auf seine persönlichen Ziele abstimmen. So werden Sie zum Beispiel erfahren, dass eine 100-Prozent-Finanzierung für Investoren, die sich in vermietete Immobilien wie Wohnanlagen oder medizinisch genutzte Gebäude einkaufen, um laufende Einkünfte zu erzielen, *unter Umständen* eine großartige Chance ist. Nur für Menschen, die eigene vier Wände erwerben möchten, ist sie nicht das Richtige.

Ich empfehle Ihnen außerdem, sich beraten zu lassen, bevor Sie den Sprung auf den Immobilienmarkt wagen. Nach einer Studie, die 40.000 im Rahmen von Freddie Macs „Affordable Gold"-Programm vergebene Hypotheken untersuchte, lag die Ausfallquote bei Kreditnehmern, die eine individuelle Beratung genossen hatten, um 34 Prozent niedriger als bei solchen, die auf eine Beratung verzichtet hatten. Wo aber finden Sie einen geeigneten Berater? Die meisten arbeiten für gemeinnützige Organisationen wie NeighborWorks (www.nw.org) oder ACORN Housing (www.acornhousing.org), aber auch manche Kreditgeber und Versicherungen beschäftigen Berater. Um ein lokales Eigenheimprogramm in Ihrer Gegend zu finden, gehen Sie auf die HUD-Website (www.hud.gov) und klicken Sie auf Ihren Bundesstaat, um alle Agenturen aufzulisten, die von diesem finanziell unterstützt werden. Oder versuchen Sie es doch bei der für die Eigenheimfinanzierung zuständigen Behörde Ihres Bundesstaats oder Bezirks. Auch viele kirchliche Gruppen, Kreditgenossenschaften und Arbeitgeber pflegen Beziehungen zu lokalen Beratungsstellen.

Wenn der Häusermarkt einbricht, sollten Sie sich über Zwangsvollstreckungen und Pensionsgeschäfte informieren. Berücksichtigen Sie auch Immobilien, die vom Eigentümer selbst verkauft werden. Diese sind für den Käufer meist günstig. Aber es lohnt sich auch, mit einem erfahrenen Immobilienmakler zu arbeiten, der die Gegend kennt, in die Sie ziehen möchten. Sie können sich an einen Makler wenden und trotzdem ein Haus direkt vom Anbieter erwerben. Unterhalten Sie sich im Bekanntenkreis über Ihre Pläne, sodass auch andere für Sie die Augen offen halten. Sie wären überrascht, wie viel Rat und Informationen Sie aus Ihren eigenen Netzen beziehen können, sobald Sie das Thema ansprechen. Man wird Ihnen helfen, günstige Angebote ausfindig zu machen und vielleicht wird Ihre Aufmerksamkeit auch auf Gegenden gelenkt, die Sie bisher gar nicht in Betracht gezogen haben.

All jenen, die bereits mit einer Hypothek belastet sind, die sie nicht wirklich weiterbringt (ob Sie dazugehören, wissen Sie selbst am besten), rate ich dringend zu einer Neubewertung. Ich kann Ihnen nicht sagen, ob Sie Ihre Immobilie verkaufen oder halten sollten. Diese Entscheidung werden Sie schon selbst treffen müssen. Ein Gespräch mit einem versierten Finanzfachmann, der Ihre aktuelle Lage im Hinblick auf Ihre künftigen finanziellen Ziele beurteilen und Sie in die richtige Richtung lenken kann, kann hilfreich sein. In solchen Fällen kommt es auf die persönliche Situation an. Meine Botschaft an Sie ist klar: Nehmen Sie Immobilien auf jeden Fall in die Liste Ihrer Ziele auf, aber lernen Sie erst schwimmen, bevor Sie ins Wasser springen. Stellen Sie sich so auf, dass Sie einen kühnen Sprung in den Immobilienmarkt wagen können, ohne sich von unberechenbaren Strömungen mitreißen zu lassen. Dann gehören Sie auf jeden Fall zu den Gewinnern.

Investieren Sie in Ihr eigenes Unternehmen

Sie merken schon – in diesem Punkt lasse ich nicht locker. Ich habe Ihnen viel darüber erzählt, wo Sie Ihr Geld anlegen sollten und wie Sie lernen, zu denken wie ein gutgläubiger Investor. Die unbequeme Wahrheit ist aber: Wer einem normalen Achtstundenjob nachgeht und dabei immer wieder geringfügige Einkommenssteigerungen erzielt, während er sein Geld in festverzinsliche oder andere Finanzvehikel investiert, der wird schwerlich zum Millionär. Der überlieferte Ansatz des Abknapsens, Ansparens und Abwartens macht Sie in überschaubarer Zeit nicht reich.

Das ist so ähnlich wie mit den Problemen, die eine zu hohe Verschuldung mit sich bringt – es kann sehr schwierig, wenn nicht gar unmöglich werden, größere Schulden abzutragen, wenn man ein festgelegtes Einkommen hat. Sie müssen neue Wege finden, um größere Einnahmequellen zu erschließen und Ihre Finanzen auf diese Weise zügig in Ordnung zu bringen. Sie müssen Ihr Einkommen „flexibilisieren".

Die oben angesprochenen Beispiele zeigen, wie der Weg zur Million Jahrzehnte in Anspruch nehmen kann. Natürlich, der Zinseszinseffekt ist erstaunlich, doch wenn Sie damit ins Rennen gehen, haben Sie keine Chance gegen Konkurrenten, die dank eines hohen, flexiblen Einkommens über besonders effizienten „Treibstoff" verfügen. Ihr Ergebnis steht und fällt damit, wie viel Sie investieren können, wie lange Sie investieren und wie hoch Ihre Rendite ist. Auch Inflation und Steuern sind Faktoren, denen Sie auf Gnade und Ungnade ausgesetzt sind und die Ihr sauer verdientes Geld erbarmungslos zusammenschmelzen lassen. Dabei haben Sie ungleich mehr Kontrolle über den zu investierenden Betrag als über Renditen und Zeit. Und diesbezüglich besteht ein klarer Zusammenhang mit dem Einkommen.

Realitäts-Check: Wenn Sie Ihr Einkommen nicht spürbar steigern oder – im Idealfall – flexibler gestalten können, ist das schnelle Geld für die nähere Zukunft keine Option.

Wie aber können Sie Ihr Einkommen erhöhen? Nun, sicher erinnern Sie sich noch an meine Strategien zur Einkommenssteigerung aus dem vierten Kapitel – etwa aggressivere Vorstöße auf Gehaltserhöhungen, die Übernahme größerer Verantwortung in der Firma, die Schaffung passiver Einkünfte und die Erwägung, ein eigenes Unternehmen zu gründen, dessen Erträge potenziell unbegrenzt sind. Fakt ist, dass die überwiegende Mehrheit der Millionäre und Milliardäre ihren Reichtum den Unternehmen verdankt, die sie gegründet haben oder an deren Führung sie beteiligt waren. Haben Sie gehört? Ich sagte auch, *an deren Führung sie beteiligt waren.* Wie in diesem Buch schon mehrfach erwähnt, strebt vielleicht nicht jeder danach, zum eigenständigen Unternehmer zu werden, und ich respektiere das. Das bedeutet aber nicht, dass nicht jeder dem Idealzustand nahe kommen könnte, ein großartiges Unternehmen sein Eigen zu nennen, das eine Menge Geld verdient – nämlich dadurch, sich als Mitarbeiter oder Führungskraft unverzichtbar zu machen.

Wer für eine Organisation – ungeachtet ihrer Größe – unschätzbaren Wert hat, der kommt unweigerlich in den Genuss maßgeblicher finanzieller Vorteile, die sich mitunter in Millionen übersetzen lassen. Spitzenpositionen in vielen Unternehmen sind mit einer Beteiligung am Unternehmen verbunden und damit mit einem Anspruch auf einen prozentualen Anteil am Gewinn. Topmanager können auch höhere Gehälter, größere Prämien und ganz allgemein mehr Sonderleistungen fordern. Vielleicht sitzen Sie eines Tages ja sogar im Büro des CEO. Das muss nicht in einem Unternehmen sein, das Sie gegründet, zum Laufen gebracht und durch schlechte Zeiten geführt haben. Es kann schlicht das Unternehmen sein, das Sie in letzter Zeit mitverwaltet haben und dessen unbezahlbarer Mitarbeiter Sie sind, weil Sie im Laufe der Jahre zu seinem Wachstum, zur Steigerung seines Umsatzes und zu seiner Umgestaltung beigetragen haben. Nichts anderes hat Jack Welch bei GE gemacht, oder Darwin Smith bei dem alten

Papierunternehmen Kimberly-Clark oder Ursula Burns jetzt bei Xerox. Tatsächlich gilt das für alle der in Jim Collins Chronik in seinem herausragenden Buch *Good to Great* [1] aufgeführten Beispiele für Level-5-Manager. Wer dazu beiträgt, dass ein Unternehmen zu einem „der Besten" entwickelt, wird feststellen, dass er diese Entwicklung mitvollzieht.

Jetzt fragen Sie sich vielleicht, ob das als Investition zählt, wenn Sie ein Unternehmen gründen möchten? Und wie Sie damit klarkommen sollen, Schulden zu tilgen und gleichzeitig mit schwer aufzutreibenden Mitteln Investmentkonten zu besparen und so weiter und so weiter? Ist das denn realistisch?

Natürlich. Ich erwarte ja nicht, dass Sie über Nacht reich werden. Zielen Sie auf eine Kombination von Anlagen ab, darunter Aktien, Immobilien, Einlagenzertifikate, Anleihen und Unternehmen – ob als alleiniger Eigentümer oder als Teil einer größeren Organisation. Auch eine Investition in die Unternehmen anderer kommt infrage. Achten Sie nur darauf, dass Sie Ihre Hausaufgaben machen, selbst wenn es sich dabei um die nach eigenen Angaben brillante Idee Ihres ebenso unternehmungslustigen wie frustrationserprobten Cousins oder Bruders handelt.

Jedes Unternehmen, in das Sie Ihr Geld stecken, stellt eine Investition dar – auch wenn es sich um Ihr eigenes handelt. Weil eine Unternehmensgründung in der Regel erfordert, dass Sie Ihr eigenes Geld in die Hand nehmen, um den Laden in Schwung zu bringen, ergeben sich die Prioritäten meist von selbst. So werden Sie kaum ein Haus kaufen oder größere Beträge in Aktien und Anleihen investieren, wenn Ihr Kapital im Anfangsstadium Ihrer Firmengründung im eigenen Unternehmen gebunden ist. Haben Sie bereits ein Eigenheim und verschiedene Anlagekonten, empfehle ich Ihnen, mit einem Finanzberater über die Möglichkeit zu sprechen, diese Quellen anzuzapfen, um Ihrem jungen

---

1) dt. erschienen: *Der Weg zu den Besten*, DTV, 2003 – A.d.Ü.

Unternehmen auf die Beine zu helfen. Auf diese Weise können Sie sich zusätzliches Start-up-Kapital verschaffen, wenn Sie es denn umsichtig einsetzen. Doch jede Situation ist individuell unterschiedlich, sodass ich hier keine Pauschalempfehlung geben kann. Noch einmal: Über Nacht geht gar nichts. Haben Sie Geduld. Vielleicht können Sie heute noch nicht sagen, welcher Schritt der 40. sein wird, doch wenn Sie den 39. Schritt tun, dann wissen Sie bestimmt, wie Sie möglichst geschickt weiterkommen. Bedenken Sie, dass nicht alle Unternehmen für die Ewigkeit gedacht sind. Vielleicht haben Sie mit Ihrem kleinen Geschäft ja so großen Erfolg, dass sich ein größerer Akteur dafür interessiert und Sie auskauft. In der Regel fließen da große Summen. Vielleicht endet ja auch Ihre Geschichte so. Doch raten Sie mal, was dann passieren wird? Sie werden das Geld nehmen und ein neues Unternehmen gründen. Wie klingt das für Sie?

Erfolgsserien von „Serienunternehmern" werden heutzutage mehr und mehr zur Norm. Viele meinen immer noch, dass die meisten Unternehmer sich ihr Leben lang einer Idee und deren Vermarktung widmen. Realitäts-Check: Diese Meinung ist mittlerweile ein Mythos. Es gibt eine sich rasch verbreitende Sorte von Unternehmern, die einen Hit nach dem anderen landen. Wie sie das machen? Nun, nach einer Studie, die Professor Wayne Stewart von der Clemson University im Jahr 2000 mit zwei anderen Wissenschaftlern veröffentlicht hat, kommt es dabei auf eben die Eigenschaften an, die ich bereits angesprochen habe: Leidenschaft, Antrieb, Ehrgeiz und Tatkraft. Serienunternehmer lieben den Nervenkitzel, den die Gründung eines neuen Unternehmens mit sich bringt. Sie übertragen bewährte Kompetenzen von einem Unternehmen aufs andere und ebenso ihre Unterstützungssysteme, Netzwerke und die Beziehungen, die sie sich aufgebaut haben. Außerdem bringen sie noch zwei wesentliche Aktivposten in die jeweils nächste

Runde mit: Erfahrung und Glaubwürdigkeit. Geld ist für sie Mittel zum Zweck – und nicht das Endziel! Das erklärt, warum jemand ein Unternehmen für zehn Millionen Dollar verkauft, um das Geld anschließend in ein neues Vorhaben zu investieren, statt es auf die Bank zu bringen und sich damit „zur Ruhe zu setzen". Tatsächlich berichten erfolgreiche Jungunternehmer nicht selten, dass sie *versucht* haben, sich aus dem Geschäftsleben zurückzuziehen, doch am Ende wieder eingestiegen sind, weil sie das Privatisieren depressiv, unsicher und unglücklich gemacht und unheimlich gelangweilt hat.

Und da wir gerade vom Alter sprechen – vergessen Sie nicht, man kann nicht „zu jung" sein, um sich unternehmerisch zu betätigen. Es gibt sogar schon eine Bezeichnung für Teenager, die geschäftliche Erfolge verbuchen: High-School-Mogule. So wurden sie zumindest von Mark J. Penn in seinem neuesten Buch *Microtrends* betitelt, in dem er erklärt, wie es mithilfe des Internets in den letzten Jahren zu einer wahren Explosion des Unternehmertums unter Halbwüchsigen kam. Die Mehrheit aller Teenager (mehr als sieben von zehn) möchte später gern ihr eigener Chef sein. Das hört sich doch gut an – vor allem, weil das Etikett „Teen Mogul", das mir auch aufgedrückt wurde, einsam machen kann. Ich wette, dass die Gemeinschaft der High-School-Mogule mit der Zeit immer größer wird. Sie werden ein maßgeblicher Faktor in der Wirtschaft werden.

Wie man in der City Millionen verdient

Dawson Rutter, Gründer und Chef eines noblen Limousinenservice namens Commonwealth Worldwide, wird jedes Mal von nostalgischen Gefühlen übermannt, wenn er in ein Taxi steigt. Es war am Steuer eines Taxis, wo ihm ein Licht aufging, das ihm den Weg zur Gründung des vertrauenswürdigsten professionellen Limousinenservice aufzeigte, der Finanzmanager, Leute aus der Unterhaltungsbranche und andere VIPs zu seinen Kunden zählt. Rutter, der mehrere Schulen geschmissen hatte und gern die seltsamsten Jobs annahm, hat sein Wissen und seinen Geschäftssinn in der Praxis erworben. Als er sich noch mit Gelegenheitsjobs als Bauarbeiter, Kellner, Koch, Rasenpfleger, Automechaniker und Blechschlosser durchlavierte, konnte Rutter an dem Tag, an dem er sich entschloss, Geschäftsleute und Angetrunkene durch die Straßen von Boston zu chauffieren, noch nicht ahnen, wie reich er eines Tages werden würde. Als Taxifahrer hat er viel gelernt, doch vor allem eine Lektion hatte er sofort begriffen: Die Qualität der Kundenbetreuung war für ein Unternehmen lebenswichtig. Ebenso klar war ihm, dass gute Betreuung in seiner Branche rar gesät war, und er wusste, dass seine Arbeit von etwas mehr Liebe zum Detail nur profitieren konnte (denken Sie an Chauffeure in schicker Livree mit glänzenden Schuhen), wenn er überragenden Service bieten wollte. Manche sagen sogar, dass Rutter seinen Erfahrungen als Mitarbeiter in schlecht geführten Unternehmen eine fixe Idee verdankt: Er ist förmlich besessen davon, seinen Kunden stets besten Service zu bieten.

Doch rückblickend ist es genau dieser hochwertige Service, der ihm zum Durchbruch verhalf. Das ist sein Spezialgebiet und im Laufe der Jahre brachte ihm das bei loyalen Kunden, zu denen auch Prominente zählen, mehr als nur Ansehen. Rutters Firma, die heute 34 Millionen US-Dollar wert sein soll, setzt neue Standards und beweist, dass kleine Details wie blank geputzte Schuhe und Augenkontakt, um einschätzen zu können, ob ein fester Händedruck angemessen ist oder nicht, sehr wohl eine Rolle spielen. Über Rutter ist in den letzten Jahren viel geschrieben worden, da er mit einem der wachstumsdynamischsten innenstädtischen Start-ups neue Maßstäbe setzte.

Dabei zeichnet sich Rutters Geschichte durch viele der Merkmale aus, die auch andere Erfolgsstorys aufweisen. Er hat Wissen, Erfahrung, Antrieb, Tatkraft und Ehrgeiz miteinander verschmolzen. Er hat sein Händchen für gute Entscheidungen mit seinem Eifer kombiniert, dem Kunden stets Vorrang einzuräumen. Was er weiß, verdankt er größtenteils den zehn Jahren, in denen er am Steuer und in der Zentrale eines Taxiunternehmens arbeitete, bevor ihm ein Freund das Limousinengeschäft schmackhaft machte. Dieses Angebot war unwiderstehlich. Als Chauffeur durfte er ein klimatisiertes Auto fahren, was besonders im heißen, schwülen Bostoner Sommer seinen Reiz hatte. Außerdem musste er sich nicht mehr mit dem Gelichter herumschlagen, das einem mitunter im normalen Taxigeschäft begegnete. Rutter nahm jede Chance wahr, sich in dem Unternehmen hochzuarbeiten, und als der Geschäftsführer nur einen Monat nach seiner Einstellung in Urlaub ging, vertrat er ihn mustergültig. Er zeigte, wie gut er das konnte, und schon bald war das seine Hauptaufgabe. Dennoch fand er sich neun Monate später auf der Straße wieder. Er war entlassen worden (angeblich, weil er mit seinem Chef nicht auskam). Doch da hatte er seine Kompetenzen schon entscheidend erweitert. Jetzt hatte Rutter Erfahrung als Fahrer, Chauffeur, Disponent *und* im operativen Geschäft. Eine formelle Ausbildung fehlte ihm zwar nach wie vor, doch er hatte das nötige Selbstvertrauen, es dennoch zu versuchen und einen Stich zu machen. Mit seinen Kenntnissen und seinem Know-how, die jeden Bereich des Geschäfts abdeckten, entwickelte er schnell die Idee zu einem Luxus-Chauffeurdienst, der alles in den Schatten stellen würde, was seine früheren Arbeitgeber zu bieten hatten. Endlich war er so weit, dass er bestimmen konnte, wo es langging, und er legte die Messlatte hoch. Er war bereit, sich auf eigene Füße zu stellen. Er war bereit, das Wagnis einzugehen.

1982 kaufte Rutter mit seinem Ersparten ein erstes Fahrzeug und gründete damit Commonwealth Worldwide. Inzwischen betreibt das Unternehmen eine Flotte von über 180 Fahrzeugen (unter anderem auch solche mit umweltfreundlichem Hybrid-Antrieb). Seine Vision hat Rutter dabei nie aus den Augen verloren. Er wollte den herausragenden Service bieten, den die Branche vermissen ließ. Die Prinzipien, die Rutter in seinem Unternehmen vertritt, und die seine ureigene Philosophie verkörpern, lassen sich in vier zentralen Werten zusammenfassen: Zuverlässigkeit, Kommunikation, außergewöhnlicher Dienst am Kunden und Professionalität. Diese Werte kann nicht jeder für sich in Anspruch nehmen, doch sie sind das Geheimnis vieler erfolgreicher Unternehmen in vielen Branchen. Wenn Sie diese Werte in Ihre Arbeit einfließen lassen, werden Sie sich vermutlich ebenso von der Konkurrenz abheben wie Rutter.

Ein Jahr nach der Gründung seiner kleinen Firma im Jahr 1983 erhielt Rutters Commonwealth Worldwide die erste von vielen Best-of-Boston-Auszeichnungen der Zeitschrift *Boston*, was ihm noch mehr Aufträge einbrachte. In einem Monat verdreifachte sich die Nachfrage nach Rutters Dienstleistungen und so ging es weiter, als Rutter sein Unternehmen nach und nach – immer jeweils um ein Fahrzeug und einen Fahrer – vergrößerte.

2003 wurde seine Firma von der Zeitschrift *Limousine Digest* unter den Top Ten der größten Limousinendienste in den Vereinigten Staaten geführt. 2004 orientierte sich Rutter nach Süden und expandierte mit Commonwealth Worldwide auf den größeren New Yorker Markt. Um dem raschen Wachstum des Unternehmens gerecht zu werden, zog die Firma auf ein Anwesen mit 1.800 Quadratmetern Garagen- und Bürofläche um. Heute ist das Unternehmen unter gehobenen Limousinendiensten weltweit führend. 2007 rangierte es unter den Inner City 100 der Zeitschrift *Inc*. an 52. Stelle. Die Wachstumsrate zwischen 2001 und 2005 betrug stolze 248 Prozent, der Umsatz lag 2005 bei 21,7 Millionen US-Dollar und das Unternehmen beschäftigte 270 Vollzeitmitarbeiter. Es hat weltweit 400 Niederlassungen, die rund 40 Prozent seines Umsatzes erwirtschaften. So also wird man vom Taxifahrer zum Tycoon! Besonders zu würdigen ist an Rutters Unternehmen, dass er seine Firmenzentrale in Boston wie in New York gezielt in einer einkommensschwachen Gegend angesiedelt hat, wodurch er die heimische Wirtschaft ankurbelt und Arbeitsplätze schafft, die es sonst nicht gäbe. Unterschätzen Sie nicht die wirtschaftliche Macht von Innenstadtunternehmen. Die Zeitschrift *Inc.* analysierte die Zahlen zu den Inner City 100 des Jahres 2007 mit folgendem Ergebnis:

- 535%: durchschnittliche Standardwachstumsrate über fünf Jahre (Mittel = 252%)
- 49%: Durchschnittliche CAGR (Mittel = 37%)
- 39 Millionen US-Dollar: Durchschnittsumsatz 2005 (Mittel = 8,3 Millionen US-Dollar)
- 3,9 Milliarden US-Dollar: Gesamtumsatz 2005
- 20,7 Millionen US-Dollar: Durchschnittlicher Schätzwert der Inner City 100-Unternehmen von 2007
- 1994: Durchschnittliches Gründungsjahr der Unternehmen
- 18.882: Beschäftigte der Inner City 100-Unternehmen von 2007
- 11.839: Neue Arbeitsplätze von 2001 bis 2005

Weitere charakteristische Merkmale dieser Unternehmen sind, dass 73 Prozent aus dem Dienstleistungsgewerbe stammen, 81 Prozent Darlehen und Kreditlinien in Anspruch genommen haben, um Wachstumskapital zu beschaffen, und 68 Prozent sich durch Qualität oder Service auszeichnen möchten.

Fünf Schritte zur Problemlösung

Keith McFarland, der im Jahr 2005 Business-Autor (und selbst erfolgreicher CEO) war, schrieb auf der Grundlage umfangreicher Recherchen für die Zeitschrift *Inc.* einen großartigen Artikel mit dem Titel „What Makes Them Tick"[1]. Darin teilt er ungewöhnliche Erkenntnisse darüber mit, wie erfolgreiche Führungskräfte denken und Probleme lösen. So verfügen *Inc.* 500-Führungskräfte zum Beispiel nachweislich über mehr Selbstvertrauen als 90 Prozent der breiten Bevölkerung. McFarland schreibt, dass die „Umstände ihrer Unternehmensgründung häufig gleichzusetzen sind mit einem Fallschirmabsprung in feindliches Gebiet, bei dem sie oft nur auf ihren Verstand, eine überzeugende Vision und das Vertrauen in sich und ihre Sache zählen konnten." Was sie neben Entschlossenheit, Antrieb und Tatkraft noch gemein haben, ist ein Rezept für die Lösung von Problemen, auf das sie sich immer wieder verlassen können.

> *Inc.* 500-CEOs schnitten bei der Fähigkeit zur Problemlösung und zur Generierung von Ideen besser ab als 92 Prozent der Bevölkerung und bei der Fähigkeit, Menschen und Situationen zu interpretieren, fast 25 Prozent besser als andere CEOs. Business-Autor Keith McFarland betont, dass diese Feststellungen ein verbreitetes Missverständnis ausräumen: dass Unternehmer akut Wunder bewirken können, doch nicht die nötigen Kompetenzen haben, um langfristig ein erfolgreiches Unternehmen aufzubauen. Ganz im Gegenteil, diese CEOs verfügen über ein Kompetenzprofil, das sowohl kurzfristig erforderliche Geistesgegenwart als auch langfristig nötiges strategisches Denken umfasst. Außerdem haben sie ein scharfes Auge für ihre Umgebung.

1) A.d.Ü.: sinngemäß „Wie sie ticken".

Fragen Sie einen beliebigen erfolgreichen Topmanager oder Unternehmenseigner, wie er Probleme löst. Ich wette, Ihnen werden die Ohren klingen.

Im Folgenden verrate ich Ihnen meine Fünf-Punkte-Strategie zur Problemlösung, die verschiedene Konzepte aufgreift, über die wir bereits gesprochen haben. Sie stellt den geeigneten Abschluss für dieses Buch dar und gibt Ihnen ein paar letzte Tipps, wie Sie am besten mit Rückschlägen, Misserfolgen, Hürden und Zurückweisung umgehen – alles Faktoren, die unsere Fähigkeit, in uns selbst zu investieren, behindern. Wenn es Probleme gibt – und glauben Sie mir, die gibt es bestimmt –, geschieht das meist nicht ohne Grund. Widmen Sie ihnen daher Aufmerksamkeit. Mein Fünf-Schritte-Verfahren funktioniert besonders gut bei Menschen, denen es schwerfällt, sich einen Ausweg aus einer schwierigen Situation zu überlegen, und die einen Prozess brauchen, nach dem sie sich richten können.

Nehmen Sie Probleme nicht persönlich

Problemlösung bedeutet, ein Problem nicht persönlich zu nehmen, sonder zu verinnerlichen, dass wir alle immer wieder widrigen Umständen begegnen. Das Leben geht auf und ab wie eine Achterbahn. Sobald Sie ein Problem nicht mehr auf sich beziehen, ist es nicht mehr *Ihr* Problem, sondern *ein* Problem. An dieses können Sie dann herangehen mit der Einstellung: „Auch das geht vorbei." Sobald Sie das Problem in die richtige Perspektive gesetzt haben, lässt es sich leichter lösen.

Der Unterschied ist ganz einfach zu erklären: Statt „Mein Unternehmen geht zugrunde" sagen Sie „Meine Firma hat Probleme – was kann ich tun, um Sie zu lösen?". Während die erste Aussage davon ausgeht, dass Misserfolg programmiert und Problemlösung an diesem Punkt nutzlos ist, identifiziert die zweite Aussage ein klar umrissenes Problem, das gelöst werden kann.

Realitäts-Check: Wir sind alle nur Menschen. Wir haben Gefühle. Daher ist es nicht immer einfach, uns persönlich und emotional von einem Problem zu distanzieren. Jederzeit können negative Gedanken über uns kommen wie: „Es ist alles meine Schuld, ich tauge nichts, ich bin dumm, ich werde das nie schaffen…" In solchen Situationen brauchen Sie nicht nur rettende positive Selbstbestätigung, sondern so schnell wie möglich Abstand zu dem anstehenden Problem. Sonst wird es Sie tatsächlich zu Fall bringen!

Es ist alles eine Frage der Sichtweise – genau wie bei der viel zitierten Frage danach, ob ein Glas halb leer oder halb voll ist.

Denken Sie auch daran, was ich im Vorkapitel über den Zusammenbruch von Gesellschaften geschrieben haben: Gesellschaften, die Probleme vorhersehen und bereit sind, tapfer zu kämpfen, wenn sie auftreten, haben bessere Chancen, zu überleben – und langfristig zu gedeihen. Das gilt auch für Unternehmen. Spielen Sie Schwierigkeiten nicht herunter und vor allem, ignorieren Sie sie nicht. Ahnen Sie sie voraus. Reagieren Sie. Bleiben Sie Ihren Werten treu. Passen Sie sich an, wenn es die Umstände erfordern. Es ist ganz natürlich, dass man nicht gern daran denkt, was alles schief gehen könnte. Das deprimiert uns. Doch solche Probleme können uns weit vom Kurs abbringen und ins Abseits manövrieren. Probleme lösen sich selten von allein. Versuchen Sie also, sich emotional davon zu distanzieren, ohne den Kopf in den Sand zu stecken. Gehen Sie Probleme frontal an. Aus den meisten Problemen lässt sich etwas lernen, was Sie am Ende stärker und erfolgreicher macht.

Lernen Sie aus Ihren Problemen

Mos Def soll gesagt haben: „Die Gegenwart ist ein Produkt der Vergangenheit. Wenn man ganz im Heute lebt – ohne Bezug zu oder Respekt für das, was gestern war – läuft man Gefahr, denselben Fehler noch einmal zu begehen."

Wenn Ihnen das Leben Zitronen gibt, machen Sie Limonade daraus! Wie oft haben Sie diesen Spruch schon gehört? Sicherlich viele Male. Aber haben Sie ihn auch begriffen? Sitzen Sie bedrückt da, kauen auf den Zitronen des Lebens herum und klagen über Vergangenes? Oder schreiten Sie, mit dieser Weisheit gewappnet, kühn voran? Doch wir lernen nicht nur aus den Situationen, vor die uns das Leben stellt, sondern auch von den Menschen, die Teil dieser Situationen sind. Das bedeutet, dass wir darauf achten sollten, was für Menschen wir treffen, denn vermutlich werden wir im Laufe unseres Lebens noch ähnlichen Menschen begegnen. Wenn wir aufgepasst haben, wissen wir dann, wie wir mit ihnen umzugehen haben. Wer versteht, was gestern passiert ist, dem wird heute vermutlich nicht noch einmal dasselbe zustoßen. Ich glaube, wenn wir nur aus allem, was wir erlebt haben, und über die Menschen, mit denen wir es erlebt haben, genug lernen, können wir in Zukunft Probleme aus dem Weg gehen, indem wir sie lösen, bevor sie entstehen. Wenn Sie Vergangenes richtig einordnen, können Sie verhindern, dass es sich wiederholt.

Für mich ist das Leben ein Klassenzimmer. Ob es sich um Situationen in der Familie, unter Freunden, in der Beziehung oder im Geschäftsleben handelt – aus jeder lässt sich etwas lernen. Sobald ich eine Situation analysiert und verarbeitet habe, habe ich das Klassenziel erreicht und bin für diese Situation ausgebildet. Wenn sie sich erneut ergibt, kann ich sie aus eigener Kraft lösen.

Wenn Sie Erdbeeren essen und darauf heftig allergisch reagieren, täten Sie künftig gut daran, auf diese Obstsorte zu verzichten. Ganz ähnlich verhält es sich mit geschäftlichen Situationen. Wenn Sie mit jemandem Geschäfte machen, der Sie um Geld betrogen hat, beenden Sie diese Beziehung am besten. Manchmal können Sie auch aus dem lernen, was sich gerade abspielt. Wenn Sie zum Beispiel erfahren, dass der Markt für Anwälte in der Unterhaltungsbranche gesättigt ist, wären Sie gut beraten, auf Unternehmensrecht umzusatteln oder eine ganz andere Karriere anzupeilen.

Ein knallharter Realist sein

Wenn Sie sich nicht mehr erinnern, was ich zu diesem Thema geschrieben habe, blättern Sie zurück zum fünften Kapitel. Darin erfahren Sie, dass es eine rettende Gnade sein kann, ein knallharter Realist zu sein. Achten Sie darauf, wo die märchenhafte Geschichte ins Reich der Fantasie abgleitet. Durchschauen Sie die Lügen der Promis. Beurteilen Sie objektiv, was dran ist und was nicht. Warten Sie nicht auf Wunder. Suchen Sie die Fakten in der Fiktion. Führen Sie so viele Realitäts-Checks durch wie nötig. Und noch einmal: Nehmen Sie potenzielle Probleme vorweg wie ein Schachspieler und bekämpfen Sie sie wie ein Sumo-Ringer.

Kaltschnäuziger Realismus zwingt Sie, Ihre Probleme anzupacken. Er hilft Ihnen auch, zu erkennen, dass es ein Problem gibt, und im Anschluss nach Lösungen zu suchen. Wenn es schwierig wird, möchten

Sie sich vielleicht am liebsten selbst betrügen und so tun, als wäre es nicht so. Doch wenn Sie die Wirklichkeit nicht sehen wollen, wird es schwer – wenn nicht gar unmöglich –, eine Lösung zu finden.

Viele Menschen drücken sich vor der Realität, indem sie sich selbst in die Tasche lügen und sagen: „Ich habe kein Problem." Damit erreichen Sie nichts. Sie können nicht einfach die Augen verschließen und so tun, als gäbe es die Welt nicht, denn sobald Sie sie wieder öffnen, bricht die Wirklichkeit gnadenlos über Sie herein.

Ich lebe so, dass ich auf die Realität *zugehe*, statt vor ihr *davonzulaufen*. Das bezeichne ich als knallharten Realismus. Wie die Fakten auch sind, ich akzeptiere sie und handle entsprechend. Bedenken Sie: Sie können viel Zeit (und Energie, Inspiration und Motivation) darauf verschwenden, Probleme nach Möglichkeit zu vermeiden oder sie zu umgehen. Doch es ist weitaus praktischer, sie einfach bei den Hörnern zu packen und zu versuchen, eine Lösung dafür zu finden. Nur dann lernen Sie auch daraus und entwickeln sich zu einem stärkeren, reicheren Menschen.

Setzen Sie Ihren Aktionsplan auch um

Sobald Sie das Problem analysiert und in die richtige Perspektive gesetzt haben, können Sie einen Angriffsplan ausarbeiten, den Sie dann natürlich auch in die Tat umsetzen müssen! Sehen Sie sich als General einer großen Armee, entschlossen, den Feind um jeden Preis zu attackieren. Vergessen Sie nicht: Es ist Ihr Leben, das auf dem Spiel steht. Ihr Erfolg – und Ihre kleine Gesellschaft – hängen von Ihren Handlungen ab.

Investieren Sie vor allem anderen in sich selbst

Das Konzept des In-sich-selbst-Investierens habe ich in diesem Buch immer wieder aufgegriffen. Doch im Zusammenhang mit dem Thema Investitionen möchte ich diesen Punkt noch einmal besonders hervorheben – auf die Gefahr, mich zu wiederholen. Es ist nicht immer einfach, in sich selbst zu investieren. Wir riskieren viel, wenn wir uns selbst emotional, spirituell und physisch in die Waagschale werfen. Doch diese menschlichen Elemente sind nun mal Teil der Erfolgsgleichung.

Wir bilden uns gerne ein, dass wir jeden Tag in uns selbst investieren, doch in Wirklichkeit tun wir das nicht. Allzu oft lassen wir uns und unsere Motivation und Inspiration zur Verwirklichung unserer Ziele und Träume vom Alltag vergiften – vom Stress, von den Rechnungen, vom Chef, von den Visionen anderer und von dem ganz normalen Wahnsinn einer allgegenwärtigen Gesellschaft. Wir nehmen uns nicht die Zeit, um Bücher zu lesen und Neues zu lernen. Wir erlauben uns keine Auszeiten, um aufzutanken und zu entspannen. Wir genehmigen uns nicht die freundlichen, aufbauenden Worte, die wir von unserer inneren Stimme so gern hören möchten. Stattdessen lassen wir zu, dass wir in einen roboterartigen, halbwegs selbstzufriedenen Zustand geraten, in dem uns unsere Träume und Ziele entgleiten. Sie merken das daran, dass Sie immer wieder die gleiche Platte auflegen – ich kann nicht, ich kann nicht, ich kann nicht – und keinen Ausweg sehen. Ich kann nicht ins Fitnessstudio gehen. Ich kann mich nicht selbstständig machen. Ich kann beruflich nicht umsatteln. Ich kann meine Schulden nicht loswerden. Ich kann nicht wieder die Schulbank drücken. Ich kann keinen Sinn im Leben finden. Ich kann nicht reich werden. Ich kann dies nicht, ich kann das nicht.

Dazu habe ich nur eins zu sagen: YES YOU CAN.

Realitäts-Check: Wenn Sie mit sich selbst nicht im Reinen sind, kommen Sie nicht weit. Dabei verdienen Sie es, ans Ziel Ihrer Träume zu kommen.

Überlegen Sie doch mal: Wenn Sie Milliarden auf dem Konto hätten, wie würden Sie dann nach außen hin dastehen? Doch wenn Sie in sich Leere spüren – und nicht das tun, was Sie gern tun – was wird dann wohl passieren? Reich in der eigentlichen Bedeutung des Wortes wären Sie jedenfalls nicht. Wie sagt man noch? Das Leben ist keine General-probe. Sie haben nur dieses eine Leben, also sollten Sie das Beste daraus machen. Ich frage andere Menschen häufig, ob sie glücklich sind und vollen Einsatz bringen. Wenn sie dann defensiv reagieren und schroff entgegnen: „Ja, ja, das bin ich", glaube ich ihnen kein Wort. Wenn sie sich damit nicht selbst belügen, dann belügen sie zumindest andere. Wir alle möchten uns in irgendeiner Hinsicht weiterentwickeln – sonst wären wir keine Menschen.

Hier also meine Botschaft: Widmen Sie jeden Tag eine bestimmte Zeit Ihren Zielen und Träumen. Nach und nach summiert sich das. Sie wissen ja: Disziplin aufzubringen ist nicht leicht, doch Reue fällt noch viel schwerer. Wer keine Disziplin hat, hat gar nichts. Sie brauchen Disziplin, um als Mensch effektiv zu funktionieren. Viele vergessen über der täglichen Routine, wie wichtig konzentrierte Disziplin ist. Sich täglich ein bisschen Ihrer Vision zu widmen kann so einfach sein wie das Aufsuchen eines physischen Ortes, um aufzutanken und nachzudenken – des Ortes, an dem Sie sich ganz bewusst auf Ihre Begabungen und

Kompetenzen konzentrieren. Das kann Ihr Lieblingssessel sein, ein Schlafzimmer, ein Platz am Strand oder im Café an der Ecke. Es ist der Ort, an dem Sie Ihren Gedanken und Gefühlen freien Lauf lassen. Dort sind Sie kein Gefangener des Lebens. Ganz im Gegenteil, Sie fühlen eine unglaubliche Kraft zur Selbstbestimmung. Dann ist die Zeit gekommen, sich die folgenden drei Fragen zu stellen:

Wer bin ich?

Was wird aus mir?

Bin ich glücklich mit dem, was ich bin?

Wenn Sie diese Selbstanalyse häufiger durchführen, hat das den Effekt, dass Sie SICH SELBST aufbauen und besser kennenlernen. Es erleichtert auch die Bestandsaufnahme Ihres Lebens und die kleinen Veränderungen im Umgang mit sich selbst. Wenn wir uns nicht regelmäßig mit uns selbst kurzschließen, gleiten wir ab in die Zyklen negativer Gedanken und in eine selbstzerstörerische Mentalität. Jeder pessimistische Gedanke, der in Ihnen aufkommt, verletzt Ihr Selbstwertgefühl und Ihre Selbstachtung. Das Unterbewusstsein wird dadurch kontinuierlich angenagt, was sich irgendwann auf die bewussten Entscheidungen auswirkt, die wir fällen. Und was das am Ende bedeutet, wissen wir alle. Es entscheidet, ob wir unsere Ziele erreichen oder nicht. Ob wir Erfolg haben oder scheitern. Ob wir in Reichtum oder in Armut leben.

Meine Interessen liegen in der Zukunft, denn dort werde ich den Rest meines Lebens verbringen.
– Charles Kettering

Nachwort

Seien Sie Sie selbst und machen Sie etwas draus

Manche Menschen sehen die Dinge, wie sie sind, und fragen: „Warum?"
*Ich träume von Dingen, die es nie gab, und frage: „Warum **nicht**?"*

Ich habe dieses Buch nicht für Sie geschrieben, damit Sie genauso erfolgreich werden wie ich. Ich habe es als Katalysator geschrieben, der Ihnen helfen soll, herauszufinden, warum Gott Sie in die Welt gesetzt hat. Und ich hoffe, Sie werden zehnmal so viel Erfolg haben wie ich. Ich will nicht, dass Sie reich werden. Ich möchte, dass Sie *reicher* werden. Machen Sie Ihre Ansprüche nicht an mir oder sonst irgendjemandem fest. Träumen Sie größere Träume. Setzen Sie eigene Maßstäbe, indem Sie den Bereich finden, in dem Sie Herausragendes leisten, und indem Sie sich trauen, darauf zu setzen. Ich glaube von ganzem Herzen, dass Sie, wenn Sie mit Leidenschaft an Ihre Arbeit herangehen, Dinge entdecken werden, die sich anderen nicht so ohne Weiteres erschließen, doch für Sie ganz offensichtlich sind. Und aus diesem Grund sollten Sie sich auch nicht von Angst, Sorgen, Zweifeln und Furcht auffressen lassen. Selbstvertrauen, Mut und beständiger Einsatz und Engagement werden Sie an Ihr Ziel bringen.

Wenn ich meine grundlegende Lebensphilosophie in einem Satz zusammenfassen müsste, lautete dieser: Wenn Sie in der Realität leben und das Herz am rechten Fleck haben und wenn Sie in Ideen und Menschen investieren – auch in sich selbst –, dann werden Sie im Leben erfolgreich sein.

Was für Lügen gibt es noch, die Sie zurückhalten? Was reden Sie sich ein, was Selbstzweifel und Gefühle der Wertlosigkeit nährt? Oder was Sie davon abhält, Ihre Ziele zu erreichen? Überlegen Sie, ob es da nicht noch mehr Aussagen gibt, die Sie sich sagen hören und die Sie unterbewusst klein machen. Beenden Sie solche Sätze mit „ … um reich zu sein." Und? Wie fühlt sich das an? Hier ein paar Beispiele:

Ich bin zu müde… um reich zu sein.
Ich bin nicht fit und in Form genug… um reich zu sein.
Ich zu gestresst… um reich zu sein.
Ich bin zu ungebildet… um reich zu sein.
Ich bin zu sehr mit Familie und Arbeit beschäftigt… um reich zu sein.
Ich bin zu deprimiert… um reich zu sein.

Und jetzt gehen Sie hin und fügen nach jedem „ich bin" in Ihren Sätzen das Wörtchen NICHT ein. Schreiben Sie die Sätze auf – benutzen Sie dafür einen Rotstift, wenn Sie möchten.

Wenn Sie dann am Ende Ihrer Tage über sich selbst Gericht halten oder vor Ihrem Schöpfer stehen, was werden Sie dann als Ihren Beitrag zur menschlichen Rasse vorweisen? Vergessen Sie nie, dass Erfolg nicht an der Größe dieses Beitrags gemessen wird. Vielleicht finden Sie kein Mittel gegen AIDS und entwickeln auch nicht die bemannte Marsrakete. Vielleicht werden Sie nicht Präsident irgendeiner Organisation und auch kein Filmstar. Und vielleicht verdienen Sie keine Millionen. Persönlicher Erfolg lässt sich auf unterschiedliche Weise definieren.

Es ist heute unmöglich, als Bürger gut informiert zu sein, wenn man nicht zumindest ein bisschen Ahnung davon hat, wie sich die Wirtschaftspolitik der Regierung auf unsere Fähigkeit auswirkt, unseren Lebensunterhalt zu verdienen und für die Zukunft vorzusorgen. Der Chef der US-Notenbank ist wohl der mächtigste Akteur in der Weltwirtschaft, doch die Effekte des sogenannten „Trickle-Down-Theorems" werden Sie oder Ihren Wohnort möglicherweise nie erreichen oder positiv beeinflussen. Dennoch wirken sich die Entscheidungen dieses Mannes so unmittelbar auf Ihre finanziellen Umstände aus wie es keine andere öffentliche Person vermag. Als Politiker ist er mächtiger als der Präsident der Vereinigten Staaten, doch Informationen über diesen Mann, seine Überzeugungen und seine Handlungsweise innerhalb der US-Notenbank sind mitunter schwer zu bekommen.

Überlassen Sie die Verantwortung für Ihre persönlichen wirtschaftlichen Angelegenheiten nicht einschränkungslos einem Fremden. Der Notenbankchef ist jemand, den Sie nur aus den Nachrichtenmedien und Berichten kennen, die Sie zufällig mitkriegen, wenn Sie sich durch die Fernsehkanäle zappen. Doch das Geld soll ja bei IHNEN bleiben.

Nie war die Gesellschaft so schnelllebig wie heute. Viele bezeichnen das als „Mikrowellen"-Gesellschaft, die unsere Gedanken beschäftigt und unsere Konzentration umlenkt. Wir sind darauf gepolt, jeden Impuls wahrzunehmen und sofort auf jeden launenhaften Wunsch zu reagieren. Vielleicht sind wir auch darauf programmiert, uns gesellschaftlich untergeordnet oder minderwertig zu fühlen. Manche von uns stammen von Menschen ab, die unfreiwillig in die USA gebracht und dazu gezwungen wurden, ein Leben in vollständiger Knechtschaft zu fristen. Wir waren „Gottes vergessene Kinder", die (wie Vieh) als „Lasttiere" anderen dienten, denen unser Leben nichts bedeutete. Die Spätfolgen können uns bis heute in verschiedener Hinsicht beeinträchtigen, auch wenn wir jetzt im Überfluss leben und Zugang zu so vielen Dingen haben, die für andere unerreichbar sind.

Schwarze in den Vereinigten Staaten leben und arbeiten unter besseren Bedingungen als Millionen Menschen in aller Welt. Die USA sind weder Darfur, noch sind sie die „Sunny Side of the Street" aus dem alten Lied, das mir meine Großmutter vorspielte. Um Dr. Martin Luther King zu zitieren: „Wer mit Rückstand ins große Rennen des Lebens startet, wird entweder immer hinten bleiben oder er muss schneller laufen als sein Vordermann. Die Geschichte fordert von uns, dass wir ebenso produktiv, einfallsreich und verantwortungsbewusst sind wie die Menschen, die nie [unsere historischen] Nachteile erfuhren."

Manchmal werden wir dabei schneller, als gut ist für uns oder für die Menschen um uns herum. Wir hetzen durchs Leben und missachten die Signale, die uns sagen, was wir für uns selbst tun müssen oder was unsere Ehepartner, Kinder oder Freunde von uns brauchen. Psychologen wissen, dass manisches Verhalten (unberechenbare Gemütszustände) häufig eine Ausweichtaktik sind – eine Methode, sich Problemen und den damit verbundenen Schmerzen zu entziehen. Wer manische Tendenzen aufweist, für den ist der Reiz hektischer Betriebsamkeit wie ein Schutzschild gegen den Schmerz. Wir alle kennen Menschen, die in unterschiedlicher Ausprägung so sind, denn wir leben in einer manischen Gesellschaft. Um nicht den Kontakt zur Realität zu verlieren, müssen wir herunterschalten. Manche von uns sind gerade dabei. Erst dann können wir unser volles Potenzial erkennen, unseren Lebenszweck, erst dann können wir unsere angeborenen Fähigkeiten und Begabungen fördern und Wege zum Erfolg visualisieren.

In Bezug auf die Skizzierung Ihres Weges zum finanziellen Erfolg wissen Sie jetzt, dass ich ein überzeugter Verfechter der Eigenverantwortlichkeit bin. Achten Sie darauf, dass das Geld nicht woanders landet. Betrachten Sie Ihre persönlichen Ziele und Ideen – wie diese auch aussehen – als etwas, das ganz Ihnen gehört. Lassen Sie sich von niemanden Ihr Selbstwertgefühl nehmen oder den Wert zerstören, den Ihre Träume für Sie haben. Verzeihen Sie mir das Klischee, aber Sie dürfen einfach nicht aufgeben – selbst dann nicht, wenn Ihnen andere dazu raten. Der große Thomas Edison galt bei Freunden und Verwandten als Spinner, doch er ließ sich nicht beirren und machte über tausend Erfindungen, darunter der Phonograph und die langlebige Glühbirne. Tatsächlich gilt er als einer der produktivsten Erfinder der Geschichte. Er hielt 1.093 Patente in den Vereinigten Staaten und viele mehr in Großbritannien, Frankreich und Deutschland. (Nebenbei wird Edison sogar die Einführung des Wortes *Hallo* als Gruß am Telefon im Jahr 1877 zugeschrieben. Das ist eine Variante des alten Wortes „*hollo*".) Das Wort *Misserfolg* fehlte in Edisons Wortschatz. Ich stelle mir vor, dass er wohl für jede gemachte Erfindung Hunderte, wenn nicht gar Tausende von Enttäuschungen und Fehlschlägen erlebte. Hartnäckigkeit und Durchhaltevermögen waren seine charakteristischen Eigenschaften. Und seine Fähigkeit, Probleme zu lösen.

Mein Faible für treffende Zitate ist Ihnen sicher schon aufgefallen. Abraham Lincolns berühmter Satz bringt recht gut auf den Punkt, wie ich es sehe: „Vielleicht fallen denen, die warten, Dinge zu – doch nur die Dinge, die diejenigen übrig gelassen haben, die voller Tatkraft voranstreben." Tatkraft bedeutet, dass man seine Träume zum Blühen bringt. Tatkraft bedeutet, dass man weitermacht, wenn alle anderen aufgegeben haben. In der Erfolgswelt ist Tatkraft schlicht der Glaube an sich selbst, die Entwicklung eines Plans und das Durchhalten, bis man schließlich punktet und seinen Zielen näher kommt.

Denken Sie noch einmal über die Lügen nach, die ich in diesem Buch angesprochen habe. Welche davon steht Ihnen am meisten im Wege? Lesen Sie das betreffende Kapitel noch einmal und nehmen Sie dann gleich heute mindestens eine Veränderung vor, die dazu beiträgt, dass diese Lüge aus Ihrem Vokabular gestrichen wird. Verlassen Sie Ihre Komfortzone. Und wenn jemand nach dem Warum fragt, dann kontern Sie mit einem Lächeln: *Warum nicht?*

Über Farrah Gray

Farrah Gray wurde von der Zeitschrift *Urban Influence* der National Urban League zu einem der einflussreichsten Schwarzen in Amerika gewählt. Mit 21 wurde er von der Zeitschrift Ebony als Inbegriff des Unternehmers, Wirtschaftsmogul und Bestsellerautor gewürdigt. Aufgewachsen in der ärmlichen South Side von Chicago, brachte Farrah es schon mit 14 Jahren allen Erwartungen zum Trotz zum Self-made-Millionär. Mit 21 wurde ihm von der Allen University in Anerkennung seines genialen unternehmerischen Geistes und seines bemerkenswerten Engagements für die Förderung von Werten wie Führung, Integrität und Wissenschaft die Ehrendoktorwürde (Honorary Doctorate of Humane Letters) verliehen. Bei seinem Aufstieg aus der Armut zu nationaler und internationaler Bekanntheit als Ausnahmeunternehmer und herausragender Motivationsredner hat Farrah Millionen von Menschen in aller Welt inspiriert.

Heute spricht er jedes Jahr vor mehr als einer halben Million Menschen über Themen wie Führung, persönliche Entwicklung, Vielfalt, strategische Planung, Kreativität, Unternehmensentwicklung und Finanzmanagement. Mit 23 hat er schon mehr erreicht als viele in einem ganzen Leben. Als Herausgeber und Chefredakteur der Zeitschrift *Prominent* (www.ProminentMagazine.com) ist er außerdem Kolumnist des Verbandes National Newspaper Publishers Association (NNPA) mit seinen 200 Wochenzeitungen und über 15 Millionen Lesern. Er ist engagierter AOL Money Coach und berät täglich Millionen AOL-Kunden. Auch in Marquis *Who's Who in America* findet er Erwähnung.

Jim Camp – Nein!

Ob im täglichen Leben, im Geschäft oder am Arbeitsplatz: Wir alle verhandeln täglich über die unterschiedlichsten Dinge. Wollen Sie das ab jetzt besser machen? Vertrauen Sie Jim Camp! Sein Geheimnis: „Nein!" Dieses kleine Wort hat die Macht, die Luft zu reinigen, das Gespräch wieder in Gang zu bringen und Ihnen zum Erfolg zu verhelfen. Hier lernen Sie, wie das geht!

368 Seiten / broschiert / ISBN: 978-3-941493-19-3 / 22,90 €

Stephen C. Lundin/Carr Hagerman – SaleSalabim

Stephen Lundin ist wieder da! Nach „Fish!" nun sein neues Werk: ein Weckruf an alle, die als Verkäufer in Zukunft besser und erfolgreicher sein möchten. Lundins Credo: In jedem von uns steckt ein Verkäufer – es ist egal, ob man den eigenen Standpunkt optimal vertreten oder eine Ware an den Mann bringen möchte. Lernen Sie die geheimen Tricks der Straßenkünstler und (ver)zaubern Sie!

192 Seiten / broschiert / ISBN: 978-3-941493-24-7 / 17,90 €

Jeffrey J. Fox

So kommen Sie
nach oben!
Erfolg in 55 Lektionen

Jeffrey J. Fox – So kommen Sie nach oben!

Bestsellerautor Jeffrey J. Fox präsentiert Erfolgsrezepte von Menschen, die es bereits „geschafft" haben – vom Dekan der Elite-Universität Harvard bis zum Chef des weltbekannten Kaffeerösters Starbucks. Er zeigt dem Leser in 55 spannenden Lektionen, wie er auf der Karriereleiter Schritt für Schritt nach oben klettert und wie er dort oben auch auf Dauer bleibt.

240 Seiten / geb. mit SU / ISBN: 978-3-941493-21-6 / 24,90 €

Ian Cooper – Frag doch einfach

Sie bekommen einfach nie, was Sie haben wollen? Wissen Sie, wo Ihr Problem liegt? Sie haben vermutlich noch niemals richtig danach gefragt! Bestsellerautor Ian Cooper zeigt in seinem neuesten Buch, dass wir in Privatleben und Beruf deutlich mehr erreichen können, wenn wir uns und anderen einfach nur die richtigen Fragen stellen.

256 Seiten / broschiert / ISBN: 978-3-941493-02-5 / 19,90 €